개화기에서 일제강점기까지

한국 근대 일상생활과 매체

이 저서는 2005년 정부(교육인적자원부)의 재원으로 한국학술진흥재단의 지원을 받아 수행한 연구임.
(KRF-2005-005-J02102)

동양학 학술총서 3

개화기에서 일제강점기까지

한국 근대 일상생활과 매체

단국대학교 동양학연구소 편

단국대학교출판부

발 간 사

오랜 역사를 거쳐 형성되고 발전해 온 우리의 문화전통은, 1876년 강화도 조약을 기점으로 서양의 충격과 동아시아 국제질서의 재편과정에서 극심한 혼란을 겪었고, 이에 일제강점기라는 민족적 시련에 의해 새로운 국면을 맞이하게 되었다. 개화기에서 일제 강점기에 이르는 이 시기의 우리 문화전통은 강력한 타자로 작동한 서구 근대문화의 영향과 강제적으로 이식된 일본제국주의 문화에 의해서 내재적 발전이 지체되거나 파행적으로 변용되기도 하였다. 하지만 한 민족의 문화전통은 그 문화향유자에 의해서 주체적으로 지속되고 변용되는 것이 역사적으로 확인되는 바이다. 즉 '문화전통'이란 전래된 과거 문화유산의 성격 규명에 초점을 맞추는 '전통문화'와 달리 문화 향유 주체들이 전래된 자신들의 전통문화를 향유하면서 유입된 외래문화를 주체적으로 수용하여 자기화하는 과정에서 성립되는 것이다. 때문에 개화기에서 일제강점기까지 한국의 문화전통은 지체와 파행을 겪으면서 현재에 이르렀다. 본 연구소가 개화기에서 일제강점기라는 시기의 한국 문화전통의 지속과 변용에 주목을 하는 것도 이 때문이다.

본 연구소에서 한국 학술진흥재단의 지원 아래 수행하고 있는 연구과제 「개화기에서 일제강점기까지 한국 문화전통의 지속과 변용」은 우리 문화전통의 정체성을 탐구하기 위해서 출발하였다. '문화전통'이라는 광범위한 주제를 다룸에 있어 본 연구소는 '민속'과 '일상문화'라는 두 개의 키워드를 초점으로 삼았다. 먼저 '민속'은 광범위한 문화의 여러 분야 가운데서도 일반인의 실제생활을 포함하는 가장 기층적인 것이라는 점에서 문화전통의 문제를 전면적으로 다루는 데에 적절할 뿐 아니라, 그 자체가 기존 문화양상의 적층 작용에 의해서 형성되는 것이므로 전통의 지속과 변용이라는 문제와 특히 직결되는 분야라고 할 수 있다.

그리고 '일상문화'는 기층의 삶 전반을 구성하고 있던 인식, 태도, 관계, 관습 등이 해체되거나 다양한 방식으로 재구성되는 양상들을 당대의 문화적 표상을 통해 살핌으로써, 우리 사회의 문화 정체성을 보다 복합적이고 다층적으로 이해하기 위해서 설정되었다.

본서 『개화기에서 일제강점기까지 한국 근대일상문화와 매체』는 새롭게 도입된 근대적 매체가 당대 일상생활과 어떠한 관련을 맺고 있는가를 살피는 데 목적을 두고 있다. 그동안 본 연구소는 학진 연구과제를 수행하면서 동양학 학술총서 『한국 문화전통의 자료와 해석』(단국대 출판부, 2006)과 『한국 구비문학과 민간신앙의 지속과 변용』(단국대 출판부, 2007)을 발간한 바 있다. 본서는 그 세 번째 성과로 2008년 개최한 두 번의 학술세미나에서 이 분야 전공학자들이 발표한 8편의 논문을 수정・보완하여 실었다.

귀한 옥고를 기꺼이 발표해 주시고 출간하도록 허락해 주신 필자들께 깊은 감사의 말씀을 전한다.

본 연구소는 1단계 3년의 기간 동안 '일상문화' 분야에서 '근대 매체'를 대상으로 자료집(『일상생활과 근대영상매체-영화』, 『일상생활과 근대음성매체-유성기, 라디오』, 『일상생활과 근대인쇄매체』, 민속원)을 발간하였으며, 교양도서(『모던라이프 언파레드-2,30년대 일상문화』, 민속원) 출간하여 연구 성과의 사회적 확산을 위해 노력을 하고 있다. 본 연구소에서는 자료집・전문도서・교양도서 등을 지속적으로 발간할 예정이다. 이후 3단계까지 계속될 개화기에서 일제강점기 한국문화전통의 지속과 변용 양상을 다각도로 조명하는 연구를 통해, 관련 학문분야에 구체적인 기여를 할 수 있기를 기대한다. 이 긴 여정에 기꺼이 동반자가 되어 준 단국대출판부 관계자 여러분께도 다시 한번 감사의 말씀을 전한다.

2009년 5월
단국대학교 동양학연구소장 윤 내 현

한국 근대 일상생활과 매체

발 간 사 / 5

第1부 일상과 저널리즘 매체

1910년대 『매일신보』 소설에 나타난 일상성의 문제 ……… 양문규

Ⅰ. 『매일신보』 소설과 일상성 ……… 15
Ⅱ. 풍속개량의 대상으로서의 일상 ……… 17
Ⅲ. 근대적 일상의 출현과 욕망의 왜곡 ……… 21
Ⅳ. 시민적 일상과 그 한계 ……… 29
Ⅴ. 속악한 일상에 대한 추상적 반발 ……… 34
Ⅵ. 맺음말 ……… 39

1910년대 중반 일본 유학생들의 자의식과 문학관 ………… 이상준

Ⅰ. 머리말 ……… 43
Ⅱ. 일본 유학생의 학문적 자의식 ……… 50
Ⅲ. 근대적 문학관의 관념적 체화 ……… 61
Ⅳ. 맺음말 ……… 64

근대매체와 구술성 ···················· 신종한

Ⅰ. 머리말 ···················· 69
Ⅱ. 이중의 표현체계와 구술적 특성 ···················· 72
Ⅲ. 동인지 문학에 내재된 구술성 ···················· 81
Ⅳ. 맺음말 ···················· 89

島山 安昌浩 思想의 기독교와 사회진화론 수용 ···················· 윤홍로

Ⅰ. 머리말 ···················· 93
Ⅱ. 구원의 목소리-연설 매체 ···················· 95
Ⅲ 개신교의 유입과 연설공간의 확대 ···················· 99
Ⅳ 甲子論說 - 合同과 分離 ···················· 104
Ⅴ. 몸의 비유와 연설 수사 기법 ···················· 135
Ⅵ. 唱歌와 도산의 애국 계몽 노래 ···················· 144
Ⅶ. 맺음말 ···················· 152

여성 소비 주체의 등장과 여성의 소비문화 ···················· 김윤선

Ⅰ. 머리말 -『신여성』 속의 소비 텍스트, 광고 ···················· 159
Ⅱ. 1923~1926년『신여성』의 광고와 여성 소비 주체의 등장 ···················· 164
Ⅲ. 1931년~1934년 『신여성』의 광고와 소비문화 ···················· 179
Ⅳ. 맺음말 - 자본주의 사회의 정치 텍스트, 광고 ···················· 193

취미실익 잡지 『별건곤』과 대중서사물 ···················· 장두식

Ⅰ. 머리말 ···················· 199
Ⅱ. 계몽담론에서 취미담론으로 ···················· 201
Ⅲ. 독자의 호명 ···················· 204
Ⅳ. 취미·실익의 정체 ···················· 206
Ⅴ. 맺음말 ···················· 209

第2部 일상과 근대적 매체

김남천 소설에 나타난 일제강점기 소비문화 …………………… 김재관

Ⅰ. 머리말 ……………………………………………………………… 221
Ⅱ. 창작방법론의 변화과정과 '풍속'의 개념화 ………………… 224
Ⅲ. 김남천 소설에서 묘사되는 '풍속'으로서의 소비문화 …… 233
Ⅳ. 맺음말 ……………………………………………………………… 243

유성기 음반에 담긴 옛이야기 ……………………………………… 조은숙

Ⅰ. 머리말 ……………………………………………………………… 247
Ⅱ. 유성기를 둘러싼 교육 및 가정 담론 ………………………… 254
Ⅲ. 유성기 음반에 담긴 옛이야기 ………………………………… 270
Ⅳ. 맺음말 ……………………………………………………………… 292

제 1 부

일상과 저널리즘 매체

1910년대 『매일신보』 소설에 나타난 일상성의 문제

양 문 규*

Ⅰ. 『매일신보』 소설과 일상성

한국근대소설이 본격적으로 출발하는 1910년대의 소설사 연구는 진작부터 있어 왔지만, 이 시기의 소설을 『매일신보』와 같은 신문 매체와의 관련 속에서 논의하기 시작한 것은 최근의 일이다. 이러한 연구를 통해 소설과 매체의 관계를 규명코자 했음은 물론, 그동안 문학정전에서 소외되었던 번안소설 등이 상대적으로 주목을 받는 한편 신소설로부터 번안소설을 거쳐 이광수 소설에 이르게 되는 근대소설의 전개과정이 재조명

* 강릉대 국어국문학과 교수.

되기도 했다.

이 글은 이러한 연구들을 참고하여, 『매일신보』 소설의 전개 과정을 그에 나타난 일상성의 문제를 중심으로 살펴보고자 한다. 근대소설은 삶과 세계에 대한 리얼리스틱한 인식 태도로서 리얼리즘을 중시한다. 이러한 리얼리즘은 경험적 현실세계를 유일한 현실로 보는 일원론적 인식을 그 특징으로 한다. 따라서 현대적 소설 인식의 역사는 곧 일상적 인식의 역사라고 할 수 있다.1)

우리 소설사에서 이러한 일상적 인식은 조선 후기에 이미 현저히 상승되고 있었지만, 역시 신소설에 와서 보다 적극적인 성격을 띠기 시작한다. 신소설 시대에 일상적 인식이 증대하는 것은 봉건사회가 와해되면서 등장한 시민계급과도 관련되지만, 다름 아닌 이들 소설이 발표되는 신문 매체의 출현과도 밀접하게 관련된다. 신문의 소설은 다른 어떤 문학 장르보다 독자의 일상생활과 현실적 관심을 뒷받침해주는 문학형식이기 때문이다.

그러나 아직은 상업적이고 대중문화적이기보다는 정치·계몽적 성격이 우세했던 1900년대 신문 매체의 소설에서는 일상성 인식의 전면화가 이뤄지지는 않는다. 단지 한일합방이 가까워지면서 근대저널리즘의 성격을 보여주는 『대한민보』, 그리고 곧 이어 합방 직후 1910년대에 등장한 『매일신보』와 같은 신문매체는 친일의 정치성과는 별도로 대중성의 경향을 강화하면서, 이들 신문 소설에서는 일상의 경험에 대한 관심이 전면

1) 김우창, 「한국현대소설의 형성」, 『세계의문학』, 1976년 가을호, 114면.

화 되기 시작한다.[2]

그런데 이러한 일상성의 증대에도 불구하고 이들 소설에서 일상성은 역사성과 대립된 채, 오락적으로 소모되거나 왜곡되고, 때로는 사사로운 것으로, 아니면 본질과 대립되어 하찮은 것으로 간주되기도 한다. 이 글은 이러한 일상성의 양상들을 살펴봄으로써 1910년대 『매일신보』 소설이, 향후 우리의 근대소설 특별히는 한국의 대중적 장편소설이 안게 될 문제들의 출발점이 되고 있음을 확인해보고자 한다.

Ⅱ. 풍속개량의 대상으로서의 일상 - 이해조의 소설

임화는 일찍이 신소설을 연구하면서 이해조 문학의 일상성을 주목한 바 있다. 가령 이해조를 같은 시기 신소설작가 이인직과 비교하면서, 이해조의 「구마검」은 "구소설적인 가정소설에서 출발했으나 시정소설의 요소가 새로이 도입되어 세상(世相)의 반영과 시정생활의 표현이 이뤄진다는 점에서 이인직의 소설과 변별된다."[3]고 지적했다. 임화가 얘기한 '시정'은, 이 글에서 얘기하는 일상성으로 보아도 무방하리라 생각한다.

---

2) 우리 신문사 최초의 신문 삽화, 광고사진이 게재되는 등, 『대한민보』는 1910년 이후 『매일신보』에서 명확해지는 근대저널리즘의 성격을 선취하고 있다.(신지영, 「『대한민보』 연재소설의 담론적 특성과 수사학적 배치」, 연세대학교 대학원, 2003, 3면.)

3) 임화, 「개설조선신문학사」 4회, 『인문평론』, 1941.1, 98~99면.

「빈상설」(1907년)에서 시작하여 「구마검」(1908년)을 거쳐 「박정화」(1910년)에 이르는 이해조 소설의 변화궤적을 보면 그의 문학이 중세의 로맨스에서 벗어나 근대 노블로 접근해감을 볼 수 있다. 다시 말해 작품 안에서 일상성의 세계가 점차적으로 증대되어 간다. 가령 「구마검」에는 도시 중인 집안의 일상 또는 시정의 굿 풍속, 「박정화」에는 '연극장' 등 도시의 생활상이 생동감 있게 나타난다.

더욱이 이러한 일상성은 단순한 세태의 모습을 보여주는 것으로 끝나는 것이 아니고, 「구마검」은 시정의 미신풍속에 빗대 왕실에서의 미신 풍조의 만연을 풍자하기도 하고, 「박정화」는 연극장을 중심으로 빚어지는 상층양반의 애정행각을 통해 합방 전후 봉건 상층계급의 도덕적 해이를 고발하기도 한다. 특히 「박정화」는 민중언어의 리얼리티를 살려 시정의 일상세태를 실감나게 묘사하여, 이 작품이 근대소설의 수준에 육박함을 보여준다.

그러나 이해조 소설의 일상성은 작가의 유교 혹은 도학적 세계관에 의해 제어된다. 가령 이해조 소설에서 유교적 윤리를 준수하는 상층사회의 세계를 그릴 경우 일상성이 살아 숨쉬지 못한다. 반면 반상의 질서와 양반의 윤리적 가치를 파괴하는 하층 계급의 비속한 세계가 펼쳐질 경우에만 그것들이 생동감 있게 나타난다. 그러나 그러한 하층민들의 생동감 있는 일상은, 작가의 윤리적 관점에서 탄식과 꾸짖음의 대상물이 된다.

그런데 합방 후 이해조가 『매일신보』의 기자로 입사하고, 이 신문에 소설을 발표하면서부터는 이러한 비속한 일상의 세계

마저 그나마 위축된다. 대신 그가 『매일신보』에 첫 번째로 발표한 『화세계』(1910.10.12~1911.1.17)는 정절을 유달리 강조하는 저급한 취향의 로맨스의 세계로 느닷없이 후퇴한다. 그리하여 이전 소설에서 간혹 정치성과 맞닿기도 했던 일상의 세계는 소설의 전면에서 후퇴한다.

이는 『매일신보』의 정치적 보수주의와 관련된다. 소설에서 비속한 일상의 삶을 충실히 재현하다 보면 현실에 대한 은연중 반감을 보이고 고발하며 나아가 현실개혁의 필요성이 간접적으로나마 주장될 수도 있기 때문이다. 그러나 정절 따위를 앞세울 경우, 그것은 식민지 대중에게 친일을 내면화하는 체제순응의 성격을 부여할 수 있다. 정절과 관련된 가부장적 가족관계의 유지는 기존 지배 구조에 파열음을 내기보다는 이를 강화해주기 때문이다.

그리고 수절에서 빗어진 여성의 파란만장한 운명을 다루는 고난의 서사는 독자대중을 유인하는 상업적 성격을 가지고 있다. 실제 신소설에는 이전 소설에 비해 여성이 주인공 또는 주요한 인물로 빈번히 등장한다. 이는 개화기 들어서 여성들의 사회적 진출이 이뤄지기 시작했음을 반영하는 것이며, 신소설의 주요한 독자로 중간층 부녀자들이기 부상하기 때문이기도 하다.4)

물론 『매일신보』시기 이해조는 일상세태에 대한 관심을 아주 저버린 것은 아니다. 그러나 그는 『화의혈』(1911년) 발문에서 소설은 "믹양 빙공착영(憑空捉影)으로 인졍에 맛도록 편즙

---

4) 이재선, 『한국개화기소설연구』, 일조각, 1972, 16~18면.

ᄒᆞ여 풍쇽을 교정하고 샤회를 경셩ᄒᆞᄂᆞᆫ 것이 뎨일 목뎍"(『매일신보』,1911.6.21)으로 한다고 밝혔듯이, 일상세태는 '교정되고 경성(警省)돼야 할 풍속'의 객체로 대상화된다. 그리고 이렇게 대상화된 세태는 소설의 흥미를 돋우는 수단으로만 작용한다.

참고로 이해조가 활동한 비슷한 시기 『매일신보』에 교훈, 경계의 계몽을 빙자하여 실린 짤막한 단편 또는 비전문적인 작가들에 의해 씌어진 '응모단편소설'들이 있다. 이들 작품들에는 대개가 물욕, 탐욕 등의 도덕적 결함을 지닌 인물들이 등장하여 그들이 파멸에 이르거나, 파멸 직전에 개과천선하는 줄거리를 갖고 있다. 그런데 이들 작품의 무대는 대체로 청루, 요리집, 내외술집, 약주가, 연극장 등 불건전한 장소로 치부되는 장소다.

그리고 이를 무대로 '가네모찌'를 등쳐먹는 화류계 여인네, 은근짜들이 등장하고 화투, 골패로 패가망신하는 것들이 주요 소재가 된다. 이들 단편들은 거개가 교화와 풍속개량을 내세우고는 있지만 - 이는 『매일신보』의 표면적 의도와 일치하는 것이리라. - 신문독자대중은 실제 이들 작품으로부터 대중문학 일반에서 그렇듯이, 세간의 관심을 자극하는 소문거리들과 관음증적 대상의 소재를 즐기고 있다는 혐의를 지울 수 없게 한다.

그러나 이해조의 소설은 그나마 이러한 현실의 일상과도 거리를 멀리하며 고소설의 완전한 로맨스의 세계로 가거나, 때로는 『매일신보』의 정치적 취향에 맞게 노골화한 친일의 내용을 담은 『우중행인』(『매일신보』, 1913.2.25~5.11.)과 같은 작품을 발표하기도 한다. 그러나 이미 자본주의적 시장으로 편입되기 시작한 『매일신보』의 독자들은 더 이상 이해조의 작품을 관심의 대상으로 삼지 않게 된다.

Ⅲ. 근대적 일상의 출현과 욕망의 왜곡 - 조일재의 번안소설들 -

이해조 등의 신소설을 대신하여 『매일신보』에 새롭게 등장한 소설이 조일재의 『장한몽』(『매일신보』,1913,5.13~10.1) 같은 번안소설이다. 『장한몽』은 그것이 비록 이식된 것일지언정 새로운 자본주의적 근대의 일상을 전경화 한다. 소설 연재와 함께 신문지면에 등장한 소설 내용을 지시하는 삽화의 근대적 풍경은, 그것이 독자 자신의 생활과 병행해서 발전해가고 있는 것 같은 착각을 초래하며 흥미를 일으켰을 법하다.

> 영등포, 영등포 - 에이도호 - 에이도호 ᄒᆞ고 역명(驛名)을 부르며 창밧그로 역부들이 외오고 지너여가는ᄃᆡ 긔챠는 임의 영등포 뎡거쟝 ᄲᅳ라트홈에 다앗더라. 나리는 사ᄅᆞᆷ, 오르는 사ᄅᆞᆷ, 뎡거쟝 문 앞에서는 요령 흔드는 소ᄅᆡ가 일시에 요란 복잡ᄒᆞ여지며 그 ᄉᆞ이로는 음식파는 ᄋᆞ희들이 목판을 엇메이고 창엽흐로 ᄅᆡ왕ᄒᆞ며 「벤또, 삐-루 마사무네 삼편 사이다 - 」(『매일신보』(이하 생략), 1913, 6.10.)

> 뎐긔텰도(電氣鐵道) 길로 좃ᄎᆞ 남대문 들어셔셔 다시 회동(會

> 洞)병문으로 돌쳐 들어스더니 동으로 향ᄒᆞ야 한참 가다가 남으로 죠고마ᄒᆞᆫ 골목으로 ᄭᅩ부러져 두셔너집 지너여 모퉁이 길ㅅ가집으로, 문 앞헤ᄂᆞᆫ 붉고 푸른 류리로 만든 등에 화양료리(和洋料理)라 크게 써셔 잇고, 아즉 황혼ᄭᅡ지에 일으지ᄂᆞᆫ 안이 ᄒᆞ얏스되 불을 켜셔 영롱ᄒᆞᆫ 빗이 빗취이는ᄃᆡ 이삼층 되ᄂᆞᆫ 화양절충제도(和洋折衷制度)로 지은 료리뎜이라. (1913.6.12)

그리고 무엇보다도 조일재 문학의 갈등의 한가운데에는 돈이 있다. 그의 소설에는 '고리대금업', '집달리', '전당포' 등 현대의 금전 거래와 관련된 일상들이 빈번히 등장하여『장한몽』등은 극히 현대적인 소설이라는 인상을 준다. 그리고『국의향』(『매일신보』, 1913.10.2~12.28.) 등에서는 여주인공이 뚜쟁이에 의해 색주가로 팔려가는 풍속도를 실감나게 그려 돈 때문에 빚어지는 인간관계의 저열한 타락을 보여준다.

그러나『장한몽』등 조일재의 번안소설에 나타난 일상의 세계는 거개가 과장되게 그려진다. 그 이유는 일상의 세계에 대한 충실한 재현보다는, - 이는 역시『매일신보』와 충돌할 수 있는 부분이다. - 현재의 근대적 일상을 과거의 봉건적 의리 및 인정의 세계와 대비하여 전자는 속악한 것, 후자는 선한 것으로 단순하게 이원화시키다 보니 일상에 대한 과장된 주조가 이뤄지게 되기 때문이라고 볼 수 있다.

사실의 과장은 번안소설을 일상성으로 이탈시켜 격정적 통속극 또는 엽기적 복수극으로 이끈다.『국의향』에서 주인공의 원수를 갚는 장면은, "강원츈의 등 위로브터ᄂᆞᆫ 셔릿발ᄀᆞᆺ흔 칼날이 달아릭에 비초이며 강원츈의목을 향ᄒᆞ야 ᄂᆞ려진다. … (중략) … 김용목은 칼날을 목에 다이고 ᄯᅡ 우에 업더지니 달 아ᄅᆡ에 거문 피ᄂᆞᆫ 흰 모ᄅᆡ를 젹시이고 참혹히 죽은 두 신톄ᄂᆞᆫ 언덕 아ᄅᆡ에 빗기노엿ᄂᆞᆫᄃᆡ"(1913.12.28.)와 같은 식으로 이뤄진다.

한편 번안소설은 돈 외에도 가정의 일상을 중심 소재로 삼으면서, 그와 상호 영향 관계에 놓여 있었던 신파극과 마찬가지로 가정비극을 지향한다. 그런데 번안소설이 전래의 가정소설과 달리 새롭게 드러내는 특징 중의 하나는, 전래의 가정소설 및 이를 계승한 신소설에서는 남녀 또는 부부의 이합이 중심 플롯이었던데 비해, 번안소설은 이들의 애정불화로부터 빚어진 부모와 어린 자식 간의 이합 플롯을 새롭게 활용하기 시작한다는 점이다.

『쌍옥루』(『매일신보』, 1912.7.7~1913.2.4.), 『단장록』(『매일신보』, 1914.1.1~6.10.) 등의 번안소설이 독자대중에게 최루의 효과를 갖다 주는 중요한 요소 중의 하나가 아동도 작품 안에서 중요한 인물로 자리를 잡기 때문이다. 사생아로 낳아 버려진 자식, 소박당한 어머니를 찾아가는 자식, 그리고 이른바 낳은 정과 기른 정 사이의 갈등들이 새로운 소재로 등장하는데[5], 이는 향후 멜로드라마나 대중영화에서 끊임없이 재생산되는 것들이다.

이전 소설에서는 익명의 상태에 놓여 있던 아동의 일상이 번안소설에서 중요한 자리를 잡는 것은 근대에 형성된 부르주아 가족주의의 반영이다.[6] 그러나 부르주아 가족주의에 기초

5) "ᄂᆡ가 나은 뎌 ᄌᆞ식을 아씨가 그러케 귀히 녁여주시ᄂᆞᆫ 것은 이 셰상에 당신 한 분뿐인가 보오이다. 나ᄂᆞᆫ ᄌᆞ셩이 친어미 된 몸으로 치ᄉᆞᄒᆞ지 안이ᄒᆞ면 안이될 일이요."(『단장록』,1914.6.9.)

한 가정비극으로서의 번안소설은 타 공동체와 격절된 자족적인 것으로 기능한다. 요컨대 조일재의 번안소설들은 근대 일상을 전면화하지만 결국은 가정극으로 귀착되면서 그 일상이 사사로운 것에 갇힌다. 이 역시 『매일신보』의 정치적 보수주의와 만나는 부분이다.

끝으로 조일재의 번안소설에서 눈여겨보아야 할 것 중의 하나가 근대인간의 욕망을 왜곡하고 있는 부분이다. 번안소설은 신여성 또는 여학생들이 주요한 인물로 등장한다. 그런데 이러한 신여성들은 외양만 여학생이지 소설 전개선상에서 볼 때 전통시대의 여인과 다를 바 없이 그려진다. 『쌍옥루』의 '여학생', '리경자'는 젊은 시절에는 '경조부박(輕佻浮薄)'한 연애로 원치 않는 임신을 하여 사생아를 낳게 되면서 인생의 함정에 빠진다.

> (셔병삼은) 이 셰상에 밋을만ᄒᆞᆫ 남ᄌᆞ라고 항샹 말ᄒᆞ여 경ᄌᆞ의 마ᄋᆞᆷ을 은연지즁에 움직여 노으려 ᄒᆞ며 경ᄌᆞᄂᆞᆫ 소셜을 됴와ᄒᆞᆷ을 보고 이를 리용ᄒᆞ여 청년남녀의 련ᄋᆡ라 ᄒᆞᄂᆞᆫ 것은 극히 신셩ᄒᆞᆫ 일이라고 가르쳐주어 아모조록 경ᄌᆞ로 ᄒᆞ야곰 남녀의 정이라 하ᄂᆞᆫ 뜻을 ᄭᆡ닷도록 힘을 쓰니 서병삼과 오정당 두 사람 ᄉᆞ이에 ᄉᆞ로잡힌ᄇᆡ 된 가련ᄒᆞᆫ 리경ᄌᆞᄂᆞᆫ 임의 함졍에 ᄲᅡ진 몸이라 졸연히 ᄲᅡ져 나오기 어렵게 되엿더라 (1912.7.20.)

그러나 인생의 고초를 겪으면서 자신의 젊은 시절 저지른 잘못을 깨닫고 이후 남자에게는 순종하고 자식에게는 희생하

6) 필립 아리에스, 문지영 역, 『아동의 탄생』, 새물결, 2003, 참조.

는 전통시대의 여인으로 변신한다.

심지어 '경자'는 자신을 버린 상대방 남자의 전정을 축원하기까지 한다. "셔방님의 구만리 갓흔 전정에 더욱 더욱 영화로이 지닉시도록 이 몸은 디하에 도라가셔라도 명명지즁에 축원홀터이오니 어린 ᄋᆞ히와 한가지로 이 셰상에 ᄌᆞ최를 써나고ᄌᆞ ᄒᆞᄂᆞᆫ 이 박명(薄命)ᄒᆞᆫ 계집을 죽은 후에나 가련ᄒᆞ게 아실ᄂᆞᆫ지오"(1912.9.1) 하는 유서는 전대소설 혹은 신소설에서 흔히 볼 수 있는 내용들이다.

따라서 번안소설은 신소설과 같이 여주인공이 겪는 갖은 수난을 그린 통속소설의 틀을 빌리고 있고, 사건진행 과정에서 정절의 문제가 중요한 모티프로 기능한다. 그런데 신소설의 여주인공들은 빈번히 순결의 위험에 처함에도 불구하고 쉽사리 정절을 잃지 않고 그 위기 상황을 벗어나게끔 구성되어 있다. 그러나 번안소설의 여자 주인공은 순결을 상실할 뿐만 아니라, 중요한 건 상실한 이후 발생되는 죄의식의 문제가 집중적으로 확대된다는 점이다.

『장한몽』에는 일순간이나마 금전의 욕망으로 애인을 배신한 순애가 김중배에게로 출가한 후 사오년이 넘었어도 남편에게 절대로 몸을 허락하지 않는 희한한 사건이 설정된다. 그러나 결국에는 강제적으로 순결을 빼앗기는데, 이후 그녀는 "악귀가 몸에 침노ᄒᆞ얏던지 오륙 년을 두고 정결히 가지던 몸을 삽시ᄉᆞ동안에 더럽혀 노앗스니 … (중략) … 한번 뭇친 더러운 뎜은 다시 씻지 못홀 것"(1913.7.27)이라며 심한 죄의식에 사로잡힌다.

결국 순애는 자결을 선택하는데, 그녀의 자결로 "부졍ᄒᆞ던

피는 모다 홋터져 더렵힌 몸을 결빅ᄒᆞ게”(8.29.) 씻긴다. 『쌍옥루』에서 순결을 빼앗긴 여학생 ‘리경자’는, “결빅무구(潔白無垢)ᄒᆞᆫ 몸을 더럽혀 노은 곳시라”(11.10), “죄를 속ᄒᆞᆯ 슈가 잇슬가”(1913.1.19.) 혹은, ‘ᄌᆞ복’(自服), ‘회과’(悔過), ‘구원’을 되뇌면서 ‘결백한 몸’, 또는 거꾸로 ‘부정(不淨)’ 한 것에 대한 강박증에 시달린다.

번안소설에서 신여성들이 순결을 상실하는 것은 외부적 환경이 아니라 순간이나마 자신의 욕망을 통제 못했기 때문이다. 그 욕망은 대체로 육체적·물질적인 것에서 비롯된다. 당대 지식인들의 글을 보면, 청년학생이 반성해야 할 가장 중요한 도덕적 문제의 하나로 ‘육적(肉的) 생활의 추구’를 든다. 실제 그런지의 여부를 떠나 이는 마치 개개인의 성적 방탕이 이 시기 민족의 불행한 상황을 초래한 것인 아닌가 하는 생각을 불러일으키게끔 한다.7)

이 시기 지식인들의 이러한 생각은 어디서 비롯된 것인가? 번안소설은 일본에서 이식된 것이지만, 일본을 매개로 한 기독교적 서구도 이식된 흔적을 보여준다. 『장한몽』에서 “나는 졍말 회기하엿소” 또는 “당신 압헤셔 샤죄ᄒᆞᆫ는 말슴” 같이 무수히 반복되는 문구들이 있다. 이러한 것들은 전래의 소설에서는 찾아볼 수 없던 것으로 기독교를 암시하는 외래의 것들이다. 『쌍옥루』에서는 최초로 ‘연애’ 혹은 ‘정신적 연애’ 라는 말이 등장한다.

7) 『학지광』의 대표적 논객이었던 장덕수의 「新春을 迎ᄒᆞ야-生命이 充實ᄒᆞ고 光明이 遍在ᄒᆞ라」(『학지광』, 1915.2.) 등이 그 대표적인 글이다.

> 사롬의 련이라 ᄒᆞᄂᆞᆫ 거슨 역시 정욕에셔 나오ᄂᆞᆫ 말인ᄃᆡ 그 정욕이라 ᄒᆞᄂᆞᆫ거슨 사롬 ᄲᅮᆫ이 안이라 이 셰상에셔 말ᄒᆞ기ᄂᆞᆫ 사롬의 련이ᄂᆞᆫ 신셩ᄒᆞ니 무엇ᄒᆞ니 ᄒᆞ면셔 공연이 말을 지어가지고 ᄒᆞᄂᆞᆫ 거슨 참 우습도다. 1912. 8.10.) … (중략) … 육욕이외(肉慾以外)의 졍신뎍 련이(精神的戀愛)를 씨다라 젼일 경ᄌᆞ가 녀학싱 시ᄃᆡ에 리샹(理想)ᄒᆞ던 바와 갓치 리샹뎍 가정(理想的家庭)을 셩립하엿스믹 (12.18)

'연애'라는 단어는 원래 서양에서 유래된 관념이다. 일본에서는 예전에는 '연애'를 연(戀)이나, 애(愛) 혹은 색(色)이라는 말로 표현했다. 그런데 이러한 단어들은 대개 불결한 연상을 일으키는 것으로 일본에서는 서양의 'love'에 해당하는 새로운 말을 만들어낼 필요가 있었다. 그것이 바로 '연애'라는 말이었다. 그런데 바로 그 '연애'를 유행시킨 사람들은 지식인이나 그 자제들이 많았고, 특히 프로테스탄트 계 기독교인이나 그 주변 사람들이 많았다.

연애라는 단어가 기독교인들 사이에 유행했다는 것은 그것의 정신적 측면이 강조되었던 데서 기인한다.[8] 즉 연애는 육체와 대립된 정신의 영역과 관련된 것으로 신성화되는데, 이러한 태도는 성적 쾌락을 부정하고 금욕을 강조하는 기독교 전통과 밀접한 관련을 맺는다. 그리하여 이전에 여성의 순결은 가부장주의와 관련된 것이기만 했지만, 번안소설에서는 육욕을 죄악시하고 영혼을 중시하는 기독교 전통에 입각한 '순결' 이데올로기와도 연결된다.[9]

---

8) 야나부 아키라, 서혜영 역, 『번역어 성립과정』, 일빛, 2003, 103면.

육체, 욕망 등을 부정적으로 보고 죄악시하는 경향은 우리 전래 기층민의 일상에서는 찾아 볼 수 없는 것들이다. 그리하여 이 시기의 소설이 근대의 외양을 갖추었을지언정 섹슈얼리티 표현에서는 오히려 조선후기의 판소리계소설보다 훨씬 위축된다. 이는 이후 한국근대소설사의 등장하는 인물들이, 인물의 근대적 성격과 관계없이 욕망과 본능 등의 문제에서 자연스럽거나 진실하지 못하게 형상화되는 기원이 된다고 볼 수 있다.[10]

그 밖에 번안소설에는 세균설, 우울증, 히스테리 등 의학적 지식들이 소설의 일상으로 들어온다. 심지어 『쌍옥루』에서 순결을 잃은 여주인공은 과거를 참회하며 간호부로 갱생의 길을 걷는다. 부정(不淨)한 몸을 씻고 간호부가 된 여주인공은, 기독교의 순결 이데올로기와 결합된 서구 의학의 위생논리를 상징하는 것은 아닌지? 그리하여 인간의 욕망은 대중들에게 무의식적으로 죄 또는 병적인 것을 연상케 하여 대중의 정상적 욕망을 왜곡한다.

의학적 지식 담론들과 관련하여 번안소설에는 임신, 낙태,

---

9) 바흐친에 따르면, 기독교의 금욕 전통은, 특히 여성을 죄의 육화, 육체의 유혹으로 타자화 한다. (임철규, 『눈의 역사 눈의 미학』, 한길사, 2004, 88면.)

10) 1920년대 욕망 추동적인 인물을 그린 작가로 김동인과 나도향 정도를 들 수 있다. 그런데 김동인 소설에서 이러한 욕망은 대개 기생, 하층민 여성에 국한되어 나타나고 이는 부정적 비판의 대상이다. 나도향의 경우는 욕망을 가난에 교차시켜 그리는데 대개 향토성의 세계 안에 머물러 있다. 따라서 식민지 시대 성 또는 욕망에 대해 크게 거리낌 없어 하는 작가들로는 김유정 등 몇을 제외하곤 특별히 떠오르는 자들이 없다.

출산 등 여성의 몸에서 일어나는 사실들에 대한 다소 과잉된 묘사들이 등장한다.

> 녀편네라 ᄒᆞᄂᆞᆫ 것은 만 십팔셰가 되지 못ᄒᆞ면 ᄋᆞᄒᆡ를 졋먹여 길을 만ᄒᆞ게 톄격이 발육되지 못ᄒᆞᄂᆞᆫ 것인ᄃᆡ 더구나 십칠셰 미만 ᄒᆞᆫ 녀편네가 졋 먹여셔 ᄌᆞ식 길은다ᄂᆞᆫ 것이 말이 될 말인가. 심히 톄익(體液)을 일어ᄇᆞ리면 그 ᄭᅳᆺ헤ᄂᆞᆫ 무슨 병이나ᄂᆞ냐 ᄒᆞ면 … (중략) … 폐결ᄒᆡᆨ(肺結核)이라ᄂᆞᆫ 무셔운 병을 이르킬 터이니 … (중략) … 쟈 - 졋이 이 모양으로 입ᄃᆡ지 붓지를 안히 힛스니 졋이 나올 수가 잇단 말이오(『쌍옥루』,1912.8.21)

쾌락과 방종의 말로를 여성의 혼외 임신 또는 낙태라는 고난스러운 체험으로 연결시켜 정숙치 못한 여성에 대한 질타의 시선을 보내면서도 임신, 출산 등과 관련된 여성의 내밀한 영역을 호기심거리로 보여 주고 있다는 인상을 준다.[11)]

Ⅳ. 시민적 일상과 그 한계 - 『무정』의 세계

신소설, 번안소설에 이어 『매일신보』에 등장한 것이 이광수

11) 김동인의 「약한 자의 슬픔」(1919)에는 성관계, 임신(孕胎), 낙태 등에서 여주인공의 신체의 변화를 아주 자세하게 그려 독자의 흥미를 자극한다. 우리 대중 드라마에서 여인들의 임신, 출산 또는 낙태 등의 신체 현상을 즐겨 클로즈업 하는 것 역시 이러한 의도와 관련된 것은 아닐까?

의 『무정』이다. 『매일신보』독자들은 번안소설의 인기와는 별도로 상투적으로 반복되는 내용들에 식상했을 수도 있다. 특히 총독부 기관지로서 『매일신보』는 건강하지 못한 내용의 주제를 가진 대중소설을 지양하고 싶었을 법도 하다. 그리하여 총독부는 이미 『매일신보』에 많은 글을 발표해왔던 유학생 지식인 이광수를 통해 새로운 소설을 기획하지 않았는가 짐작해볼 수 있다.[12)]

이광수가 과연 이러한 『매일신보』의 의도에 따랐는지의 문제는 차치하고, 『무정』은 이전의 소설과 달리 문학사적으로 새로운 근대소설의 모습을 갖추게 되었다는 평가를 받는다. 물론 이 글은 이러한 근대적 모습을 갖췄다고 평가받는 『무정』을 일상성의 형상화를 중심으로 살펴보고자 한다. 과연 『무정』에 나타난 일상은 번안소설의 시정적 일상과는 어떻게 다른지, 그리고 그것이 왜 근대적이란 평가를 받는지를 살펴볼 필요가 있다.

일상성의 문제에서 『무정』의 새로움은 무엇인가? 『장한몽』에서 '수라도장(修羅道場)' 로 비유되기도 한 자본주의적 속악한 근대의 일상은 『무정』에서는, 오히려 관심의 초점에서 물러나 있다. 대신 지식인으로 특징되는 근대시민계급 개인의 일상이 전면화 된다. "경성학교 영어교사 리형식은 오후 두시 사년급 영어 시간을 마초고……"로 시작되는 『무정』의 첫 장면은

---

12) 김영민은, 이광수의 등장은 『매일신보』라는 매체의 조직적 발굴 내지 지원이 없이는 불가능한 것이었음을 강조하며 이에 대한 여러 예증을 제시했다. (김영민, 『한국근대소설의 형성과정』, 소명출판, 2005, 163~165면 참조.)

그런 점에서 인상적이다.

시간이라는 균질성 안에서 인간은 시민의 동질성을 갖고 진정한 근대적 개인으로 탄생하게 되는데, '사년급 영어시간'을 끝마친 뒤 '오후 세 시'의 가정교사 수업을 위해 김장로의 집으로 가는 이형식은 바로 근대적으로 분절, 구획된 시간 계획 위에 놓여 있는 인물이다.[13] 그리고 김장로 집으로 가는 길에 만난 형식과 그의 친구가, 일본어와 영어 등이 섞인 채로 나누는 대화들은 이 시기 식민지 청년의 일상을 자연스럽게 펼쳐 보여준다.

이러한 근대적 시민계급 개체의 일상의 묘사가 『무정』에서 가능하게 된 것은 무엇보다도 새로운 근대인의 심리의 세계가 전면화 되기 때문이다. "하는 일 없음이 심리학의 시초다."라는 니체의 비아냥거림도 있지만, 근대의 특징은 인간 심리에 대한 관심의 증대이다. 『무정』의 분량은 장편에 해당되지만, 이야기에서 실제로 흐른 시간은 칠일에 불과하다.[14] 즉 『무정』은 사건의 전개보다는 인물의 심리에 초점이 맞춰 그려져 있는 셈이다.

이러한 심리 묘사의 증대는 인간의 사적 경험을 통해 인간의 진실에 접근하고자 하는 근대문학의 노력과 관련된다. 따라서 『무정』에서는 심리묘사를 통해 근대에 새롭게 등장한 시민계급의 감정, 의견, 태도 등을 진솔하게 보여준다. 가령 『무정』

13) M. 맥루한, 임상원 역, 『구텐베르크 은하계』, 커뮤니케이션북스, 2001, 참조.
이경훈, 「『무정』의 패션」, 『민족문학사연구』 18, 2001, 329면.

14) 하타노 세츠코, 최주한 역, 『『무정』을 읽는다 - 『무정』의 빛과 그림자』, 소명출판, 2008, 208면.

의 주인공들은 새로운 사상을 당당히 실천해나가는 자들이 결코 아니다. 오히려 주저하고 방황하는 자들인데 작품에서는 이러한 모습들이 잘 그려진다.

형식과 선형의 혼인을 주선하는 모임에서 모두들 '신식을 잘 아는 듯'싶지만, 실제로 그것은 서양을 '흉내' 내는 것이며, 이 형식 등의 당사자들은 이를 어색해 한다.

> 「그러면 당자의 뜻을 무러보지오」ᄒᆞ고 ᄌᆡ판관이 심문ᄒᆞᄂᆞᆫ ᄐᆡ도로 위의를 갓초더니 남ᄌᆞ되ᄂᆞᆫ 형식의 뜻을 먼져 뭇ᄂᆞᆫ 것과 다음에 녀ᄌᆞ되ᄂᆞᆫ 선형의 뜻을 뭇ᄂᆞᆫ 것이 맛당ᄒᆞ리라 ᄒᆞ야
>
> 「그러면 형식씨도 동의ᄒᆞ시오?」 … (중략) … 형식은 엇지 우수운 ᄉᆡᆼ각이 나ᄂᆞᆫ 것을 힘것 춤엇다. 그러나 ᄃᆡ답하기가 붓그럽기도 ᄒᆞ얏다. 그러다 우션을 ᄉᆡᆼ각ᄒᆞ고 얼는 고ᄀᆡ를 들고 위엄을 갓초며
>
> 「네」ᄒᆞ얏다. 졔 ᄃᆡ답도 엇지 우슈엇다.(31회)

대중들은 이러한 인물들의 사생활, 사적 경험을 들여다보는 데서 이전 대중들이 하지 못했던 독서 체험을 한다. 인간의 본질 또는 삶의 현실의 본질을 말하겠다는 근대소설의 의도는 개인의 개체성을 확보하는 것일진대, 『무정』은 이 점에서 이전 소설과 확실히 구별된다. 그럼에도 불구하고 『무정』은 전체적으로는 이 시기 일상에 충실하지 못하다. 이는 시민 계급의 일상적 묘사와 달리 다른 계층들의 일상은 풍경으로 물러있거나, 아예 사라져 있기 때문이다. 그 중 한 가지 예를 든다면, 주요 인물인 기생 영채로 묘사되는 평양 혹은 서울의 기생들의 세계는 이해조 소설이나 번안소설에 묘사된 화류계의 일상에도

훨씬 못 미치게 그려진다. 기생 영채가 등장할 경우 『무정』은 전통적 로맨스로 돌아가기도 한다.

> 월화ᄂᆞᆫ 영ᄎᆡ의 어린 것을 불샹히 녀기ᄂᆞᆫ듯시
> 「너ᄂᆞᆫ 아직 모르ᄂᆞᆫ고나」하얏다. 월화는 셩당시ᄃᆡ 강남에 나지 못ᄒᆞᆫ 것을 한ᄒᆞ얏다. 탁문군은 ᄌᆞ긔언마ᄂᆞᆫ 봉황곡으로 ᄌᆞ긔를 후리ᄂᆞᆫ ᄉᆞ마샹여의 업슴을 한ᄒᆞ야산 월화의 ᄉᆡᆼ각에ᄂᆞᆫ 하ᄂᆞᆯ이 대동강을 ᄂᆡ시ᄆᆡ 모란봉을 ᄯᅩ ᄂᆡ셧스니 계월화ᄂᆞᆫ 대동강이 되려니와 누가 모란봉이 되야 봄에ᄂᆞᆫ ᄭᅩᆺ으로 가을에ᄂᆞᆫ 단풍으로 그 그림ᄌᆞ를 부벽루 앒헤 비최리오 ᄒᆞ얏다. (31회)

반면 로맨스의 세계에 머물던 기생 '영채'는 어느 순간 근대인으로 거듭나기도 하여 그 현실성이 희석화되어 있다. 다시 말해 『무정』은 이형식을 통해 새로운 지식인 계급의 일상을 잘 드러냈을지 몰라도 다른 계급의 일상들은 이형식의 일상과 상호 관계를 맺지 못한다. 그리하여 이형식은, 일상 속에 존재하되 일상을 뚫고 출현할 수 있는 현실적 성격을 지닌 인물은 되지 못한다.

『무정』이 지식인 또는 시민계급의 심리적 추이를 비교적 섬세하게 그려내고 있음에도 불구하고 작품에 나타난 일상의 세계가 전체적으로 충실하지 못한 것, 즉 다른 계층의 일상은 배경으로만 작용하게 되는 것은, 『무정』의 시민계급이 도시의 물적 토대 또는 경제적 이해관계 안에 놓여 있지 않기 때문이다. 그리하여 『무정』은 임화가 지적한 대로 "정치상의 욕구를 제한한 오직 관념상의 자유"[15] 안에 갇혀있다.

그것은 식민지 지배당국이 '『매일신보』 지식인'으로서 이광수에게 걸었던 기대, 즉 번안소설을 넘어 대중을 선도, 교양할 만한 새로운 소설 창작을 기대하지만, 그러나 결코 정치성에 도달하는 것을 원치 않는 점과 관련된다. 이것이 바로 『무정』이 시민계급의 일상을 그리는 데만 그칠 수밖에 없었던 것으로 판단된다. 따라서 시민계급의 고민은 표현될지언정 시민 개체의 일상과 사회의 삶의 안팎을 두루 감싸 안는 역사적 지평은 보이지 않는다.

Ⅴ. 속악한 일상에 대한 추상적 반발
-『개척자』의 세계 -

『무정』의 인기 끝에 등장한 이광수의 『개척자』는 『무정』과 유사한 길을 밟았을 것 같은데, 작품에 그려진 시민계급적 일상의 내용과 성격은 많이 다르다. 『개척자』에는 『무정』에서 잠시 비껴 놓았던 황금만능사회를 상징하는 '김중배' 같은 금력가들이 다시 등장한다. 즉 이 작품의 이상적 주인공 성재의 집안은 "황금밖에 의리를 모르는" 채권자들의 강제집행으로 몰락한다. 이러한 금력가들을 다음과 같이 비난한다.

그는 金錢去來簿 外에 書籍이라고 드려본 것이 업셧고 金錢去

15) 임화, 「조선신문학사론서설」10회, 『조선중앙일보』, 1935.10.22.

來簿 外에 사룸과 交際ᄒᆞ여 본 적이 업셧다. 그러닛가 그가 事業이라면 돈 돈 모흐는 것 이외에 업는 줄 알고 快樂이라면 動物의 本能的 慾求 以外에 업는 줄 안다고 반ᄃᆞ시 責望도 못홀 것이다. 實로 宗教라던지, 文學이라던지, 社交라던지, 美術이라던지 - 이러ᄒᆞᆫ 것을 快樂으로 알게되랴면 十數年間 文明的 教養이 必要ᄒᆞᆫ 것이다.(1917.12.9.)

그런데 『개척자』에서 '금력가'들에 대한 비난의 초점은 번안소설과 다소 달라져 있다. 번안소설의 금력가들은 단지 물욕 때문에 비난받는다. 그러나 『개척자』에서는 이에 덧붙여 그들은 문학, 미술 등의 예술도 모르고 '문명적 교양'이 결여되어 있는 이른바 '속물주의자'들이라는 점에서 유난히 비난의 대상이 된다. 물론 『개척자』의 주인공들은 예술과 과학을 존중하고 이를 위해 자기희생을 하는 자들이다.

『개척자』의 '성재'는 세속적 이해관계를 멀리 하고 오로지 과학 연구를 통해 자신의 뜻을 실현코자 하는 이상주의적 인물이다.

어디를 가던지 每朔 六七十圓 月給은 받을 것이오. 얼마간 지내셔 性哉의 眞手腕만 알아쥬게 되면 돈 百圓月給은 無慮ᄒᆞ게 밧을 것이다. … (중략) … 性哉의 뜻은 決코 百圓이나 二百圓의 月給에 잇지 아니ᄒᆞ다. 그가 七年전에 定ᄒᆞᆫ 目的으로 더불어 一生을 마칠 것이다. 「나는 이 일을 爲」ᄒᆞ여셔 世上에 낫다. 그러ᄒᆞ닛가 이 일을 爲ᄒᆞ여셔 世上에 살아 ᄒᆞ겟다」ᄒᆞ는 것이 性哉의 決心이다. 아니 決心이라기보다 信念이오, 信仰이다.(1917.11.16.)

여동생 성순은 오라비의 이러한 이상주의적 열정에 감복하여 그를 헌신적으로 돕는다. 그리고 그녀 역시 외적 규제와 규율을 넘어서 예술가(화가)와의 사랑을 추구하다 뜻을 이루지 못하자 자살을 감행한다.

이러한 『개척자』의 주인공들은 『무정』의 이형식과 비슷하면서도 다르다. 이형식은 『개척자』의 주인공들과 마찬가지로 자기 규제적이며 금욕적 자세를 가진 자이다. 그런데 그의 이러한 자세는 실현의 성공 여부를 떠나 일단은 대중에 대한 계몽적 성실성으로 연결되기를 희구한다. 그리고 이형식은 이 과정에서 때로는 좌절도 하고 회의도 품지만 이를 통해 제한적으로나마 자기성찰도 보여주며 어찌했든 대중과의 소통을 목적으로 한다.

그러나 『개척자』 주인공들의 이상적 열정은 타인과의 소통보다는 자폐성을 강화한다. 그들은 지위, 명예, 돈과 상관없는 것은 물론, 아무도 인정해주지 않는 실험 및 연구에 몰입한다든지, 자유로운 연애의 실현을 위해 세상을 멀리하고 심지어는 죽음으로까지 항거하는데 이러한 주인공들의 고결함은 일종의 정신적 귀족주의를 지향하고 있는 것으로 비친다. 지식을 현시하는 듯, 실험기구에 둘러싸인 과학자 주인공은 엄숙하기만 하다.

> 天秤접시를 들어 그 白色粉末을 試驗管에 집어 넛는다. 粉末이 들어가쟈 試驗管 속에셔ᄂᆞᆫ 푸시ᄒᆞᄂᆞᆫ 소리가 나며 水蒸氣 ᄀᆞᆺ흔 것이 피어오른다. 性哉ᄂᆞᆫ 水蒸氣가 그치기를 기다려셔 ᄃᆞ시 그 試驗管을 酒情燈에 대고 앗가 모양으로 빙빙 돌린다. 그 黃褐色 液體

로 앗가보다 죠곰 淡ᄒᆞ게 되엿스나 如前히 黃褐色대로 부글부글 쓸으며 暫間 쉬엇던 惡臭를 發ᄒᆞᆫ다.(1917.11.10.)

자살로 귀결되는 여주인공 성순의 사랑은 겉으로만 보면 대담한 측면도 있다. 그러나 사회적 금제에 항거하는 성순의 사랑은 자폐적 성격을 띤다. 가령 성순은 모든 이들이 동의하지 않는, 심지어 그녀의 애인조차 동의하지 않는 사랑을 위해 일방적인 자살을 감행한다. 이는 상호성이 결여된 소외된 사랑인데 자폐적인 성격을 띠면서도 한편으로는 자기현시의 성격을 강하게 드러낸다.

그리고 중요한 건 성순은 에로티시즘 자체보다는 어떤 낭만적 환상을 좇고 있어 비일상적이라는 인상을 준다. 이성에 대한 사랑에 불타면서도 순결을 기이할 정도로 유난히 강조한다. 이는 번안소설에서 보이기 시작한 새로운 순결 이데올로기를 더욱 철저하게 계승하고 있다고 볼 수 있다. 여기에 혼란스럽게 전통적 여인의 정조 관념까지 뒤섞여 있어 성순의 애정행각은 극히 비일상적이다.

「네 엇더ᄒᆞᆫ 程度ᄭᆞ지가 處女오닛가.」

「한번도 男子를 接ᄒᆞ지 아니 ᄒᆞᆫ 女子를 處女라고 ᄒᆞ지오 …(중략) … 한 자리에셔 잔다는 ᄯᅳᆺ이겟지오…… 性交를 ᄒᆞᆫ다는 ᄯᅳᆺ이겟지오.」

「져는 한번 마음을 엇던 男子에게 許ᄒᆞ면 벌셔 그 女子는 處女가 아니라 ᄒᆡ요.」(1918.12.11)

성순은 아모리 ᄉᆡᆼ각ᄒᆞ야도 肉이라는 것이 그러케 重要ᄒᆞᆫ 것인

줄을 알 수가 업셧다. 사랑에 肉이ᄅᆞᆫ 觀念이 안니 셕기지 못ᄒᆞᄂᆞᆫ 것을 도로혀 嫌惡ᄒᆞ게 ᄉᆡᆼ각ᄒᆞ엿다. 自己에게ᄂᆞᆫ 眞實로 죠곰도 肉에 對ᄒᆞᆫ 請求가 업고 다만 精神的으로 셔로 사랑ᄒᆞᆯ 수만 잇셧스면 그것으로써 滿足ᄒᆞ리라 ᄒᆞ엿다. 自己의 肉體가 消滅되고 난 뒤에 그 ᄉᆞ랑만이 ᄭᅱ어나셔 永遠히 永遠히 살아잇슬 것 ᄀᆞᆺ하다. (1919.3.1.)

육욕을 부정시하는, 이후 이광수의 대중소설에서 반복되는 이러한 섹슈얼리티는 그 자신의 것이라기보다는 이미 번안소설에서 확인되었던 서구 기독교 전통의 이식과 관련된다. 성애를 기본적으로 부정하는 기독교 교회는 남녀의 성적 결합이란 인류의 존속을 위해서만 불가결한 것으로 보고 이를 위해 결혼이라는 제도를 용인했고, 교회의 축성을 거친 혼인 관계 안에서의 남녀의 결합만을 정당한 것으로 인정하였다.16)

이상에서 살펴 본 바 『개척자』에서 속악한 일상 – 그것은 물질과 '육욕'으로 환기되는데, 이는 지식인의 내면 또는 영혼, 정신과 대립하는 속악한 것이다. 일상에는 영혼의 본질이 숨어 있을 수 없고 될 수 있으면 영혼은 일상으로부터 거리를 두거나 그것을 초월할 경우 그 본질에 도달할 수 있다. 다시 말해 『개척자』에서 일상과 지식인의 영혼의 관계는 적대적이며, 지식인의 영혼은 일상으로부터 소외되어 있다.

그런데 시민계급의 현실로부터의 소외를 그리는 『개척자』가 속악한 근대의 일상에 대하여 항거하는 방식은 번안소설의 것을 이어받고 있다. 자살과 같은 방식으로 항거하는 격정극적

16) 한정숙, 『여성은 이렇게 말했다』, 길, 2008, 432면.

특성, 일상성을 영혼과 대립시켜 하찮고 속악한 것으로 적대시하는 태도, 이와 관련하여 육체· 물질 등을 죄악시하며 순결을 미화하는 태도, 이는 향후 전개될 한국의 대중적 장편소설의 정신세계에도 일정한 영향을 미치게 된다.

Ⅵ. 맺음말

1910년대 『매일신보』의 근대저널리즘 혹은 대중적 성격은 이 신문에 게재된 소설 작품들에서 일상성의 전면화를 가져오는 한 요인이 된다. 그 중 이해조의 소설은 이미 합방 이전부터 시정의 일상 세태에 대한 관심을 보여 왔음에도 불구하고, 『매일신보』시절에는 오히려 위축된다. 그의 소설에서 일상의 충실한 재현은 정치성과 닿는 경우도 있어, 이러한 점은 총독부 기관지로서 『매일신보』와 충돌할 수 있었기 때문이다.

따라서 『매일신보』의 이해조 소설에서 설사 일상적 세태가 등장할지라도 그것은 개량되고 교정되어야 할 풍속의 객체로 다뤄질 뿐이다. 대신 이해조의 소설은 『매일신보』의 상업성을 좇아 고소설 로맨스의 퇴영적 세계로 회귀한다. 그러나 이는 이미 자본주의적 시장질서 안으로 들어온 독자의 취향을 만족시키기에는 역부족이었다. 따라서 비록 이식된 것이기는 하지만 근대의 일상을 전면화한 조일재의 번안소설에 지면을 넘겨줘야 했다.

조일재의 소설은 도시 시정의 활기찬 세계를 그리는 한편, 돈으로 빚어진 타락한 인간관계, 황금만능의 현실을 적나라하게 그려낸다. 그러나 그러한 일상들은 대개는 과장되어 있다. 부정적 일상에 대한 진지한 질문은 결여된 채, -이러한 질문은 역시 『매일신보』와 충돌할 수밖에 없다. - 그것을 단순히 의리와 인정을 내세운 봉건적 가치와의 대립으로 보기 때문에 일상에 대한 과장된 주조만이 이뤄진다.

이러한 과장은 인물, 플롯 전반에서 통속극적 성격을 강화한다. 그리고 번안소설은 주지하다시피 가정비극으로 귀결되는데, 이전 소설에서 익명의 대상으로 취급되어 왔던 아동을 무대 전면으로 등장시켜 모자간의 비극적 사건으로 최루 효과를 가져 오게 한다. 아동, 가족의 소설 무대화는 부르주아 가족주의의 반영이기도 한데, 가정비극으로서의 번안소설은 일상의 세계를 공동체와 격절된 채 사사로운 가정사로 국한하는 역할을 한다.

그 밖에 번안소설은 섹슈얼리티에서 이전 소설과 다른 점을 보여준다. 가령 새롭게 신여성이 등장하지만 이들은 전통적 여인과 다를 바 없고, 오히려 순결의 문제에서 좀 더 강박적 성격을 드러낸다. 이는 가부장주의만 아니라, 성적 욕망을 부정적으로 보는 기독교 전통의 순결 이데올로기와 연관된다. 『매일신보』 번안소설에 나타난 이러한 새로운 섹슈얼리티는, 우리 근대소설이 인간의 욕망에 부자연스럽게 대응하는 한 흐름의 기원이 된다.

『매일신보』에 이미 많을 글을 써왔던 이광수는 『무정』을 통해 지식인으로 특징되는 새로운 시민계급의 일상을 보여준다.

『무정』은 번안소설이 보여준 도시의 속악한 일상 대신, 섬세한 심리묘사의 방식을 통해 시민계급의 감정, 태도 등을 그려낸다. 그러나 『무정』에 나타난 시민계급의 일상은 다른 계급의 일상과 상호성을 갖지 못하여, 추상적인 개인의 틀 안에 갇혀 있다. 이는 『매일신보』 지식인으로서 이광수의 한계이기도 하다.

이광수의 『개척자』는 『무정』과 같이 시민계급의 일상을 주요한 관심사로 삼지만, 『무정』이 대중과의 소통을 고민하는 시민계급의 모습을 보여준 것과는 달리, 『개척자』는 속악한 일상에 대한 지식인의 전면적 거부를 선언함으로써 현실로부터의 자기소외를 앞세운 자폐적 지식인의 모습을 보여준다. 그러나 속악한 일상에 반발하는 방식에서 역시 『매일신보』의 상업적 성격에 맞게 번안소설의 설정을 빌리고 있으며 시민계급의 주요 관심사인 연애의 문제를 일상과 대립시켜 정신적인 영역으로 가둬 신비화한다.

요컨대 이해조, 조일재, 이광수의 소설은 『매일신보』의 대중적 성격에 맞춰 일상성의 증대를 가져 온다. 그러나 이의 충실한 재현은 총독부 기관지 『매일신보』에 규제를 받을 수밖에 없다. 그리하여 일상성은 역사성과 대립된 채, 오락적으로 또는 사사로운 것으로, 아니면 본질과 대립되어 하찮은 것으로 소모되며, 때로는 왜곡되기도 한다. 이러한 문제점들은 향후 전개되는 한국의 대중적 장편소설에 지속적인 영향력을 미친다.

참고문헌

『조선중앙일보』

『학지광』

『인문평론』

김영민, 한국근대소설의 형성과정』, 소명출판, 2005.

김우창, 「한국현대소설의 형성」, 『세계의문학』, 1976년 가을호.

신지영, 「『대한민보』 연재소설의 담론적 특성과 수사학적 배치」, 연세대학교 대학원, 2003.

이경훈, 「『무정』의 패션」, 『민족문학사연구』 18, 2001.

이재선, 『한국개화기소설연구』, 일조각, 1972.

임철규, 『눈의 역사 눈의 미학』, 한길사, 2004.

한정숙, 『여성은 이렇게 말했다』, 길, 2008.

M. 맥루한, 임상원 역, 『구텐베르크 은하계』, 커뮤니케이션북스, 2001.

야나부 아키라, 서혜영 역, 『번역어 성립과정』, 일빛, 2003.

필립 아리에스, 문지영 역, 『아동의 탄생』, 새물결, 2003.

하타노 세츠코, 최주한 역, 『무정』을 읽는다 - 『무정』의 빛과 그림자』, 소명출판, 2008.

1910년대 중반 일본 유학생들의 자의식과 문학관
-『학지광』을 중심으로 -

이 상 준*

Ⅰ. 머리말

『학지광』은 한일합방 후 1913년 일본에서 결성된 '재동경조선유학생학우회(在東京朝鮮留學生學友會)'의 기관지이며, 1914년 4월에 창간되어 1930년 4월까지 통권 제29호로 종간된 학회지 혹은 학술지 성격의 잡지이다. 창간될 당시에는 격월간 발행을 목표로 하였으나, 실제로는 연 2회 또는 3, 4회 발간되었다. 매 호 면수는 100면 내외로서 많을 때에는 100면, 적을 때에는 48면이었다. 『학지광』에는 이광수를 비롯하여 현상윤,

* 연세대 강사

진학문, 최승구, 김여제 등이 주요 필진으로 참가하였으며, 당시 일본 유학생들의 다양한 학문적 역량이 결집되었다.

『학지광』은 유학생들이 관심을 가지고 있거나 유학생활을 통하여 새롭게 배우고 있던 여러 분야들에 관련된 글을 매우 폭넓게 게재하였다. 매 호 뒤쪽에 실려 있는 「投稿注意」에서 원고 재료로 규정하고 있는 분야는 언론, 학술, 문예, 진담(珍談), 기타 등이었고, 시사정론(時事政論)은 받지 않았다. 후에는 '진담, 기타'를 '종교, 전기, 기타'로 수정하여 그 게재 내용의 폭을 더욱 넓혔다. 실제 『학지광』에 실린 글의 종류를 보아도 논문, 소설, 희곡, 평론, 기행, 수필, 시(한시 포함), 기타 학우회 관련 기사 등으로 매우 다양하여, 『학지광』이 시사정론을 제외한 거의 모든 분야를 다루었던 종합지였음을 알 수 있다.

한편 『학지광』 필진들이 속해 있던 '재동경조선유학생학우회'는 1912년 봄 '재동경조선유학생친목회'가 해산된 뒤를 이어 1913년에 설립된 단체이다. 친목회가 해산된 후 철북친목회(鐵北親睦會), 패서친목회(浿西親睦會), 해서친목회(海西親睦會), 경서구락부(京西俱樂部), 삼한구락부(三漢俱樂部), 낙동동지회(洛東同志會), 호서다화회(湖西茶話會) 등의 일곱 단체가 연합하여 '재동경조선유학생학우회'를 결성하였다. 거의 모든 조선유학생들이 속해 있던 단체의 기관지로서 기능하기 위하여 『학지광』은 매우 폭넓은 분야를 대상으로 그 면수를 채워가야 했다.

『학지광』에 담긴 글들을 대상으로 한 기존의 연구들은 크게 나누어 보면 다음 세 가지로 정리할 수 있다. 첫째 우리 근대시 형성과정에서 차지하는 『학지광』의 위치를 밝히면서, 전통시가-창가-신체시-자유시로 이어지는 근대시 형성과정에 근본적인 의문을 제기하거나 더욱 풍성한 논의를 끌어내고자 하는 것들과, 둘째 『학지광』 필진들이 일본에서 배우고 받아들인 서구적 근대문학의 미학적 형성원리가 실제 작품을 통해 어떻게 드러나고 완성되어 가는가를 고찰하는 것, 셋째 식민지 조선의 젊은 지식인으로서 조선유학생들이 가졌던 시대인식과 삶의 태도를 『학지광』에 실린 논설, 평론 등의 글들을 통해 재구성해보려는 것 등이 그것이다.

주로 『학지광』에 실린 시 작품을 중심으로 해서, 소설 작품들과 문학론을 포함한 비교적 종합적인 고찰을 해 낸 것으로는 김영철의 연구를 들 수 있다. 김영철은 『학지광』의 전 문학작품과 문학론을 도표화한 뒤 이를 분석하여 『학지광』의 문학사적 위상을 제시하고 있다.[1] 김영철의 이와 같은 연구는 『학지광』의 전 면모를 분석하여 총체적인 결론을 내린 것이라는 데에 의의가 있다. 그러나 『학지광』에 실린 문학 작품들을 나열하고, 겉으로 드러나는 의미들을 단순히 정리하고 있어 당시 『학지광』 필진들의 시대인식과 삶의 태도, 그리고 그것이 일본 제국의 핵심부에서 어떻게 굴절되고 반영되었는가 등에 대한 깊이 있는 논의에는 미치지 못하고 있다.

조창환은 『학지광』이 2인 문단시대의 단조로운 공백을 채웠음을 밝히고, 작품의 장르를 통계로 보여준 뒤 한시와 자유시가 동등하게 게재되었음을 근거로 유학생들이 전통문화에 대한 교양과 한문에 대한 소양을 갖추었음을 엿볼 수 있다고 하

1) 김영철, 「『학지광』의 문학사적 위상」, 『대구어문논총』3호, 1985.

였다.[2] 또한 그는 우리 자유시형이 정착되는 과정을 분석하고, 산문적 문체에서의 행구분에 의한 혼란과 모색의 과도적 형태를 거친 것과 창가, 신체시의 리듬이나 형태적 골격에서 이의 변형, 파괴에 의한 절충적 형태의 것이 있음을 밝혔다. 이를 근거로 그는 우리 근대 자유시형의 정착단계로 여겨지고 있는 전통시가-창가-신체시-자유시의 단선적인 도식이 재고되어야 함을 주장한다. 이러한 논의는 우리 전통시가의 형식적, 내용적 맥이 근대적 자유시와 어떻게 연결되고 있는가에 대한 연구의 단초를 제공한 것으로 평가할 수 있다.

한편 양문규는 『신문계』·『반도시론』·『청춘』·『학지광』 등 1910년대의 주요 잡지들에 실린 소설 작품과 작가들의 인식이 우리 근대단편소설의 형성과정에 미친 영향을 비판적으로 검토하고 있다.[3] 그는 기존의 연구들이 대체로 『학지광』·『청춘』의 소설로 대변되는 1910년대 소설이 전대 소설의 틀을 벗어나 근대소설을 형성하는데 일정한 역할을 수행했다고 보고 있는 것에 의문을 제기한다. 예컨대 기존의 연구가 1910년대 소설이 독자적이고 고립된 내면을 포착하여 이를 표현하고자 한 의도를 자국어 글쓰기와 더불어 '근대'의 문학을 형성하는데 중요한 성과로 보고 있는 것[4]에 대해 의문을 제기하면서, 『청춘』·『학지광』 및 이에 게재된 소설들이 과연 우리 소설사가 전대 소설에서 벗어나 근대 소설로 나가는데 긍정적인 역할만을 수행

---

2) 조창환, 「『학지광』의 시문학사적 의의」, 『아주대 논문집』, 1986. 2.
3) 양문규, 「1910년대 잡지와 근대단편소설의 형성」, 『배달말』36집, 배달말학회, 2005.
4) 권보드래, 『한국근대소설의 기원』, 소명출판, 2000, 264면.

했는가를 비판적으로 고찰하고 있는 것이다.

양문규의 이러한 논의는 우리 전통적 글쓰기 내면에 담겨 있던 다양한 가능성들이 식민지라는 특수한 상황 속에서 제국 일본에 유학하던 젊은 지식인들에 의해 사장되어 버렸다는 결과로 귀결된다. 그러나 이러한 논의가 설득력을 갖기 위해서는 당시 일본 유학생들의 활동 내용과 그것이 어떠한 내적 행동 원리에 입각하여 이루어졌는가 하는 점, 또한 『학지광』이라는 유학생 잡지가 식민지 전반에 미친 영향 등을 더욱 세밀하게 고찰하는 일이 선행되어야 한다. 우리 근대문학이 틀을 갖추어 가는 과정에서 지식인의 '내면'이란 무엇이고, 어떠한 의미를 갖는가에 대한 객관적 설명이 필요하다. 또한 '자국어 역량의 위축'이 말 그대로 총체적인 자국어 역량의 상실을 뜻하는 것인지, 아니면 『학지광』에 게재된 글들이 유학생들의 상황을 반영하면서 나타난 특수한 문학적 국면으로 이해해야 할 것인지도 숙고해야 한다. 『학지광』이 식민 상황 속에서 제국에 유학하던 학생들이 동경에서 발간하던 잡지로서 갖는 특수성을 간과한다면, 시대적 현실의 흐름 속에 나타난 세세하고 다양한 글쓰기 현상의 결들을 파악하지 못하고 성급하게 한 묶음으로 처리해 버리고 말 것이기 때문이다.

이경훈은 『학지광』을 둘러싼 여러 정황들을 다양한 자료를 활용하여 재구성하려는 시도를 보이고 있어 주목된다.[5] 그는 『학지광』의 매체적 특성을 여러 측면에서 본격적으로 논의하기 위한 준비로서, 이 잡지를 만든 유학생들과 일본인들이 맺

5) 이경훈, 「『학지광』의 매체적 특성과 日本의 영향 1」, 『대동문화연구』 제48집, 성대 대동문화연구원, 2004.

은 몇몇 관계 양상을 고찰하고자 하였다. 이러한 논의가 성립할 수 있는 것은 무엇보다도 『학지광』이 동경 유학생들의 조직인 <학우회>의 기관지라는 이유 때문이라면서, 『학지광』의 이러한 특수한 위치는 식민지 조선과 일본 제국의 복잡하고도 생생한 역사적 관계를 보여주는 한 가지 계기가 된다는 점에서 중요하다고 언급한다. 더구나 <학우회>와 『학지광』이 주로 활동한 다이쇼기(大正期)는 "'민중의 경향'으로부터 '데모크라시'를 거쳐 '개조'·'해방'으로 향하는 '매력적인 표어'의 전성기"[6]였다는 것이다. 그는 일본 사회의 이 추상적이고 "낙천적인 밝음"을 배경으로, 유학생들은 일본인들과 특정한 입장과 담론을 공유하며 조선의 민족 논리가 작용·관철되도록 노력했다고 지적하면서 유학생회와 일본 인사들의 접촉이 지닌 의미를 설명한다.

일본 유학생들은 여러 일본 인사들을 초청하여 강연회를 열었으며, 자체적인 웅변회, 체육대회 등을 열고 때에 맞추어 신입생 환영회나 졸업생 축하회를 열어 유학생회 내부의 결속을 강화하려 하였다. 이경훈은 이러한 활동을 펼친 <학우회> 및 『학지광』이 유학생들의 지적 훈련과 사회적 활동무대로 기능하면서, 문학적 관계의 장을 형성해 가고 있었음을 밝히고 있다. 한편으로 <학우회>와 『학지광』의 활동에 대해 일본 당국은 물론 조선총독부도 조직적이고 지속적으로 유학생들을 관리·감독·감시하고 있었다는 것을 언급하고, 이러한 모든 사실이 『학지광』의 역사적 위치를 상징하는 것으로 설명한다. 다시

6) 하스미 시게히코, 「'다이쇼적' 담론과 비평」, 가라타니 고진 외, 송태욱 역, 『근대 일본의 비평』, 소명출판, 2002. 170면.

말하면 유학생들의 잡지라는 점과 함께 『학지광』의 매체적 특성을 규정한 것은 그 무엇보다도 식민지 상황 자체, 즉 조선과 일본 사이에 작용한 타자성과 주체성의 다양한 상호작용이었다는 것이다. 유학생들은 여러 겹으로 관리되고 감시되면서도 일본인들과의 자발적 교섭을 통해 다양한 실천을 적극적으로 수행하고자 했다. 이경훈은 제국 일본에서 학습하고 활동하는 유학생들의 특수성을 통해, 식민지의 상황이 더욱 첨예하고도 복잡하게 발현된 것으로 판단한다.

『학지광』 또는 『학지광』 필진을 구성하고 있었던 지식인들에 대한 연구는 잡지에 게재된 글의 내용만을 놓고 이루어지거나, 혹은 지식인들이 식민지 출신으로 제국에 유학중이었다는 사실만을 단순히 인식하는 수준에서 진행될 것이 아니라고 판단된다. 글 속에 담긴 여러 측면의 시대인식과 개념들의 근원을 따져 올라가고 그 변형과 확장의 인과관계를 밝히는 것과 아울러, 식민지와 제국의 관계 속에서 자신의 위치를 결정하고 유학생활을 해나가는 지식인들의 삶에 대한 감각을 고찰하는 일이 필요하다. 그리고 그것이 1910년대 『학지광』에 게재된 문학작품들 속에 어떻게 투영되어 있는가를 살펴보아야 글쓰기 차원에서 드러난 젊은 지식인들의 인식의 결과 균열들을 파악할 수 있을 것이다. 이러한 차원에서 볼 때 이경훈의 연구는 『학지광』의 문학사적 의의를 종합적이고 세밀하게 규명할 수 있는 기초 작업으로서의 의미가 있다.

이 글은 1910년대 초, 중반 일본 유학생들이 식민지 조선에서와는 전혀 다른 제국 일본 내부의 상황 속에서 겪은 정체성의 혼란이 어떻게 '개인', '자아' 혹은 '내면'에 대한 관심으로 전이되었는가에 대한 고찰이다. 기존의 논의들은 대체로 한국 근대소설의 발전과정을 '문학의 자율성', '내면 또는 자아의 발견' 및 '자국어 글쓰기'의 실현이라는 측면에 초점을 맞추고 있다. 그리고 『학지광』의 문학론은 이를 주도한 것으로 평가하고 있다. 그러나 이 글은 이러한 견해들이 문학의 결과론적 측면 혹은 현상적 측면을 과도하게 중시하여 내린 결론이라는 문제의식으로부터 출발한다. 이 당시 일본 유학생들이 내면 혹은 자아를 발견하고 문학의 자율성을 인식하게 된 것은, 제국 일본 내부에서 식민지 지식인으로서 겪은 정체성의 혼란을 극복할 실체적 방법을 찾지 못하여 귀결된 결과가 아닐까 하는 것이다. 이를 고찰하기 위하여는 일본 유학생들의 다양한 지식 담론들을 비롯하여 일상적 단면들까지 포괄적으로 담고 있는 『학지광』의 내용을 좀 더 면밀히 검토할 필요가 있다.

Ⅱ. 일본 유학생의 학문적 자의식
- 관념적 내면으로 전이 -

조선이 제국 일본에 병합된 후 조선 민중의 일상적 의식을 지배하던 것은 결국 국권을 강탈당하고 식민지로 떨어지고 만 조국의 처지에 대한 비관과, 제국 일본의 식민 지배 정책들이 하나하나 펼쳐지는 것을 지켜보며 숨죽일 수밖에 없는 암담함이었다. 그러한 일상적 의식 속에서, 나라의 힘이 약해 식민

지배를 받을 수밖에 없는 상황을 하루라도 빨리 벗어나기 위해서는 '봉건적 야만성'을 떨쳐 내고 문명한 모습으로 나아가야 한다는 강박관념 또한 더욱 거세어져 갔다. '힘이 없는 자국권을 빼앗기고 지배를 받는 것이 당연하다는' 식의 사회진화론적 논리를 수긍하면서, 많은 수의 식민지 조선 지식인 젊은이들은 근대적 국민국가 체제와 학문을 배우기 위해 제국주의 일본으로 유학의 길을 나서게 된다.

1913년 창립된 '재동경조선유학생학우회(在東京朝鮮留學生學友會)'의 기관지인 『학지광』에 실린 글 속에 드러난 조선인 유학생들의 일상적 의식은, 식민지 조선에서 살아가는 민중의 그것보다 복잡한 형태로 나타난다. 즉 식민지 조국의 현실에 대한 자괴감 및 문명으로 나아가고자 하는 조급함과 더불어, 이미 근대 국민국가의 체제를 완성하고 세계 자본주의 경쟁질서 안에서 활발히 그 힘을 과시하고 있던 제국 일본의 실체를 확인하는 데에서 오는 식민지적 무력감을 느끼고 있었던 것이다. 그럴수록 문명한 세계에 대한 지향은 더욱 강렬해지고 신지식을 습득한 후에 식민지 조국의 현실을 짊어지고 나아가야 한다는 압박감은 더욱 거세어지고 있었다.

제국 일본에서 조선의 젊은이들이 느끼던 조급함과 압박감은 스스로를 식민지 조국의 현실을 타개해 나갈 주체 즉 '청년'으로 호명하는 것으로 드러난다. '문명의 이름으로 서양을 내면화하고 과거를 배제함으로써 '현재'와 '이곳'을 미래지향적으로 조직하는 역사적 위치에 있으며, 일종의 진화론적인 주체'[7]인 청년은 학우회 기관지인 『학지광』에서도 '自己實現과 自己表現'의 주체로서 장덕수의 글에서 우렁찬 어조로 표현된다.

> 우리 사랑ᄒᆞᄂᆞᆫ 靑年諸君이여 吾人은 沈默ᄒᆞᆯ 수 업도다! 眞實로 自己心中에 泰山갓흔 確
> 信과 雄大함이 蒼天갓흔 思想과 火山갓흔 熱情이 잇스면 眞實로 끌ᄂᆞᆫ 피가 흘으고 뛰ᄂᆞᆫ
> 脈이 놀면 日月이 落下ᄒᆞ고 天地가 動鳴할지라도 이를 막지 못ᄒᆞ리로다.
> 大抵 自己實現과 自己表現은 宇宙의 根本事實이 아닌가?[8]

심중에 '태산같은 확신과 창천같은 사상과 화산같은 열정'을 품어야 할 식민지 조선의 '청년'들은 또한 그것을 마음껏 실현하고 표현해야 한다. 그러한 자기실현, 자기표현이야말로 인류 문명을 발전시켜 온 원동력이기 때문이다. 물론 청년 개개인이 지녀야 할 기본적 삶의 태도로서 제시된 '자기실현', '자기표현'은 진화론적 입장에서 보다 빨리 문명한 세계 질서 속에 편입되기 위한 방법이었다. 즉 활발한 자기표현이야말로 서구 사회의 근대적 문명을 만들어낸 기본 동력이자 약육강식의 세계에서 생존하기 위한 최소한의 도구로 여겨졌던 것이다.

> 보아라 社會의 眞相과 人生의 行路가 如何뇨 宇宙의 創造作用은 그 自體가 直히 爭鬪로
> 다 自己實現이 宇宙의 根本事實이라 함은 卽是生存競爭을 意味

7) 이경훈, 「청년과 민족 – 『학지광』을 중심으로」, 『대동문화연구』제44집, 성대 대동문화연구원, 2003.

8) 장덕수, 「學之光第三號發刊에 臨ᄒᆞ야」,『학지광』제3호, 1914, 12.

ᄒᆞ는 것이 아닌가? 實로

人類歷史의 大部分은 血과 涙의 連續이로다 惡魔 갈오ᄃᆡ 『놈은 살거나 죽거나 自己나

잘 살앗스면 그만이지!』[9]

장덕수에 의해 식민지 조국이 비참한 현실을 이겨내고 문명한 사회로 나아가 인류사회의 생존경쟁에서 당당히 승리를 쟁취하게 할 주체로 호명된 '청년'은, 이어진 현상윤의 글에서 보다 구체적인 모습을 나타낸다. 이들이 말하는 '청년'은 식민지 조선의 모든 젊은이를 가리키는 것이 아니었다. 그것은 당연하게도 조국의 현실을 짊어지고 나아갈 임무가 주어진 일본 유학생들에게만 주어지는 호칭이었다. 그러나 이렇게 설정된 '청년'의 모습은 매우 이상적인 것이어서 유학생 자신이 처한 현실 속에서 삶을 이끌어갈 실제적 힘을 갖지 못하였다. 일본 유학생들은 이상적 '청년'의 모습을 지향하면서, 스스로를 진화론적 세계관 내부에서 인식하고 정체성을 확립할 수 있도록 하는 새로운 '타자'를 필요로 하였다.

서구 열강이 스스로 자본의 힘을 내세워 세계를 재편해 가는 과정에서 스스로를 합리화하는 도구로 사용되었던 진화론적 세계관은, 식민지 지식인들에게 받아들여 진 후 끊임없이 확대 재생산 되었다. 즉 식민지 지식인들은 스스로를 문명한 세계의 '타자'로서 자연스럽게 인식하는 단계에까지 이르렀던 것이다. 그러나 한편으로 식민지 지식인들은 제국 일본에서 신학문, 신문명을 습득하는 유학생으로서 느끼는 정체성의 혼란

9) 장덕수, 위의 책.

을 해소하기 위해 스스로 주체의 역할을 자인할 수 있는 또 다른 '타자'를 설정하고자 하였다. 그러한 인식은 또한 식민지 내부에서 자신과 구별되는 또 다른 '타자'를 만들어 내었고, 급변하는 세계질서 속에서 자신의 위치를 확인하는 인식적 수단으로 작용했다.

> 그러면 求하는 바 靑年을 어대서나 차자볼가? 일즉이 新思潮에 부드쳐서 海洋의 壯志를 품고, 멀니 鄕國의 江山을 써나, 萬里異域에 多年의 客夢을 매자온 留學生諸君의게 求치 안을 수 업다, 웨 그러냐고 물으면 境遇로나 素養으로나 엇더한 點으로 살펴 보든지 半島 안에 在하야 이들보다 出右하는 이를 發見치 못하얏슴일쎄라. 第一 이들은 남브다 多金多錢의 富豪子弟로 順境의 맛을 만이 맛봄이오, 第二 이들은 남보다 몬져 新學問新知識에 새 空氣를 呼吸함이오, 第三 이들은 남보다 다른 才質力能에 聰俊靑年의 天譽를 가졋슴이라. 그럼으로 求하는 바 靑年을 이곳에서 맛나지 못한다 하면 朝鮮에는 아직도 이런 靑年이 生기지 안앗슴을 確實히 證明하게 되리로다.[10]

현상윤은 일본 유학생들에게 '시대적 사명'을 어깨에 매고 용기있게 나오는 '신청년'이 되라고 요구하면서, 이들이 시대가 요구하는 '청년'의 소임을 맡을 수 있는 이유로 금전적으로 넉

10) 현상윤, 「求하는바靑年이 그누구냐?」, 『학지광』 제3호, 1914, 12.

넉한 집안 출신이며, 신학문 신지식을 먼저 접하였고, 재능이 뛰어나다는 것 등 세 가지를 들고 있다.

스스로에 대한 이러한 전제는 자신들의 조국을 식민지화한 제국의 내부에서 새로운 문물을 받아들이고자 하는 유학생의 처지가 매우 특수한 것이었음을 인식하고 있던 결과였다. 또한 새롭게 주어진 주변 상황 속에서 혼란에 빠진 자기 정체성을 재정립할 필요성에 의한 것이었다. 즉 식민지 조선의 민중을 자신들이 구원할 대상으로 타자화함으로써 진화론적 세계관에 입각한 스스로의 위치를 정립하였던 것이다. 조선 민중을 타자화하는 이러한 유학생들의 시선은 스스로를 식민지 조선의 민중과 구별하여 근대화된 제국 일본 내부에서 정체성을 확립하려는 집단적, 암묵적 합의로 보인다.

스스로를 시대의 질곡을 헤쳐 나갈 '청년'으로 부르며 식민지 조선 민중을 타자화한 이들의 시선은 그 내부에까지 옮아간다. 이들은 문명화에의 열망과 시대적 사명을 충실히 이행해 나갈 수 있는 청년 유학생의 모습을 설정하고 내부로부터 강제해 나가기 시작한 것이다. 현상윤은 "工夫야 하건 못하건 思想은 엇지 되얏던 머리에 아모 大學帽子나 쓰고, 몸에 아모 中學 유니폼이나 닙고, 街路上에 썩 나셔면 스틱크나 잘 놀니고, 下宿에 돌아오면 下女와 酬酌이나 잘하면 이 求하는 바 靑年이라 할는가"[11]라는 비난조의 질문으로 유학생들의 일상을 비판한다. 시간을 아껴 실력을 쌓는 노력을 기울이지 않고 일본 사람들도 놀랄 만큼 겉모습을 치장하는 데에만 치중하며, 연애

11) 현상윤, 위의 책.

문학, 연극문제 등 '피상적 예술관을 虛張'하는 유학생들의 모습을 비판하면서 그는 5백 명이 넘는 유학생 중에 '지식적 기초'와 '시대적 자각'을 갖춘 '이상적 청년'이 없음을 개탄한다.

또한 자신이 배울 학문 분야를 선택하는 데 있어서도 실질적으로 조선을 문명국의 대열에 올려놓는 것에 기여할 수 있는 학문을 하는 자가 없음을 비판한다. 즉 대부분의 유학생들이 정치, 법률 등 귀국 후 관직에 나아갈 수 있는 학문에만 관심을 보인다는 것인데, 예를 들어 '비행술연구자, 남북탐험가, 항해가, 세계일주도보여행가, 氣衆學者, 천문학자' 되려는 사람이 없다는 것이다. 또한 이러한 것들은 고사하고 조선의 수산업 분야, 광업 분야, 조선인의 일용물품을 생산하는 공업분야 등과 조선인의 무식을 타파하기 위하여 수리화학, 動植鑛, 역사지리, 언어학 등의 師範教育에 전력하는 자가 없다는 것이다. 현상윤의 이러한 비판은 유학생들이 배워야 할 바람직한 학문의 성격을 규정하는 데에까지 나아간다.

> 諸君--아 今年도 昨年이오 今日도 昨日갓치 나아감이 죠곰도 업고 自覺함이 죠곰도 업
> 스면 求 하는 바 靑年이 어대로조차 나오며, 金 도 이러하고 李 도 이러하야 누구 한 사
> 람 새 소리를 웨이는 者 업고 누구 한 사람 行進曲을 알외는 者 업고 보면 求하는 바
> 伊日이 언으때에 來到하리오. 모름직이 우리의 배우는 學問은 「生」의 爲한 學問이여야
> 하고, 우리의 觀察하는 文明은 實質的이여야 하고, 우리의 그리는 理想鄕은 永久的完全

的이여야 하고, 우리의 셔두는 生活은 充實的圓滿的이여야 하리로다.[12)]

위에서 현상윤이 언급하는 바람직한 학문의 성격들 - 생을 위한 학문, 실질적 학문 등은 말 할 것도 없이 앞에서 언급한 서구의 다양한 학문 분야들을 염두에 둔 것이다. 서구 문명의 기초를 이루는 다양하고 실질적인 학문들에 유학생들도 매진해야 한다는 것인데, 이것 역시 유학생들이 일정한 제 나름대로의 기준을 가지고 식민지 조선 민중을 타자화했던 시선과 연관되어 있다. 한편으로는 식민지 조국의 민중을 질곡에서 해방시킬 '청년'으로서의 지위를 자인하면서, 다른 한편으로는 그러한 지위 역시 아직 다다르지 못한 문명 세계의 기준에 들어맞는 유학생으로서의 학문적 일상을 영위하지 못한다면 스스로 타자화될 수밖에 없다는 식민지적 자의식에 기인하는 것이다.

자신들의 위치를 스스로 확인하여 조국에서 식민지 권력을 행사하고 있는 제국 내에서 정체성을 정립하려는 이러한 자의식은, 이미 자신의 내면에 세계 질서를 규정하는 틀로서 자리잡은 진화론적 사고의 극단을 이루어 낸다.

諸君이여 諸君은 일즉이 夏日野邊에 多數한 昆蟲이 저보다 强한 제비나 참새의게 잡혀

죽고 또 그 제비나 참새가 저보다 强 한 새매나 독술이의게 멕혀 죽는 것을 구경한 일이

12) 현상윤, 앞의 책.

잇는가, 今日의 人類社會도 또한 이런 自然律알에 支配를 밧고 世界의 存在도 또한 이런
法則 우에 建設되야 잇는 것이로다. 그럼으로 남의 同情 업는 것을 셜어 하지 안이하고
내의 힘 업는 것을 셜어하는 것이 現代生活의 特徵이오, 남은 엇지 되얏던지 내 배나 잘
채우는 것이 現代人類의 道德이라. 그런 즉 이 때를 當 하야 이 때의 밥을 먹는 諸君은
果然 엇더한 자리에 셧는가.[13)]

그런데 문제는 조선 민중을 타자화하면서까지 스스로에게 부여하고자 했던 '시대적 사명' 혹은 '자각'의 내용과, 서구의 문명화된 학문을 배워야 할 필요성을 절실하게 자각한 나머지 자신들에게 쏟아 부었던 신랄한 비판들이 실제로는 조선 민중이 처한 현실을 제대로 인식하지 못한 상태에서 나타난 것이었다는 점이다. 조선 병합 후 진행된 일제의 혹독한 무단정치하에서 생존을 위해 한껏 몸을 낮추고 '새로운 지배체제'에 적응해 갈 수밖에 없었던 조선 민중에게, 일본 유학생들이 지향하던 학문 세계는 그들의 머릿속에 당위로만 존재하는 이상일 뿐이었다. 그것은 조선이 제국주의 식민 지배를 받고 있는 한 의미를 가질 수 없는 공허한 개념에 다름 아니었던 것이다.

따라서 이들이 제국 일본 내부에서 지녔던 이러한 학문적 이상은 그 실체적 지향을 찾을 수 없는 정체불명의 것이 되어 갔다. 이들이 지향했던 것이 조선 민중들에게 의미 없는 것이

13) 현상윤, 「말을半島青年의게붓침」, 『학지광』제4호, 1915, 2.

었을 뿐만 아니라, 유학생 사회 내에서도 그 실천적 방법을 찾을 수 없는 구호로만 존재했기 때문이었다. 그러나 이미 진화론적 세계관의 틀에 사로잡혀 끊임없이 누군가를 타자화함으로써만이 자신의 정체성을 확인할 수 있었던 일본 유학생들은, 학문 탐구의 초점을 '개인', '자아', '내면'의 세계로 조정함으로써 탈출구를 마련한다.

장덕수는 현상윤의 앞 선 논의의 맥을 이어 사회의 각 방면이 고루 발전해야 함을 강조한다. 우리 인류사회가 완전한 조직체가 되어 '근거 깊은 활동체'가 되어야 '사람이 서로 협심합력하며 목적을 가지고 사랑을 두터이 하여 진보발달의 아름다운 결과'를 얻을 수 있다는 것이다. 그는 '획일적 사회'의 위험성에 대해 다음과 같이 언급한다.

> 그림으로 各人의 進就하ᄂᆞᆫ 方面이 漸漸增加ᄒᆞ고 社會의 組織이
> 次次複雜ᄒᆞ야 가는 것을
> 希望ᄒᆞ고 企圖ᄒᆞᆯ지연뎡 엇지 一種人의 儀型(a personal type)으
> 로써 劃一的으로 社會를
> 律코저 ᄒᆞ깃스로오? 나ᄂᆞᆫ 오히려 우리 社會가 너머 單純ᄒᆞ고
> 너머 偏僻되야 活力이 豊富
> 치 못ᄒᆞ며 經營이 制限되야 장차 社會의 源泉이 枯渴하지 아니
> ᄒᆞᆯ가 함을 痛切히 근심하
> 난 者의 하나이라[14]

그러나 역시 진취하는 방면이 점점 증가하고 사회의 조직

---

14) 장덕수, 「意志의 躍動」, 『학지광』제5호, 1915, 5.

이 차차 복잡해져 가는 것에 대한 당위적 지향만 나타날 뿐 이에 대한 구체적 서술은 나타나지 않는다. 오히려 장덕수의 시선은 사회 각 방면을 이루는 공통분모로서의 '사람'으로 옮아간다. 그에게 '사람'은 "自己의 尊嚴과 名譽를 天地에 對ᄒᆞ야 자랑하는 自覺잇는 사람"[15]이다. 이러한 사람에 대한 생각이 내면의 문제로 심화되어 '內的人(inner man)의 自覺'이라는 개념이 등장한다.

> 그러나 우리 靑年이여 너의 바라는 바 사람은 決 코 눈이 서이오 코가 둘 잇는 사람이
> 아니라 眞實로 內的人(inner man)의 自覺을 가라침이니.............. 너의 바라는 바 사람은
> 거죽운을 슬즉 감고 靈眼을 말게 떠서 萬物의 眞相을 通觀ᄒᆞ고 自己의 선 곳을 씨달으며
> 自己의 갈 길을 알고 自己의 價値를 認識ᄒᆞ야 自己의 使命을 다함으로써 天地의 化育을
> 贊ᄒᆞ고 與天地로 參ᄒᆞ는 者가 卽 그 사람이라 만일 이것이 업스면 모든 것이 無意味ᄒᆞᆫ
> 것이오 만일 이것이 잇스면 모든 것이 다 有意味ᄒᆞᆫ 것이로다[16]

장덕수가 말하는 '내적인'이란 '자기의 갈 길을 알고 자기의 가치를 인식하여 자기의 사명을 다함으로써 천지의 화육을 찬하고 천지와 더불어 수양하는 자'이다. 그러나 자기의 길, 가치, 사명 등의 구체적 개념은 무엇인지, 또 그것을 알고 실천

---

15) 장덕수, 위의 책.
16) 장덕수, 위의 책.

할 수 있는 방법은 무엇인지에 대한 서술은 나타나지 않는다. 다만 스스로 길을 찾아 인격을 수양하는 것에 대해 강조하고 있을 뿐이다.

제국 일본 내에서 겪은 정체성의 혼란을, 조선 민중을 타자화하며 스스로를 '시대적 사명'을 지닌 '청년'으로 호명함으로써 극복하려 했던 일본 유학생들은 진화론적 세계관의 틀에 갇혀 식민지 조선의 민중을 구원할 실체적 대안을 찾지 못하고, 결국 개인, 내면의 세계로 관념화해 갔다.

Ⅲ. 근대적 문학관의 관념적 체화

근대적 학문에 대한 태도를 제 나름대로 확고히 함으로써 식민지 조선의 지식인이 제국 일본 내에서 겪을 수밖에 없었던 정체성의 혼란을 극복하려 했던 일본 유학생들은 식민지 현실과 부합하는 학문적 대안을 찾지 못하고 관념적 세계로 빠져 든다. 그들이 학문 세계를 통해 주목했던 '개인', '내면' 혹은 '자아'의 개념은 문학론에서는 문학의 자율성을 드러내려는 시도들로 이어진다.

『학지광』에 실린 글 중에 문학론을 정면으로 다룬 것으로는 우선 최승구의 「文學의 意義에 關하야」를 들 수 있다. 최승구는 이 글에서 근대적 문학의 정의에 대해 여러 각도로 서술한 후 '문학이 문학되는 이유'로서 '문학의 생명'을 언급한다.

> 그러면 이 밧게 文學이 文學 되는 理由가 有 할지니 얼는 말하면 文學에는 文學의 生命
> 이 잇슬지오 더욱 그 生命은 그 文學이 價値가 잇스면 잇슬수록 그 生命이 더욱 더욱 長
> 久할지니 그 文學을 産出한 人 은 有限한 壽命을 有하나 産出된 바의 文學 그것은 千百
> 年이라도 그 生命을 保存할지로다[17]

문학을 문학답게 하는 생명이 존재한다는 것은 문학이 자율적 존재임을 전제한 것이다. 물론 문학 자체의 고유한 영역을 인식하고 강조하고자 한 것은 아니나, 적어도 문학이 스스로 가치를 지니고 장구한 세월동안 영향력을 행사할 수 있음을 인정한 것이다. 그러나 문학이 갖는 '생명'이 구체적으로 어떠한 것인지, 어떠한 경우에 문학이 생명을 갖고 존재하게 되는지에 대한 서술은 이루어지지 않고 있다. 다만 최두선은 문학이 갖는 생명을 감상하는 심리적 상태로 '情意'를 언급한다. 즉 생명을 갖는 문학은 '知'가 아닌 '情意'를 느끼는 글이라는 것이다.[18]

그런데 문학의 자율성에 대한 논의는 이에서 그치는 것이

17) 최승구, 「文學의 意義에 關하야」, 『학지광』제3호, 1914, 4.

18) 이러한 정의는 이미 이전 이광수가 「문학의 가치」(『대한흥학보』11, 1910. 3) 등에서 知, 情, 意의 삼분법 아래 문학을 "情的 分子를 包含흔 문장"으로 정의한 것의 연장선상에 놓여 있다. 이러한 문학에 관한 정의는 문학을 과학, 도덕 등 다른 근대의 가치 영역들과 분리시키고, 그 분리 자체를 문학의 자율적 존재 이유로 파악코자 하는 데 근거를 둔다. 양문규, 앞의 책.

아니다. 『학지광』제6호에 김억이 쓴 「藝術的 生活」을 폭넓은 의미의 문학론이라고 볼 때 이 글에서는 문학(예술)의 자율성을 보다 폭넓은 의미로 드러내고 있다. 김억은 우선 "그러면 藝術의 根底는 엇다한 것이냐?"라고 자문한 뒤 "이는 말 할 것도 업시, 갈온 實人生을 基地로 하고 선 바의 藝術"[19]라고 정의한다. 이어서 김억은 實人生을 근저로 한 예술의 의미를 생활과 관련지어 서술한다.

> 다시 나아가, 藝術의 意味는 生命을 全肯定함에, 잇서, 不完全한 實在를 向上식이며, 創造식이며, 發展식이며, 完全한 곳으로 잇쓰는 힘 - 生命의 斷片을 모아 完全케 하는 것이 아니여서는 아니된다. 眞生命의 自己滿足生活 될 만한 것은 藝術的生活에 잇슬 뿐이며, 眞現實的生活도 藝術的生活을 비롯함에, 생기리라……….[20]

진정한 예술의 의미를 생활과 관련지어 언급한 것은 일면 문학(예술)의 자율성을 가능케 하는 지점에 대한 것으로 의미가 있다. 실제 생활과 문학(예술)의 상관성을 인식하는 것만으로도 문학(예술)이 자율적으로 존재할 수 있는 기반에 대한 접근으로 볼 수 있기 때문이다. 그러나 김억의 서술 역시 문학(예술)과 관련된 여러 개념들의 구체적 의미가 명확하게 드러나 있지 않다. '예술의 의미는 생명을 전긍정하는 데에 있'다고

19) 김억, 「藝術的生活」, 『학지광』제6호, 1915. 7.
20) 김억, 앞의 책.

할 때에 '생명' 역시 앞서 최승구가 서술한 내용 중의 '생명'과 유사하다. 더구나 '眞生命', '藝術的生活', '眞現實的生活' 등의 용어가 혼합되어 있어 명확한 문학(예술) 관념을 이해할 수 없다.

문학의 자율성에 대한 강조는 같은 호에 실인 안확의 「朝鮮의 文學」에서도 찾아볼 수 있다. 안확은 우선 문학의 본령을 "純文學이라 하는 詩歌 小說 敍事文 抒情文 等과 雜文學이라 하는 敍述文 評論文 等"으로 구분하고 그 특성을 "다 人間의 精神上 感銘과 理想上 活動을 與하는 바"[21]라고 정리한다. 이어서 그는 '정치는 인민의 외형을 지배하는 자'이고 '문학은 인민의 內情을 지배하는 자'라고 비교 설명한다.

이러한 서술은 문학의 구체적 장르를 인식하고 구분했다는 점과 다른 근대적 가치 영역과의 비교 고찰을 시도한 것으로 의의가 있다. 그러나 이 경우도 앞의 서술들과 마찬가지로 문학의 특성으로 내세운 '인간의 정신상 감명과 이상상 활동'에 대해서는 더 이상의 설명을 하지 않고 있다.

Ⅳ. 맺음말

대한제국이 근대 국민국가로 자리 잡지 못하고 제국 일본의 식민지로 전락한 것은 사회 진화론적 세계관에 입각하여

21) 안확, 「朝鮮의 文學」, 『학지광』제6호, 1915. 7.

보았을 때 이미 예견된 것이었다. 식민지 조국에서 지배 권력을 행사하고 있는 제국 일본의 중심부에서 유학생활을 시작한 일본 유학생들에게는 조선에 있을 때와는 또 다른 자기 정체성의 확인 혹은 정립이 필요하였다. 그것은 아직 미개의 상태에 머물러 있는 조선의 현실과 능동적인 근대화 과정을 거쳐 제국주의 국가의 면모를 한껏 과시하고 있던 일본 현실의 실체를 동시에 체험한 지식인의 고뇌를 수반한 것이었다. 결국 일본 유학생들은 자신의 정체성 혼란을 극복하기 위하여 진화론적 세계관을 더욱 공고히 내면화할 수밖에 없었고, 이는 유학생들이 식민지 조선 민중을 또 다른 타자로 설정하도록 만들었다.

식민지 조선 민중을 계몽시켜야 할 타자로 설정하고, 그 자신은 또 다른 한 측면에서 타자임을 자인하던 일본 유학생들은 식민지 조선의 실체적 현실을 정확히 파악하고 이에 대응하는 데에 실패하였고, 학문적 지향을 실현시킬 방법을 찾지 못하던 일본 유학생들은 '자아', '내면'과 같은 관념적 세계로 침잠해 갔다.

한편 1910년대 중반 일본 유학생들이 펼친 문학론은 문학과 예술의 자율성을 강조하는 내용을 담고 있었으나, 아직 자율성에 대한 강조에만 그칠 뿐 구체적 문학상은 정립되지 않은 상태였다.

참고문헌

『學之光』

구인모, 「'학지광' 문학론의 미학주의」, 동국대 석사논문, 1999.

권보드래, 『한국근대소설의 기원』, 소명출판, 2000.

김영민, 「근대적 유학제도의 확립과 해외 유학생의 문학·문화 활동 연구」, 『현대문학의 연구』32, 2007.

김영철, 「『학지광』의 문학사적 위상」, 『대구어문논총』3호, 1985.

노춘기, 「근대시 형성기의 창작주체와 장르의식」, 『어문논집』, 민족어문학회, 2006.

박헌호, 『식민지 근대성과 소설의 양식』, 소명출판, 2004.

소영현, 「미적청년의 탄생」, 연세대 박사논문, 2005.

신지연, 「『학지광』에 나타난 심미적 문장의 형성 과정」, 『민족문화연구』, 고려대 민족문화연구소, 2004.

양문규, 「1910년대 유학생 잡지와 한국근대소설의 형성」, 『현대문학의 연구』34, 2008.

———, 「1910년대 잡지와 근대 단편소설의 형성」, 『배달말』, 배달말학회, 2005.

여지선, 「『학지광』에 나타난 국혼주의와 민족형식론」, 『한국시학연구』, 한국시회, 2003.

이경훈, 「『학지광』의 매체적 특성과 日本의 영향 1」, 『대동문화연구』제48집, 성대 대동문화연구원, 2004.

———, 「청년과 민족 - 『학지광』을 중심으로」, 『대동문화연구』제44집, 성대 대동문화연구원, 2003.

이희정, 「1910년대 매체를 통해서 본 단편소설의 정착과정 연구」, 『어문학』제89집, 2005.

조창환, 「『학지광』의 시문학사적 의의」, 『아주대 논문집』, 1986. 2.

최선웅, 「1910년대 재일유학생단체 신아동맹당의 반일운동과 근대적 구상」, 『역사와 현실』60, 2006.

이에나가 사부로(家永三郞) 엮음 · 연구공간 '수유+너머' 일본근대사상팀 옮김, 『근대 일본사상사』, 소명출판, 2006. 9.

하스미 시게히코, 「'다이쇼적' 담론과 비평」, 가라타니 고진 외, 송태욱 역, 『근대 일본의 비평』, 소명출판, 2002.

근대매체와 구술성

- 동인지 문학에 내재된 구술성 -

신 종 한*

Ⅰ. 머리말

흔히 1920년대를 전후한 시기에 간행된 동인지 문학을 중심으로 우리 근대문학은 제2의 형성기를 맞이했다고 평가한다. 이에 대해 문학사적인 의미에서 적극적인 평가는 김윤식·정호웅에 의해 이루어졌다. 그들은 최초의 순문예지 『창조』의 발간으로 우리 소설은 계몽주의 차원에서 벗어나 예술성을 갖춘 본격적인 근대소설로의 진입이 가능하게 되었다고 긍정적인

* 단국대 국어국문학과 교수.

평가를 하고 있다.[1] 20년대의 동인지 발간을 계기로 새로운 문인집단의 등장과 문단 형성에 실제적인 계기를 마련하였다는 점과 계몽주체에서 미적 주체라는 근대자아에 대한 각성이 이루어졌다는 면에서 보자면 이러한 긍정적 평가는 근거가 있다고 하겠다. 그러나 『창조』, 『폐허』, 『백조』 세 동인지가 드러내고 있는 공통적인 문제점인 본격 작품단계에 이르지 못한 습작성, 그로 인해 작품 전체가 감상적 인식에서 크게 벗어나지 못했다는 점, 사회화된 개인이라기보다는 주관화된 개인의 지나친 강조로 좁은 삶의 세계가 나타난다는 점, 그리고 이와 연관되어 있는 사소설적인 경향, 작품 공간이 작중인물의 내면 상태의 고백에 머문다는 점[2] 등을 들어 문학적인 수준에서는 본격적인 수준에 이르지 못했다는 평가도 눈여겨보아야 할 것이다.

여러 가지 정황을 미루어보거나 앞선 연구들의 논의를 종합해 볼 때 1920년대 동인지 문학이 개화기소설과 이광수의 계몽담론을 거치면서 새롭게 형성된 근대문학이라는 점에서는 이의가 없겠다. 그러나 여기서 '새롭다'라는 용어는 가치평가를 내포하는 개념이 아니라 기존의 문학적 담론이나 양식의 변화라는 측면에서의 의미를 가진다. 한 시대는 그 나름대로의 시대적 분위기가 있게 마련이다. 전 시대와는 다른 사고방식, 행동, 습관의 시대적 공유의 틀을 토머스 S. 쿤(Thomas S. Kuhn)은 '패러다임(paradigm)'이라 명명했다. 1920년대 초기는 바로 패러다임의 변화를 의미한다. 이 시기는 19세기 후반부터

---

1) 김윤식 · 정호웅, 『한국소설사』, 예하, 1993, 참조.
2) 임규찬, 『한국근대소설의 이념과 체계』, 태학사, 1998, 336면.

형성된 근대라는 담론의 흐름과 맞물리기는 하지만 우리 고유의 사유나 행동양식의 변화가 감지되는 시기이다. 즉 근대적 사유나 행동의 본격적인 출발을 알리는 시기이다.

이와 맞물려 우리 고유의 것은 타자로 배제되고 일정한 편견 속에 놓이게 된다. 바로 봉건적 모순이나 질곡이 그 편견으로, 이 역시 작금에 이르기까지 견고하게 자리 잡고 있다. 물론 우리 과거의 유산은 긍정적인 것과 부정적인 것이 혼재된 것이라 할 수 있다. 그리고 긍정적이기보다는 부정적인 측면이 더 강했을지도 모른다. 하지만 이 시기를 기점으로 형성된 우리 과거에 대한 개념은 부정일변도였으며, 이러한 사고의 반대편에는 서구가 그들의 시각을 우리에게 이식하는 과정이 자리 잡고 있었다. 이렇게 볼 때 1920년대 초기 문학에 관한 꼼꼼하고도 엄밀한 접근의 과정에서 우리의 전통적 자산에 대한 천착 역시 그냥 지나쳐서는 안 될 부분임을 알 수 있겠다. 또 이러한 작업은 근대라는 이름으로 한계에 다다른 서구의 미적 사유체계나 전유방식에 대한 출구의 모색과도 연결될 것이다.[3)]

본고에서는 이 시기의 문학적 조류나 이념, 내용의 정당성보다는 형식미학적 측면에서의 양식(樣式) 문제와 그에 따른 구술적 특성에 대해서 논하고자 한다. 이러한 작업은 한국소설에 면면히 흐르고 있는 전통에 대한 지속과 변용이라는 과정을 살펴봄으로써 양식적 특성을 살피는 데 그 목적이 있다.

---

3) 박현수, 「1920년대 초기 문학의 재인식」, 『1920년대 동인지 문학과 근대성 연구』, 깊은샘, 2000, 44면 참조.

Ⅱ. 이중의 표현체계와 구술적 특성

문학적 지평에 있어서 양식(樣式)을 논의하려면 먼저 이에 대한 개념정립이 필요하다.

현재 문학예술 분야에서 사용되는 양식개념은 통상 'style'과 'mode'의 번역어이다. 독일을 중심으로 한 유럽 대륙이 'style (stil)' 개념의 고전적이고 전체적인 표상을 유지하고 있는 반면, 영미계통 혹은 형식-구조주의자들에게는 'stylistics'와 'mode'의 개념이 중심이다. Stylistics는 우리가 흔히 문체론이라 부르는 영역이며, mode는 '서술법' 혹은 '발화의 상황'으로 부를 수 있는 것이다. 하지만 이 역시 학자들 사이에 개념의 합의를 얻기가 쉽지 않다.[4)]

이러한 논의 가운데 일반적으로 한국문학 연구자들은 양식과 문체를 구분하여 인식한다. 문체는 stylistics로서 문학연구의 하위분야, 혹은 하나의 독립된 방법론적 영역으로 인정받고 있으며, 양식은 그와는 다른 의미영역을 내포하는 것으로 받아들여지고 있다. 그것은 다름 아닌 mode 개념으로 장르 구분의 규준으로서의 발화(發話)의 양태를 지칭하는 개념이다.

N. 하르트만은 '형식의 형이상학'이라는 개념으로 시대양식(時代樣式)이라는 개념을 일반화하고 있다.

---

4) 박헌호, 「한국 근대소설사 연구에서 '樣式'의 문제」, 『국어국문학』 132, 국어국문학회, 2002, 338면.

> 시대양식은 모든 객관적 정신의 성격적 특성을 표시한다. 왜냐하면 양식이 그 어떤 작품 속에 살아있는 한 그것은 객관적 정신에 속하는 것이기 때문이다. 양식의 터전은 인간의 형식 발견에 있다. 그 다음에 비로소 이 양식이 창작하며, 관조하는 정신을 떠나서 작품 속에 나타나는 것이다. 양식은 미적 취미의 형식적 측면이다. 그러기에 양식은 미적 취미에 따라서 변동하며 생멸한다.[5)]

하르트만에 의하면 양식개념은 건축을 통해 중심적인 개념이 되었는데, 그것은 건축의 존립이유, 곧 실제성과 공공성, 그리고 지속성 때문이었다고 한다. 집은 사회의 직접적인 여건으로 존재하기 때문에 해당 시대의 '사회적 감각'이 형식을 규정하게 된다. 이 규정은 '지배적인 취미' 혹은 '양식감각'의 형식을 취하는데, 실제로 건축하는 개인은 그것을 의식하지 않는다 하더라도 그것이 근거하는 '경험의 궤도' 자체가 양식 감각을 의미하는 바, 건축에서 시대정신을 읽을 수 있게 된 까닭이 바로 이 때문이라는 것이다.

이런 맥락에서 하르트만에게 양식은 예술에만 관계하는 것이 아니라 생활양식, 행동양식, 의복의 유행까지 적용할 수 있는 개념이다. 동시에 현실의 모든 방면을 포괄한 시대양식이라는 개념도 설정할 수 있다고 한다.

하르트만의 지적대로라면 양식이란 '해당 시대의 사회적 감각의 형식적 형성방식'[6)]인 셈이다. 그렇다면 근대 이전인 중세

---

5) N. 하르트만, 전원배 역, 『미학』, 을유문화사, 1983, 273면.

의 시대인식 및 그에 따른 시대양식은 어떠했을까.

중세 세계관의 기본 특질은 존재의 절대성에 대한 강요된 신념이다. 사농공상의 신분의식, 천과 지, 남과 여, 주인과 노예, 아비와 자식, 임금과 신하라는 존재하는 삼라만상에 대한 추상적 혹은 선험적 규정과 그것의 절대성, 변화 불가능성에 대한 복종의 강요가 중세적 인식론의 근간을 형성한다. 이러한 사유방식은 자연 질서에 근거한 것이 아닌 관념적 전제의 결과이다. 이것이 중세의 유지를 가능케 한 기본 이데올로기라 할 수 있다. 이는 기본적으로 화이론적 세계관의 변주이며 화이론적 세계관을 기초하지 않고서는 독자적인 존립 자체가 불가능했던 조선사회의 존재 상황을 반영하는 것이다. 서양의 경우에도 그러한 관념의 절대화 현상은 동양과 크게 다르지 않다. 서양 중세에 있어 문제가 되었던 것은 '신의 의지'가 무엇인가 하는 점인데, 신의 의지는 결코 객관화될 수 없는 것이니 따라서 신의 대리자인 종교 지도자의 관점이 신의 이름을 빌어 절대화될 수밖에 없는 것이다.

그러한 관념적 규정과 절대적 인식론은 미학의 문제에도 결정적 작용을 하게 된다. 엄격한 절제와 완전성을 추구하는 중세문학의 미적 지향, 일종의 정형률적 인식론은 바로 그러한 중세적 세계관의 반영이라 할 수 있다. 예를 들어 시조와 한시 양식의 기본 성격은 정해진 기본 틀 안에서 음상(音相), 리듬, 언어 이미지, 메타포 등의 수사법을 동원한 시적 정조의 변주와 그 안에서 이루어지는 미묘한 차이에서 미적 쾌감을 얻는

6) 위의 책, 273면.

것이다. 내적 정서의 외화와 형식적 틀의 긴장관계가 가장 밀도 있게 어우러져 있을 때 최고의 정서적 쾌감을 얻을 수 있을 것이라고 중세인들은 사고했던 것이다. 따라서 중세문학은 그 문학 양식에 원천적으로 허락된 형식과 내용의 미묘한 차이를 느끼고 운용할 수 있는 충분한 지적 훈련을 거친 지식인을 통해 창작되고 향유될 수밖에 없었던 것이다. 즉 중세문학의 기본적 성격은 향유층의 저변을 확장할 수 있는 가능성이 극도로 제한되어 있었다. 이러한 조건에 기초한 문학관 아래서 개성적 주제 지향과 양식 축조는 기본적으로 제한을 받을 수밖에 없었다.[7)]

하지만 18・9세기에 오면서 이러한 절대성에 기초한 시대인식은 심각한 위기에 직면한다. 17세기 이후 중세에서 근대로의 이행기에 이르면 신유학의 이념과 한문학의 규범을 더욱 배타적으로 옹호하려고 하는 집권 사대부들의 노력이 있었으나 새로운 패러다임으로의 변화를 막을 수는 없었다. 일례로 사대부 지식인들 가운데 박지원, 정약용 등의 실학파 문인들은 지배체제의 모순을 절감하여 사회를 비판하고 풍자하는 새로운 한문학을 이룩하는데 앞장섰다. 그러나 저항에 부딪혔고, 남성의 문학으로 일관되던 사대부 문학이 남녀의 문학으로 나누어졌으며, 사대부 부녀자들은 국문 문학의 작자와 독자로서 중요한 구실을 하게 되었다.

중인(中人) 신분을 지닌 사람들이 한시(漢詩)를 짓고, 시조를 전문적으로 노래하는 가객으로 활동하였으며, 판소리의 애호가

7) 한기형, 「소설사의 근대적 전환과정에 대한 시론적 연구」, 『국어국문학』128, 국어국문학회, 2001, 273면 참조.

가 되기도 했다. 더불어 사회계층의 변화라는 측면에서 볼 때 중인 또는 그 이하의 신분층이 상업 활동을 통해 경제적 부를 축적하면서 시민층을 형성하였다. 그들은 시회(詩會)나 열고 성현의 말씀에만 귀를 기울이는 사대부들과는 달리 흥밋거리의 문학을 요구하고, 문학을 상품화하는 방식을 마련해서 특히 소설의 발전에 적극 기여했다. 소설을 빌려주고 돈을 받기도 하고 목판본을 간행해 시장을 통해 널리 판매하기도 했다. 이에 따라 소설의 독자층이 확대되었고, 박지원의 소설을 비롯한 한문 단편소설들이 양산되었으며 전문적이고 직업적인 이야기꾼이 등장하기도 했다. 그리고 연행활동을 직업으로 삼는 광대가 크게 활약하여 판소리의 발달을 보게 되었다. 농민도 구비문학의 재창조에 힘써 민중의식 성장의 저변을 튼튼하게 했다. 그야말로 외부적인 충격에 의해서가 아닌 자생적 관성에 의한 새로운 패러다임의 변화라 아니할 수 없다.

새로운 패러다임의 변화 가운데 한국소설과 관련하여 표현매체의 변화는 근대로의 진입에 큰 의미를 갖게 된다. 즉 한국소설을 표현적 측면에서 살펴볼 때 표현의 실체(substance)에 대한 문제는 특별한 의미를 가진다. 그 특별한 의미란 다름 아닌 국문과 한문이라는 문자수단의 이분체계를 가리킨다. 이와 같은 이중의 표현체계는 한국소설과 소설사 내 중요한 국면에서 성격화하고 있다. 표현의 수단은 그 자체의 운동 속에서 서술의 양식을 규정한다. 또한 서술의 양식은 상상적인 내용을 규정한다. 그럼에도 불구하고, 한편 문학적 상상의 자율성은 수단적인 사실에 반작용하여 이를 갱신하고 확충하는 또 다른 국면을 가지는 것이다. 즉 문학적 상상의 자율성은 일체의 사회적 맥락과 문학적 맥락에서 부단히 자유롭고자 함으로써 자기를 실현해 가는 것이다. 그러므로 문학적 상상의 자율성과 문학 표현의 규범성과의 교호작용은 역동적인 발전의 원리가 된다. 따라서 문자 수단의 변화, 즉 국문이라는 표현매체는 기존 형식의 해체와 재조직 및 새로운 정서 표현으로 미적 관습을 근본적으로 변화시켰다.

> 한국의 소설문학은 …… 그 초기적 서사형태가 그랬던 것처럼 한문과 국문에 의한 두 가지 표현형식으로 말미암아 성격화되고 있다. 표현형식상 이분체계는 결과적으로 왕조소설의 문학적 성격까지도 이로 말미암아 결정짓게 되었다. 한문과 국문이라는 표현형식의 이분체제는 작자와 독자를 두 가지로 나뉘어지게 했고, 기교, 수법 및 기능도 이에 적응하는 것이 되게 하였다.[8)]

위의 진술 중 한문소설이 '읽는 소설'이라면, 국문소설은 '듣는 소설'이었다. 국문소설은 한문을 알지 못하는 일반 대중과 부녀자들에게 한문소설을 전달하려는 목적과 함께 한글조차 알지 못하는 문맹자들에게 소설적 재미를 전달하고자 하는 목적을 고려하여 만들어진데서 연유한다. 그러므로 국문소설은 구연성(口演性)을 담보할 수밖에 없었다.

구연을 위한 비망적(備忘的) 대본은 본격적인 국문소설로 정착되며, 그 기능이 신소설의 계몽주의적 작가들에게 전이되었다. 신소설은 이전의 오락적·연희적 기능이 많이 퇴조되고 신교육, 신문명, 개화, 남녀평등 등의 개화사상을 전파하는 데에

8) 황패강, 『조선왕조 소설연구』, 단대출판부, 1981, 41면.

중심목표를 두었기 때문에 어떤 연계성을 찾기 어려우나 그 문맥 가운데는 구연시대의 흔적이 잠재되었거나 그 영향이 남아있다. 이에 대해서 '서술방법에 있어서 신소설은 조선조 소설의 기반 위에서 비로소 가능할 수 있었던 것'[9]이라는 이재선의 진술을 미루어 보더라도 신소설 이후의 우리의 현대소설은 전래적인 서사문학의 영향 하에 맥을 이어왔다.

이러한 기능적인 측면이 근대문학 형성기에 다양한 형태로 변주되어 계승되기까지에는 1894년의 칙령이 매우 중요한 기초를 제공하기도 하였다.

1894년 11월 21일자 『官報』는 "법률과 칙령은 모두 국문을 원칙으로 하고 한문을 부역(附譯)하거나 혹은 국한문을 사용한다"는 원칙을 공포하고 한문을 대신하여 국문을 공식 문체로 확정한다. 그러나 이 국문의 공식화는 문자 그대로 정부에 의한 일방적인 원칙의 제정이었지, 그것이 즉각적이고 전면적인 한문의 폐지와 문체의 개혁을 가져온 것은 아니었다.[10] 그보다는 신소설이 한글 전용 원칙의 확립, 생동감 있는 구어적 언어의 전면화를 실현하였던 것이 더 큰 영향력을 발휘했을 것이다.

이제 더 이상 전대 국문소설의 고답적 표현이나 판소리계 소설에서 나타나는 유식층 청중을 고려한 한문투의 문장은 채택되지 않아도 되었다. 이러한 언어표현의 변화는 중세 후기 국문문학의 역사적 전통을 '발전적으로 계승'한 것이며 이는

9) 이재선, 『한국 개화기소설 연구』, 일조각, 1982, 302면.

10) 강명관, 「한문 폐지론과 애국계몽기의 國·漢文 논쟁」, 『한국한문연구』 제8집, 한국한문학회, 1985, 198면.

민중언어가 근대적 언어의 주류로 상승했음을 분명히 보여주는 것이다. 즉, 근대문학의 언어적 기반이 민중의 보편적 구어 표현으로 정착되기 시작한 것이다. 이는 한국 근대사회의 형성과 민중의 지위 상승이 밀접한 관계에 있음을 보여주는 것이다. 근대사회는 '국민'의 범주로 모든 구성원을 포괄해야 할 시대적 의무가 있었으며 그러기 위해서는 언어의 통일이 무엇보다도 중요한 핵심사항이었다. 언어의 하향평준화는 국민적 통합의 핵심 계기이기 때문이다.11)

신소설이 비록 고답적 표현이나 한문투 문장에서 벗어나기는 했지만 구연성을 담보한 국문소설에서 그리 멀리 나아가지는 못하였다.

> ᄂᆡ가 붓을 들고 ᄎᆡᆨ을 지을 ᄠᆡ에 하로에 열장 스무장을 놀면서 맨드ᄂᆞᆫ디 오늘 엇지ᄒᆞ야 아모 생각도 아니나고 종일 안져 붓방아만 찍코 소설 한장도 못맨드럿스니 이러케 아모 ᄌᆡ료가 도모지 업슬가 …… 남산을 바라보니 셩긘나무 울울츙츙 무삼의사 잇ᄂᆞᆫ 듯ᄒᆞ나 별로 신긔ᄒᆞᆫ ᄉᆡᆼ각이 아니나고 길거리를 ᄂᆡ여다보니 사람들이 오락가락 졔각기 일잇ᄂᆞᆫ 모양이나 깁흔 사졍 알슈업다. 아셔라 져긔 시골셔 로인 한분 이번에 공진회 구경ᄒᆞ랴 올라왓다 ᄒᆞ니 그 양반이나 좀 차져보고 이야기나 드러보겟다.12)

신소설 작가인 안국선의 『공진회』는 1915년 8월 25일 발행된 단편집인데 이 책에는 「기ᄉᆡᆼ(妓生)」, 인력거군(人力車軍),

---

11) 한기형, 앞의 책, 282면.

12) 안국선, 「시골로인」, 『공진회』, 수문서관, 1945 재수록. (『신소설전집』 권15, 계명문화사, 1987.)

「시골로인 이야기(地方老人談話)」라는 이야기가 수록되어 있다. 그 중에서 「시골로인 이야기」의 첫 부분은 판소리 '초압' 부분과 같은 기능을 하고 있다. 서술의 호흡이나 운율, 형태 등이 판소리나 판소리계 국문소설의 구술성을 그대로 간직하고 있다.

구비문학의 이론을 정립한 휘네건(R. Finnegan)은 구비문학과 기록문학의 관련성을 탐구하는 과정에서 구술문화 속에서의 사고와 표현은 의식의 영역에도, 무의식의 영역에도 깊이 침투해 있어서 구술문화에 어느 정도 익숙해져 있는 사람은 글을 쓴다 해도 그러한 사고나 표현의 모습이 감추어지지 않는다고 지적하고 있다.[13] 서사행위는 집단이나 개인이나 무의식적이면서도 의식적인 것이다.

그것은 우리의 19세기 말과 20세기 초의 동인지 문학에서도 마찬가지이다. 우리 현대소설이 그 시기에 일본과 중국을 전신자 삼아 서구소설의 영향을 크게 받으며 형성·발전한 것은 사실이나, 일본에서 그것을 공부한 소설가도 '이야기책'을 읽으며 자랐고, 무엇보다 한국어로 생활하고 글을 쓰는 한, 아무리 의식적으로 외부의 영향을 받았다 하더라도 전통적 이야기 관습을 바탕으로 작업을 하게 마련이다.[14]

앞서 밝혔듯이 전통적 이야기 관습에는 구술성이 내재해 있다. 새로운 소설 양식이 나타나 작가에 의해 씌어지고 독자에 의해서 읽히는 방식의 문자 중심의 소통체계가 이루어졌더라

---

13) R. Finnegan, *Oral Poetry*, Cambridge Univ. Press, 1977, 70면.
14) 최시한, 「현대소설의 형성과 시점」, 『현대소설 시점의 시학』, 새문사, 1996, 95면.

도 그 이면에는 구두 청각언어에 의한 소통체계가 존재하는 것이다. Walter J. Ong은 구술청각 언어와 문자언어를 대조하면서 구술청각 언어는 문자언어에 비해 더 현실성 있고 진정한 언어이며, 내면성을 향한 특별한 감각적 열쇠를 지니고 있으며, 인간을 상호 결합시키는 힘을 발휘하며, 어느 언어보다 인간의 사고와 강한 친밀성을 지닌다고 강조하고 있다.[15)]

또한 소설문학의 양식적인 특징이라고까지 지적되며, 시점논의의 주체인 서술자는 과연 누구이며, 어디서 유래한 것일까. 그것은 바로 기록문학 이전의 구술문학 시대의 구술자 내지는 구연자 모습에 다름 아니다. 이것 또한 일종의 관습이다. 관습은 대개 전통에서 유래한다. 이전의 예술가와 수용자 사이에 쓰이던 약속들이 그대로 전승되어 소설에도 '허구의 이야기'라는 관습과 '그럴듯함'이라는 관습이 존재하듯이 서술자는 구연시대의 구연자가 작품 속에 내재된 것이다. 이 내재된 구연자를 기록문학인 현대소설에서는 서술자라고 부르고 있다.[16)]

Ⅲ. 동인지 문학에 내재된 구술성

발터 벤야민은 「이야기꾼과 소설가」[17)]에서 이야기의 몰락과

15) Walter J. Ong, 이영찬 역, 『언어의 현존』, 탐구당, 1995, 25~149면 참조.

16) 신종한, 「한국소설의 시점 연구」, 『동양학』 제43집, 동양학연구소, 2008, 13~15면 참조.

소설의 발흥을 논하면서 “이야기체는 소설의 발흥과 함께 소멸되어가는 과거의 형식이다. 근대적 세계의 문화와 더불어 경험과 의사소통의 직접성이 점차 감소하고, 의사소통의 수공업적인 형태인 이야기는 소설이라는 근대적 소통양식에 밀려나는 운명에 처하게 되는 것이다. 구어체의 집단적 경험에 의존하는 이야기의 몰락은 ‘경험을 주고받을 수 있는 능력의 박탈’에 대응한다. 이야기를 지탱했던 구어체의 청각적 경험 대신 서적이라는 시각매체가 등장하며 민중적 개인으로서의 이야기꾼은 고립된 개인으로서의 작가로 대치된다”[18]고 정의함으로써 새로운 소통형태의 대두와 함께 이루어진 구술적 서사의 몰락을 정의하고 있다. 이 논리대로라면 소설 속에 내재된 구술성이란 과거의 형식이요, 몰락이 예고된 서사양식이 될 수밖에 없다. 그러나 서양인의 분석적 사고와 동양인의 종합적 사고가 다르듯이 마사오 미오시(Masao Miyoshi) 교수의 다음과 같은 진술에 눈을 돌려보자.

> 19세기 후반에서 20세기 중반까지의 최근대/근대화 단계에서의 서구소설과 일본소설의 차이는 소설에 두드러지는 구술적 잔재에 의해 설명될 수 있을 것이다. 물론 나는 소설이 아직도 구술적 행위라고 말하는 것은 아니다. 소설은 구술적이 아니며, 다른 서구소설들처럼 인쇄된 이야기이다. 그러나 비록 인쇄형식 속에서도 일본의 소설은 많은 구술적 측면을 유지하고 있다. 서구의 현대소설이 허구, 미세한 배경, 검증, 분석, 공간성, 거리감, 함축, 부연,

17) 발터 벤야민, 반성완 편역, 『발터 벤야민의 문예이론』, 민음사, 1983.
18) 위의 책, 165~171면 참조.

> 엄청난 길이, 빼어난 문학적 완성미, 인물묘사에 있어서의 깊이와 내면성을 그 특징으로 한다면, 구술문학은 암기, 공식, 반복, 과시, 일회성, 근접성과 친밀성, 고립, 의례, 삽화 같은 간결함과 단편성, 공유된 배경, 그리고 인물의 사회적 역할, 관계의 설정 등으로 특징지어진다.[19)]

위의 진술에서처럼 동·서양 소설은 서로 그 특징을 인정하고 그 속에서 이론적 정합성을 찾아야 할 것이다. 다양성과 함께 평형감각을 잃게 되면 그들이 만든 도식, 충격(Impact)—반응(Response)—근대화(Modernization)라는 패러다임, 즉 서구학자들이 식민지나 후진국의 근대사를 기술할 때 단골로 써먹어 온, 아울러 우리 자신도 무심코 추수해왔던 그럴듯한 설명기제[20)]의 선입견에 매몰된다. 어찌 보면 지금까지 우리의 근대문학을 설명할 때, 여기에서 얼마나 자유로울지 의문이다. 돌이켜 보면 전통 단절론이나 폐허에서 새롭게 출발하겠다는 1920년대 동인들의 선언이나 그 후의 논의들이 그들의 도식인 충격과 반응 상태에 머물지나 않았는지 자성을 할 단계인 것 같다.

보편적으로 문학 속에 내재해 있는 구술성(orality)에 대한 천착은 앞서 논의된 진술처럼 의미 있는 작업이다. 일반적으로 서사물의 역사를 볼 때 기록 서사물의 역사는 구술 서사물에 비해서 그 역사가 매우 짧다. 오늘날처럼 작가에 의해서 씌어

19) 마사오 미요시, 「지구로의 전환: 문학, 다양성, 그리고 총체성」, 『경계를 넘어 글쓰기』, 민음사, 2001, 729면.
20) 정재서, 『동양적인 것의 슬픔』, 살림, 2000, 51면.

지고 독자에 의해서 읽히는 방식의 문자 중심의 소통체계는 길어야 2세기 정도의 역사를 가졌다고 한다. 우리나라의 경우도 약 1세기 전까지만 해도 대중적인 차원에서 소설은 대체로 이야기꾼이나 전기수에 의해서 구술되거나 구연되어 청중에게 향수되어 왔다. 그러므로 기록적인 문자언어에만 집착하여 구술되거나 구연되는 과정에서 일어나는 정서적 감흥이 어떻게 텍스트 속에 잠재되어 있는가에 대한 천착이 없이는 작품의 가치평가를 올곧게 할 수 없을 것이다. 특히 한국말은 의성어와 의태어가 발달하였고, 미국의 사피어(Sapir)의 연구에 따른다면 조어 방식이 교착적이며, 종합도(綜合度)로는 분석적이 아니라 종합적인 언어이기에 구술성이 강하다고 한다.

일찍이 서구의 문화 전반을 언어문화를 통해 살펴본 바 있는 월터 J. 옹(Walter J. Ong)은 구술문화에 바탕을 둔 사고와 표현의 특징을 다음과 같이 정리하였다. ① 언어표현이 종속적이라기보다는 첨가적이고, ② 분석적이라기보다는 집합적이며, ③ 장황하거나 다면적이며, ④ 언어문화가 보수적이거나 전통적이며, ⑤ 인간의 생활세계에 밀착되어 있으며, ⑥ 발화행위에서 논쟁적인 어조가 강하며, ⑦ 인지과정에선 객관적 거리유지보다는, 감정이입적 혹은 참여적이며, ⑧ 시·공간 상으로 항상성이 있으며, ⑨ 개별적 사고가 추상적이라기보다는 상황의존적이다.[21]

구술문화에 대한 사고와 표현의 특성을 언어학적인 측면에서 그만큼 깊이 있게 논의한 경우가 드물다. 사고와 표현이란

---

21) Walter J. Ong, 이기우 외 역, 『구술문화와 문자문화』, 문예출판사, 1995, 60~92면.

바로 양식(樣式)을 의미한다. 양식이란 필연적으로 작가의 정신(思考)과 방법(表現) 상호 간에 변증법적 전환을 경험하는 미적 실체인 것이다. 즉 사고와 표현 사이에 구조적 관계를 전제하며 그러한 관점 아래서 대상을 인지한다는 것은 이미 방법론적 태도를 함유하고 있는 것이다.

1920년대 동인지를 담당했던 문학청년들은 근대의 근본 파토스라고 할 수 있는 "근본적으로 새롭게 출발하려는 결심"으로 충만해 있었으나 사고와 표현 사이의 괴리에 고통을 겪었다.

> 과거에도 머리속으로는 소설을 구성도 해 보았고 대목대목 상세하게 꾸미어도 본 일이 있기는 하지만 정식으로 붓을 잡고 원고지 앞에 앉아본 前歷이 없느니만치 마음이 떨렸다. 더우기 과거에 혼자에 머리속으로 구상하던 소설들은 모두 일본말로 상상하던 것이라, 조선말로 글을 쓰려고 막상 책상에 대하니 앞이 딱 막힌다.[22]

김동인의 위의 고백처럼 그들은 사고는 일본말로 하고 표현을 조선말로 하자니 변증법적 전환에 있어 표현고(表現苦)를 느낄 수밖에 없었던 것이다.[23]

---

22) 김동인, 「文壇 30年의 자취」, 『김동인 평론전집』,삼영사, 1984, 423면.
23) 근본적인 문제는 김동인이 배운 일본어 문장은 언문일치였지만 당시의 조선어 문장은 아직 언문일치가 이루어지지 않았다는 데에 있다, 언문일치 문장에서 얻은 감각은 근대소설적 감각이라고 할 수 있는 바, 그러한 감각을 조선어로 드러내기란 어려웠을 것이다. 일본에서는 1884년에 "속어(口語) 문장 사용운동"이 일어났으며, 1887년에 나온 후타바테이 시메이의 『부문』은 언문일치 문장으로 된 소설로 알려

또한 앞서 밝혔듯이 한국어로 생활하고 글을 쓰는 한, 아무리 의식적으로 외부의 영향을 받았다 하더라도 전통적 이야기 관습에서 자유롭지 못했을 것이다. 전통적 이야기 관습에는 구술성이 내재해 있다.

> 그는 한편 구석에 구겨 앉아서 치마 앞자락을 들여다보기 시작하였다. 거기는 불에 타진 조그마한 구멍 하나가 엘리자베트의 눈이 오기를 기다리고 있었다. 그는 이 구멍이 공연히 미워서 손으로 빡빡 비비다가 갑자기 별한 생각이 나는 고로 그것을 뚝 그쳤다.
>
> '이 세상이 모두 나를 학대할 때에는, 나는 이 구멍 안에 숨겠다.'
>
> 그는 생각하였다. 이럴 때에 그 구멍 안에는 어떤 기름자(幻影)가 움직이기 시작하였다. 첫 번에는 흐릿하던 것이 차차 똑똑히까지 보이게 되었다.
>
> — <u>때는 사 년 전 '춘삼월 호시절,' 곳은 우이동, 피고 우거지고 퍼진 꽃 사이를 벗들과 손목을 마주잡고 웃으며 즐기며, 또는 작은 소리로 곡조를 맞추어서 노래를 부르며 희희락락 다니던 자기 추억이 기름자로 변하여 그 구멍 속에 나타났다.</u> 자기 일행이 그 구멍 밖으로 나가려 할 때에는 활동사진과 같이 번쩍한 후 일행은 도로 중앙에 와 서곤 한다. … (중략) …[24]

져 있다. 한편, 조선의 경우 갑오경장(1894)을 계기로 한 신식교육과 국자보급운동이 있었지만, 소설의 언문일치 문체는 1910년대 일본 유학생들이 중심이 된 신문예 운동을 통해 본격화되기 시작했다고 할 수 있다. (김채수, 「한국과 일본에서의 언문일치 운동의 실상과 그 의미」, 『한국과 일본의 근대 언문일치체의 형성과정』, 보고사, 2002, 21~26면 ; 정연희, 『근대 서술의 형성』, 월인, 2005, 91면.)

24) 김동인, 「약한 자의 슬픔」, 『김동인 단편선』, 문학사상사, 1999, 72면.

김동인의 「약한 자의 슬픔」의 한 대목이다. 위의 문장을 월터 J. 옹이 조명한 '구술문화의 사고와 표현'이라는 거울에 비추어보자면 밑줄 친 부분은 장황하거나 다변적이다. 구술 담론에서는 서술자의 주의를 더 끌어들이기 위해서 전달내용을 반복하는 경향이 있다. 또한 위의 인용문은 엘리자베트의 생각과 추억을 생생하고 섬세하게 보여주려고 구비문학에서 자주 사용하는 "상투적인 삽화(stock episodes)"를 보여주고 있다.

> 됴흔 일긔이다.
> 됴흔 일긔라고, 하늘에 구름 흔덤없는—우리 「사롬」으로서는 감히 접근치 못홀 위엄을 가지고, 노파서 우리 조고만 사람을, 비웃는듯이 나려다보는, 그런 교만훈 하늘은 아니고, 가장 우리 「사롬」의 리해자인듯이, 나추 뭉글뭉글 엉긔는 분홍빛 구름으로서 우리와 서로 손목을 잡자는, 그런 하늘이다. 사랑의 하늘이다.
> 나는, 잠시도 멋지 안코 푸른물을 황해로 부어나리는 대동강을 향훈 모란봉 기슭, 새파라케 도다나는 풀우내 뒹굴고 이섯다. (『창조』 9호, p.2)

인용문은 「배따락이」의 서두 부분이다. 대동강 모란봉 기슭에서 하늘을 보며 감상에 젖는 '나'의 모습이다. 이 역시 월터 J. 옹의 거울에 비추어 보면 밑줄 친 부분은 종속적이라기보다는 첨가적 수법으로 문장 구조를 구성한다. 기술된 담론(written discourse)은 구술된 담론(oral discourse)보다 훨씬 더 정교하게 다듬어지고 문법적으로 잘 짜여진다. 왜냐하면 그것의 의미 생성이 훨씬 더 언어구조에 의존하기 때문이다. 이와 관련하여 맥루한(M. Mcluhan)은 기술수단이 없었던 시대에는 문법상의 오류가 존재하지 않았으며, 오히려 기술수단이 생긴 이래 '나쁜 문법'이 생겨났다고까지 말한다.[25] 반면에 구술된 담론은 문법에 그다지 크게 의존하지 않고 의미를 생성하는데, 그 대신 병렬적이고 연속적인 나열의 방식이 자주 사용된다는 것이다. 그래서 문장의 구조에 있어서도 병렬적이고 첨가적인 형식을 많이 취하게 된다.

또한 '나'라는 서술자는 구술문학 시대의 구연자의 모습처럼 사건의 공간적 배경을 보여줌으로써 근접성과 친밀성을 유도하고 있다. 이 서두 부분은 판소리의 '초압' 부분과도 같다. 판소리에서 '초압' 부분은 소리판을 위해 분위기를 조성하거나, 청중에 대한 호응을 유도하는 기능을 한다. 이 서두 부분 역시 스토리 진행과는 관계없이 정서를 환기하고자 하는 기능을 하고 있다.

김동인의 「배따라기」는 전형적인 액자소설 형태를 갖추고 있다. 이재선은 그의 『한국 단편소설 연구』[26]에서 우리의 전통 서사체인 「금오신화」, 「운영전」, 박지원의 한문 단편 등을 예로 들어 액자소설 형태가 우리 서사체의 중요한 특징임을 주장하고, 액자소설의 원형이 현대에 와서도 계속 전승될 뿐 아니라 변형을 거듭함을 보여주었다. 즉 일인칭과 삼인칭의 교호적 복합화법으로서 액자소설의 형태가 외래적인 것이 아니라 우리의 서사체 속에 잠재되어 있었음을 밝히고 있다. 한문

25) Marshall Mcluhan, *The Gutenberg Galaxy*, Univ. of Toronto Press, 1962, 231~239면 참조.

26) 이재선, 『한국 단편소설 연구』, 일조각, 1975

단편소설의 경우뿐만 아니라 구술 형태의 판소리 서사체가 기록문화 단계에서 변형될 때, 액자 형태는 더욱 분명해진다. 연행의 구조 자체가 전체적으로 액자 유형으로 이루어졌기 때문이다. 즉 '초압' 부분은 액자 도입부분이 되고, 소리판은 액자 내부의 이야기가 되기 때문이다.

지금까지의 논의를 돌아볼 때 1920년대 초기 동인지 문학은 새로운 접근을 통해 소설의 표현양식을 갖추려고 부단히 노력하였다. 그러나 폐허 위에 새롭게 세우려던 그들의 소설적 응전력 속에도 전통적인 이야기 관습은 구술성을 담보로 내재되어 있음을 알아보았다.

Ⅳ. 맺음말

소설의 표현양식에 있어서 언어적인 조건은 반드시 고려되어야 하고, 그것은 소설의 본질적인 조건 탐구라는 면에서 간과할 수 없는 사항이다. 우리의 언어는 앞서 밝힌 것처럼 구술성이 강하다. 월터 J. 옹은 "실제로 구술문화(oral culture)에서는 고도로 예술적이고 인간적 가치를 지닌 강력하고 아름다운 언어적 연행이 연출된다. 그런데 그러한 언어적 연행은 일단 문자문화가 사람들의 마음을 사로잡게 되면 이미 불가능하게 된다."[27]라고 밝히고 있다. 그의 말대로 우리의 19세기 말과

27) Walter J. Ong, 앞의 책, 29면.

20세기 초의 소설들에 보면 구술언어적 특성이 많이 사라지고 있다. 그런 가운데서도 전통적 이야기 관습에 의한 사고와 표현의 모습은 남아 있다. 이제 전통의 계승 차원에서 구술성에 좀 더 진지한 학문적 관심을 가져야 할 것이다.

동인지 문학에 나타난 구술성의 검증을 위해서는 좀 더 천착해야 하였으나 사실의 타당성보다 이론적 타당성이 더욱 중요하였기에 이론적 타당성에 중점을 두어 논의를 전개하였다.

참고문헌

김윤식 · 정호웅, 『한국소설사』, 예하, 1993.
이재선, 『한국 개화기소설 연구』, 일조각, 1982.
———, 『한국 단편소설 연구』, 일조각, 1975.
임규찬, 『한국근대소설의 이념과 체계』, 태학사, 1998.
정연희, 『근대 서술의 형성』, 월인, 2005.
정재서, 『동양적인 것의 슬픔』, 살림, 2000.
황패강, 『조선왕조 소설연구』, 단대출판부, 1981.

강명관, 「한문 폐지론과 애국계몽기의 國·漢文 논쟁」, 『한국한문연구』제8집, 한국한문학회, 1985.
김동인, 「약한 자의 슬픔」, 『김동인 단편선』, 문학사상사, 1999.
———, 「文壇 30年의 자취」, 『김동인 평론전집』,삼영사, 1984.
김채수, 「한국과 일본에서의 언문일치 운동의 실상과 그 의미」, 『한국과 일본의 근대 언문일치체의 형성과정』, 보고사, 2002.
마사오 미요시, 「지구로의 전환: 문학, 다양성, 그리고 총체성」, 『경계를 넘어 글쓰기』, 민음사, 2001
박헌호, 「한국 근대소설사 연구에서 '樣式'의 문제」, 『국어국문학』 132, 국어국문학회, 2002.
박현수, 「1920년대 초기 문학의 재인식」, 『1920년대 동인지 문학과 근대성 연구』, 상허학회, 깊은샘, 2000.
안국선, 「시골로인」, 『공진회』, 수문서관, 1945.
신종한, 「한국소설의 시점 연구」, 『동양학』 제 43집, 동양학연구소, 2008.

최시한, 「현대소설의 형성과 시점」, 『현대소설 시점의 시학』, 새문사, 1996.

한기형, 「소설사의 근대적 전환과정에 대한 시론적 연구」, 『국어국문학』 128, 국어국문학회, 2001.

발터 벤야민, 반성완 편역,『발터 벤야민의 문예이론』, 민음사, 1983.

N. 하르트만, 전원배 역, 『미학』, 을유문화사, 1983.

Walter J. Ong, 이기우 외 역, 『구술문화와 문자문화』, 문예출판사, 1995.

Walter J. Ong, 이영찬 역 ,『언어의 현존』, 탐구당, 1995.

Marshall Mcluhan, *The Gutenberg Galaxy*, Univ, of Toronto Press, 1962,

R. Finnegan, *Oral Poetry*, Cambridge Univ. Press, 1977.

島山 安昌浩 思想의 기독교와 사회진화론 수용

-『東光』과 演說 媒體를 중심으로 -

윤 홍 로*

Ⅰ. 머리말

본고는 일제하에서 민족 보존과 독립 회복을 위해 도산 사상을 전파하고 지속화하기 위한 매체 활용과 역할이 구어체 문장 형성에 미친 영향을 고찰하는데 목적이 있다. 민족 보존과 독립 회복을 콘텐츠로 한 도산 사상이 일제 하 검열망에 대응하면서 대규모 민중 교양을 효과적으로 강화하기 위해 소리 매체(演說·唱歌·이야기책 읽기·찬송가·설교 등)의 특성을

* 단국대 명예교수.

살린 것을 입증하고, 소리매체의 한계를 보완하기 위한 인쇄매체(잡지·신문 등)의 활용과 함께 구어체 편지글이 형성되었음을 밝히고자 한다.

『東光』(1926.5) 창간호부터 게재된 山翁(도산)의 논설문은 연설체 문장으로 구어체 편지글이다. 이 글은 春園이 중국 북경에서 島山의 일을 맡아 구술한 것을 기록한 글로 말-글(구어체 편지글) 문체로 이루어진 글이다. 이는 신약성경의 '바울書信'(사도 바울이 고린도에 체류기간 중 로마서를 쓸 때 더디오가 바울의 편지를 대필하였고 뵈뵈라는 여성이 바울 서신을 전달한 편지)이 구어체 편지글인 것처럼 島山의 연설이 춘원의 소설 문체가 구어체 편지글체로 이루게 하는데 영향을 주었음을 시사한 것이다.

개화기 민중의 계몽을 위하여 기독교 세례를 받은 서재필·윤치호·안창호의 연설의 등장은 이야기책의 후신인 신소설과 이광수의 계몽소설문에도 많은 영향을 주었다. 이광수의 논설이나 평론문에서는 國漢文 혼용체이고 文語體인 것과 비교되는 소설문체가 구어체 편지글의 성격이 나타난다. 이야기책 읽기와 기독교와 애국계몽기 연설의 영향이 있다는 전제는 앞으로 더 검토하여야 할 문제다.

개화기 외래문화의 두 줄기는 기독교와 進化論의 수용과 공존이다. 이에 대한 연구로 진화론 쪽으로는 필자의 기존 연구가 있음으로 본고에서는 기독교 문화수용과 그 영향 관계에 역점을 두고 살피면서 島山 安昌浩의 영향을 많이 받은 춘원의 소설 문체 형성을 구명하고자 한다. 『東光』에 게재된 도산의 논설이 구어체 편지글 문체인 것은 독립협회와 만민공동회 연설의 영향을 받은 것이다. 도산의 글을 대필한 춘원의 글이 독자들에게 구어체 문장으로 쉽게 읽혀 널리 소통할 수 있는 문체로 발전하여 춘원의 「흙」, 「유정」, 「사랑」 등의 구어체 소설 문장으로 대중화할 수 있음을 찾을 수 있다. 韓末 선교사들이 학교를 세우고 성경 텍스트를 효과적으로 전도하려는 목적으로 歐美식 교육을 활용한 설교 방식과 찬송가를 보급한 결과 愛國啓蒙期 演說과 唱歌 장르에 영향을 주었다. 이러한 개화기 외래 사조의 특수 장르는 전래적인 이야기책과 공존하면서 신소설과 근대소설의 구어체 소설 장르 형성에 영향을 주었음을 탐색하고자 한다.

Ⅱ. 구원의 목소리-연설 매체

맥루언은 우리의 생각과 행동을 추동하는 가장 중요한 원리가 메신저 즉 매체(媒體)라고 말한다. 다만 우리가 그 존재에 대해 제대로 의식하지 못하고 있을 뿐이다. 여기서 흥미로운 사실은 매체의 존재와 그 영향력을 감지할 수 없도록 하는 것이 다름 아닌 매체라는 점이다.[1] 개화기 기독교의 수용과 더불어 기독교 설교와 만민공동회 연설의 목소리는 새로운 매체로 등장하였다.

1) 김균, 정연교, 『맥루언을 읽는다- 마셜 맥루언의 생애와 사상』, 궁리출판, 2006, 20면.

> 목소리로 된 말은 소리라는 물리적인 상태로 인간의 내부에서 생겨나서 의식을 가진 내면, 즉 인격을 인간 상호간에 표명한다. 그러므로 목소리로 된 말은 사람들을 굳게 결속하는 집단을 형성한다. … 예컨대 기독교 성서는 예배에서 소리 높여 읽혀진다. 왜냐하면 신은 인간에게 '말을 거는' 존재로 생각되지 결코 인간에게 뭔가를 써서 보내는 존재로는 생각되지 않기 때문이다. 이러한 성서 텍스트가 지니는 구술문화에 입각한 정신적 틀은 서간문으로 되어 있는 부분에서조차도 압도적으로 나타나 있다[2)]

말을 의미하는 헤브루어의 '*dabar*'는 사건도 의미한다는 점에서 목소리로 된 말을 직접적으로 지시한다. 왜냐하면 목소리로 된 말은 언제나 시간 속에서 운동하는 것이기 때문이다. 이러한 성격은 사물과 같이 정지해 있는, 글로 쓴 말이나 인쇄된 말에는 전혀 없는 것이다. 삼위일체의 신학에 있어서 제2의 위격은 말씀인데, 인간의 세계에서 이 말씀에 유사한 것은 씌어진 말이 아니라 목소리로 된 인간의 말이라는 것이다.

> 아버지인 신은 아들에게 '말'로 했지 쓰기의 방식으로 하지 않았다. 신의 말씀인 예수는 쓰고 읽을 수 있음에도 불구하고(누가복음서 4:16) 아무 것도 기록으로 남기지 않았다. '신앙은 듣는 것에 의하는 것이다'라고 로마서(10:17)에 적혀져 있다. '문자는 사람을 죽이고 영(靈: 목소리로 된 말이 타고 넘는 호흡)은 사람을 살린다'(고린도서3:6)

---

2) 월터J 옹, 이기우·임명진 역, 『구술문자와 문자문화』, 文藝出版社, 2000, 176~191면.

19세기말 조선은 대외적으로 청, 일본, 러시아 등 열강의 침탈의 대상이 되어 국가의 존망을 위협받는 위기에 이르렀다. 그럼에도 양반 지도층은 내부적 싸움으로 외적의 침략에는 제대로 대응하지 못했다. 이들 지도층의 보수/개화 간 갈등과 이기적인 파벌 싸움은 국민들을 분열하게 하였고 불안하게 하였다. 이러한 어두운 절망 속에서 백성들은 개화의 바람 속에서 구원의 목소리에 끌렸다. 한 목소리는 신의 목소리[기독교]이고 다른 목소리는 짐승의 목소리[과학 특히 진화론]였다.

하야까와는 생물학자들이 생존을 위한 투쟁에 두 종류가 있다고 구별하면서 同種 內 싸움은 멸망한다고 밝히고 있다.[3] 인간이란 무엇인가를 해석하기 위해 社會進化論者들처럼 자연

---

3) S. I. Hayakawa, 김영준 역, 『LANGUAGE IN THOUGHT AND ACTION』, 박이, 2006, 10~11면.

하나는, 다른 種의 동물 간의 싸움인 '異種 間의 투쟁'이다. 예를 들면 늑대와 사슴, 인간과 박테리아 간의 싸움이다. 다른 하나는 同一種 間의 싸움인 '種內의 투쟁'이다. 이는 쥐와 쥐의 싸움, 인간과 인간의 싸움이다. 현재의 생물학이 지적하는 바에 의하면, 種內의 투쟁에 정교한 수단을 발달시킨 種은, 異種 간의 투쟁에는 부적합하여 이미 절멸하였거나 절멸이 다가오고 있다는 것이다. 가령 공작의 꼬리는 비록 다른 공작과의 性的 투쟁에는 유용하지만 환경과의 대치, 他種과의 싸움에는 장애물이다. 그러므로 공작은 생태학적 균형이 갑자기 변화한다면 하룻밤 사이에 절멸할 가능성이 있다. 또 他 동물과 싸워서 죽이는 힘의 장점만으로는 異種의 투쟁이든, 種內의 투쟁이든 간에 종의 生存을 보장하기에 충분하지 못하다. 거대한 파충류는 장대한 공격용·방어용의 무기로써 장비되어 있었지만, 이미 몇 백만 년 전에 이 지구에서 사라졌다. 인간의 생존에 관하여 말할 적에는 인간은 살기 위하여 싸우지 않으면 안 된다고 인정한다 해도, 첫째로, 환경과 다른 종(예컨대 홍수·태풍·야수·벌레·박테리아)과의 싸움에 유용한 성질과 다른 인간과의 싸움에 유용한 성질(예컨대 공격성)과를 구별하지 않으면 안 된다.

계의 생존을 그대로 적용할 수는 없으나 최근 인간의 사회성을 생물학적인 진화와 유전의 토대 위에서 학제간 통합 현상이 태동하고 있다. 미국 하버드大교수 에드워드 윌슨의 사회생물학은 생물뿐만 아니라 인문사회학으로부터도 폭넓은 관심을 받은 윌슨의 『사회생물학:새로운 종합』(1975)은 인간 進化에 대한 새로운 시각을 보여 주고 있다. 앞서 인용한 공작의 同種 내 투쟁 모습을 인간 사회에 적용하여 조선 시대 삶의 모습을 조명하면 四色黨派로 얼룩진 공작의 색깔과 꼬리의 싸움이라 할 수 있다. 다른 種, 이를테면 박테리아나 환경과의 싸움보다는 種內 투쟁으로 길들여진 공작이 색채나 꼬리만 진화(進化)된 결과 他種族의 침략에는 맥을 못 쓰고 허약할 수밖에 없었다. 같은 鳥類라도 매의 옷은 보호색으로 주변의 색깔로 위장하여 외적과의 싸움에는 유리하다. 공작의 꼬리와 색채는 異性을 유인하기 위해 進化한 매체로서 他種과의 투쟁에는 장애물이 된다.

개화기 새로운 매체는 눈과 귀를 새로운 新天地로 넓혔다. 19세기 大韓帝國의 改革은 요약하면 두 개의 서구 사조가 유입되면서 소용돌이쳤다. 앞서 말 한대로 한 물결은 '정글의 이론' - 스펜서의 社會進化論으로서 힘의 논리로 전개되었고 다른 물결은 동식물의 차원을 넘어 외적보다는 우선하여 내면의 적을 이기는 사랑으로 서로 협동하고 인간의 죄를 깨우쳐 도덕적인 인격으로 민족적인 협동의 힘을 키우자는 기독교의 물결이다. 개화기 진화론의 사조는 논자가 「개화기 진화론과 문학사상」을 『東洋學』16(단대동양학연구소.1986)에서 상론하였음으로 본고에서는 기독교의 유입 쪽으로 역점을 두고 그와 관련하여 연설 공간과 창가 형식이 유행함을 거칠게나마 서론적으로 살피고자 한다. 이에 대한 중점적인 연구는 『東光』에 게재된 도산(島山)의 구어체 편지글을 분석하고 도산의 연설 특성과 그와 관련한 배경을 검토하려 한다.

본고에서 논하는 구어체 편지글체란, 성경의 문장은 구어체 편지글체로 표기되어 대중에게 직접적으로 실감나게 전파할 수 있는 힘이 있다는 논리에서 착안 한 것이다. 기독교의 세례를 받은 도산의 구술 문장이 '바울 서신'처럼 대중에게 강한 영향력을 발휘한 것처럼 도산의 연설체 구술이 춘원에 의하여 『東光』에 편지글체로 옮겨진 문체를 형성하였기 때문이라 할 수 있다. 춘원의 소설 문장이 독자에게 쉽고 잘 읽힐 수 있는 것도 도산의 영향을 받은 연설체의 구어체 편지글체로 표현한 문체를 습득한 때문이라 할 수 있다. 도산의 연설이 힘이 있고 일반 대중들도 쉽게 받아들인 원천은 성경의 구술적인 편지글체의 영향이 큰 것임을 찾을 수 있다. 도산의 연설을 기독교적 관점에서, 그리고 진화론적 관점에서 살피고 양쪽이 어떻게 공존하면서 융합되어 도산의 중용적인 사상으로 발전하여 힘을 발휘하였는가를 검토할 필요가 있다.

Ⅲ 개신교의 유입과 연설공간의 확대

조선의 개신교 역사는 한말의 고관이었던 이수정(李樹廷)이 일본에 가서 세례를 받고(1883) 그 해에 마가복음을 한역 출판하고 한국에 가려는 언더우드에게 언어교육을 시키고 그 번역된 성서를 가지고 한국에 나가게 하였다. 南滿 지방에 왕래하였던 서상륜(徐相崙)은 만주 주재의 스코트란드 선교사 죤 로스와 맥킨타이어와 함께 1882년에 누가복음과 요한복음을 번역 간행하고 1887년에는 『예수교성젼』으로 新約 전체를 번역하였다. 서상륜은 성경의 반포를 위해 전국을 순회했다.

이처럼 한국 교회의 시작은 한국인의 손에 의해서 시작되었다. 국내외 사정으로 고통스러울 때 한국의 기독교는 애국적인 동맹체로 성장하여 민족의식을 계몽하고 근대시민 양성을 위하여 노력하였다. 그래서 을사보호조약 후 일본이 한국의 정신을 일차적으로 말살하려는 기관은 교회였다. 1907년 島山과 상동교회 전덕기 목사를 비롯한 청년회를 중심한 비밀결사 조직인 新民會(1907)의 애국 계몽활동이 시작되었다. 같은 해에는 평양의 대부흥회가 20세기 한국기독교의 기적적인 전도를 위한 횃불을 높이 든 해이기도 하다. 평양 부흥회에서의 설교의 열쇠 성구는 고린도전서 12장이었다.

‘몸은 하나인데 많은 지체가 있고, 몸의 지체는 많지만 한 몸임과 같이, 그리스도도 그러합니다. 우리는 유대 사람이든지, 그리스도 사람이든지, 종이든지, 자유인이든지, 모두 한 성령으로 세례를 받아서 한 몸이 되었고 또 모두 한 성령을 마시게 되었습니다. 몸은 한 지체가 아니라 여러 지체로 되었습니다. 만일 발이 말하기를 “나는 손이 아니니 사람 몸에 속한 것이 아니다”한다고 해서 발이 몸에 속하지 않은 것이 아닙니다. (고전 12:12-15)

고린도교회는 바울사도가 2차전도 여행 시 1년6개월을 머물면서 심혈을 기울인 교회(행:18:11)로 교회가 네 파로 갈라져 분열함을 듣고 바울이 3차 여행지에서 교회와 교인들을 몸과 지체로 비유하면서 교인들이 서로 상부상조하고 고락을 함께 나누는 것이 하나님의 뜻이요, 하나님의 은사는 하나님의 뜻대로 행하는 자에게 내려진다는 의미를 담고 있다.

성경에는 천국이란 낯선 곳을 알게 하려고 聽者에게 친숙한 비유를 많이 사용한다. '지체는 많으나 몸은 하나라'라는 비유도 다양한 직분과 직업을 가진 사람은 많으나 교회는 한 몸이니 하나의 共同體 속에서 자기의 역할을 다하면서 서로 유기적인 관계로 협동함을 일깨우려는 수사다. 신령한 은사를 받은 성도들 간의 상호 有機的인 관계와, 그리스도와 각 지체(肢體)된 성도들과의 긴밀한 관계를 인간의 신체에 비유함으로써 은사의 다양성과 통일성 및 교회의 유기체적인 관계성을 일깨워준다. '다양한 지체의 하나됨'이란 보고 들은 바를 말 할 때 눈과 귀와 입은 머리와 함께 상호간에 유기적인 관계가 있다는 뜻이다.

사람의 물리적 몸의 경우가 그렇듯이, 바울은 그리스도의 몸에 속한 지체들은 사랑이라는 강력한 끈에 의하여 서로 긴밀하게 결속되어야 한다(엡4;6)는 강력한 메시지를 구술형식의 편지글 매체로 전달하고 있다. 1907년 평양 대부흥회에서 읽은 聖句, 몸의 비유가 『東光』 창간호(1926.5)에 도산의 구술체 편지글 "合同과 分離"(1926)와 서재필의 "독립문 주쵸 돌 놋는 예식 연설"(1896. 11. 24)의 골격을 이루는 비유로 되어 이에 상호 맥락이 있음을 시사한다. 『東光』[4]은 철저히 일제의 감시 대상이 되어 창간사나 발간사 혹은 발간취지문조차 쓰지 못했다. 『東光』지의 성격은 흥사단의 뜻을 펴는 잡지라고 할 수 있다.

일제는 『東光』을 民族誌로 규정하고 감시를 심하게 하여 도산의 글을 삭제 하거나 중단시킨 경우가 빈번했다. 춘원은 「민족개조론」(『개벽』, 1922.5), 「民族的 經綸」(『동아일보』, 1924.1.2~6) 등을 발표한 후 물의를 일으켜 문필 권에서 한 때 소외되기도 하였다. 상해 흥사단원이며 同 임시위원회의 위원인 춘원은 국내 수양동맹회를 설치하고 비밀리에 중국 북경(中央호텔,1924.4))에서 도산을 방문하여 8일간 머물면서 도산의 담론(談論)을 필기하여 정리한 것을 동아일보(1925.1.23~25)에 발표하고 그 후 『東光』의 창간호에 이른바 안 도산의 甲子論說(1924)을 작성하여 산옹(山翁)이라는 이름으로 『東光』에 연재하였다. 이는 新約의 '바울 書信' 같은 성격으로 띠고 있다. 즉 도산이 조국의 동포에게 보내는 메시지를 춘원이 받아서 편지

4) 『東光』의 발행인 겸 편집인은 주요한(朱耀翰)이고 도산이 자금책이다. 춘원은 『東光』과 깊은 관련을 가지면서 주요한 필진이었다. 말하자면 興士團의 지도층이 이 잡지를 운영하였다. 춘원은 『東光』의 속간사에서 16호 발간까지 조선 잡지계에서는 미증유한 발행부수를 발행한 사실과 일반 독자의 신뢰와 환영을 받았다.. 앞으로 본지는 1926년5월에 민족 번영을 목표로 하여 虛僞와 空想公論을 버리고 務實力行으로써 잡지를 운영하겠다는 속간사 운영 취지를 밝힌 것으로 보아 사실상 홍사단의 기관지 역할을 하였다. 『東光』에 게재된 도신의 글은 島山 이외에 山翁, 섬뫼 등의 가명으로 기재되었다 『東光』은 창간호(1826.5)를 낸 뒤 40호(1933.1)까지 간행한 綜合 月刊誌로 문예지적 성격을 띤다. 편집 겸 발행인은 朱耀翰으로 40호까지 발행하였으나 3호는 일제에 의해 원고 압수로 햇빛을 보지 못하였다.

글 구어체 문장으로 기록한 논설이다. 그것은 바울의 메시지를 더디오가 편지글체로 기록하여 로마의 시민에게 보낸 로마서의 경우와 같은 유형이다. 『東光』에 연재된 다음의 갑자논설은 이런 맥락에서 해석할 수 있다.

산옹	合同과 分離	총1호(제1권1호)	1926.05
	당신은 주인입니까?	총2호(제1권2호)	1926.06
	합동의 요건, 지도자	총4호(제1권4호	1926.08
	부허에서 떠나 착실로 가자	총5호(제1권5호)	1926.09
	오늘 일은 오늘에	총7호(제1권7호)	1926.11
	오늘의 조선학생	총8호(제1권8호)	1926.12
	朝鮮靑年의 勇斷과 忍耐力	총9호(제2권1호)	1927.01
	사업에 대한 책임심	총10호(제2권2호)	1927.02
	낙관과 비관	총12호(제2권4호)	1927.04
	靑年에게 呼訴함	총18호(제3권2호)	1972.02
섬메	無情한 社會와 有情한 社會	총2호(제1권2호)	1926.06

위에 인용한 산옹과 섬뫼로 쓴 글들은 도산 사상과 그의 내면의 신념과 감정의 풍경을 독자들에게 쉽게 소통할 수 있도록 춘원이 편지 형식의 구어체로 쓴 甲子論說들이다.

『東光』 창간호에 게재한 "합동과 분리"는 창간사 대신으로 쓴 것이다. 일제는 『東光』의 발간사 마저 쓸 수 없을 정도로 가혹한 검열을 하였다. 山翁이라는 가명으로 쓴 이 글의 골격은 고린도 전서 12장의 몸 비유법의 내용과 같은 맥락으로 볼 수 있다.

Ⅳ 甲子論說 - 合同과 分離

… 우리 조선 민족의 각 개인은 과연 합동의 필요를 절실하게 깨달았는가 …

사지와 백체로 이루어진 우리 몸으로서 그 사지와 백체가 분리하면 그 몸이 활동을 못하기는 고사하고 근본 되는 생명까지 끊어집니다. 이와 같이 각개 분자인 인민으로 구성된 민족사회도 그 각개 분자가 합동하지 못하고 분리하면 바로 그 순간에 그 민족사회는 근본적으로 사망된 것입니다. 그러므로 각개 분자의 합동력이 없다고 하면 다른 것은 더 말할 여지가 없습니다. … 옛날 아메리카 십삼방 인민들이 자긔네의 자유와 독립을 위하여 일하려고 할 때에 량식과 무긔와 군대와 여러 가지 준비할 것이 많았습니다. 그러나 먼저 준비하여야 할 것은 각 개인의 머리 가운데 합동의 정신을 가짐이었음니다. 그네들은 그것을 먼저 준비해야 될 필요를 깊이 깨달았기 때문에 '合同하면 서고 분리하면 넘어진다' (United we stand, devieded we fall)라는 표어를 각 개인이 부르짖었음니다. 그런즉 우리 무리는 이 합동에 대하여서 주인된 자의 자격으로 책임을 지고 合同의 방법을 연구하며 合同하는 행위를 실천하도록 노력하여야 하겠음니다. 어떤 민족이 合同하면 그 민족이 공통적으로 이해하는 조건이 선 후에야 된다함은 세계 각국의 력사와 현재의 실례를 들어서 말할 것이 많읍니다마는 우리 민족이 최근에 지낸 경험을 가지고도 좋은 실례를 삼을 수가 있습니다..[5]

5) 山翁, 「合同과 分離」, 『東光』창간호, 1926.5. 17면.

合同의 절실함을 몸의 비유로 쉽게 표현한 연설로 특히 조선 민족의 三·一운동의 협동력을 보인다. 민족의 협동을 몸의 비유로 호소한 연설로는 독립신문사 사장 제손(미국 의사가된 서재필의 미국명임)이 獨立公園에서 열린 '독립문 주쵸 돌 놋는 예식' (1896.11.21)에서 연설한 내용에서도 찾을 수 있다.[6)]

> 첫 번에 영어로 외국 ᄉᆞ람들을 대하야 죠서네 잇ᄂᆞᆫ 외국 사름이란 문제를 가지고 말을 ᄒᆞ고 또 죠선 말로 연설을 ᄒᆞᄂᆞᆫ대 대강 의사인즉 나라히 독립을 ᄒᆞ랴면 ᄉᆞ름이 혼자 셔ᄂᆞᆫ 것과 ᄀᆞᆺ하 다리가 튼튼ᄒᆞ여야 몸묵에를 실고 능히 걸어 다니ᄂᆞᆫ 거시라 나라에 다리ᄂᆞᆫ 곳 백셩이요 머리ᄂᆞᆫ 곳 졍부라 머리와 다리가 서로 도와주어야 그 몸이 튼튼ᄒᆞ야 능히 서고 안기를 임의로 ᄒᆞᆯ터인데 만일 머리가 다리를 샹ᄒᆞ게 ᄒᆞᆫ다던지 다리가 머리를 샹ᄒᆞ게 ᄒᆞ거드면 그 몸이 병이 들어 운동을 못ᄒᆞᆯ터인즉 졍부와 백성이 들어 운동을 못ᄒᆞᆯ터인즉 졍부와 백셩이 서로 위해주어야 나라히 튼튼히 되야 녹립이 될터이라 지금 새로 셰우ᄂᆞᆫ 독립문을 가지고 비유할진대 독립문이 혼자 셧으되 그 문 짓기ᄂᆞᆫ 돌몽이가 여러 백개가 들어 서로 회와 모래에 합ᄒᆞ야 서로 튼튼히 뭇허 묵에를 서로 밧치고 돌몽이마다 크고 잘고 다 힘을 써서 제 직무를 ᄒᆞ여야 그 문이 여러 천년이 되야도 문허지지 안코 혼자 섯지 만일 그 중에돌몽이 ᄒᆞ나라도 제 직무를 못ᄒᆞ야 물너 나온다던지 떠러 진다던지 ᄒᆞ면 그 문이 혼자 셜수가 업슨즉 나라도 대쇼 인민이 사름마다 제 직무를 ᄒᆞ여야 나라히 영구히 독립이 되리라

고린도전서(12:12-26)의 몸의 지체 비유는 우리가 그리스도

---

6) 『독립신문』, 1896. 11. 24.

의 몸에 속한 한 지체로서 만족하지 말고 동료 지체에게 유용한 존재가 되어야 한다는 뜻을 내포한다.

서재필의 '독립문 주쵸돌 놋는 예식' 연설은 머리와 다리가 서로 협동하듯이 정부와 국민이 서로 협력하여야 국정이 잘 운영 될 수가 있고 더 나아가서 건축과 비유하여 백성이 각자 집의 주춧돌처럼 자기 직분을 잘 지킬 때 나라가 튼튼하게 유지될 수 있다는 메시지다.

도산의 「合同과 分離」의 앞부분에 이어서 다음 부분으로 그의 논지를 살피면,

"각자가 자기의 방침과 계획을 세워서 정성껏 지혜 껏 연구하여 그 결과를 가장 정직하게 가장 힘 있게 발표하면 서로 토론하여 살아남는 의견"을 채택하면 그 의견을 共同體의 의견으로 삼자는 것이다. 마지막으로 채택된 의견은 自然淘汰와 適者生存의 경쟁에서 살아남은 것으로 선택된 것이어야 한다는 논지를 편다. 자연스럽게, 그리고 가장 적합한 의견이 최후에 살아남아 그것이 共同體를 이끄는 여론(輿論)이 되고, 이 여론이 바로 "한 민족의 뜻이요, 또 명령이외다"라는 공동체의 목표라고 설명하고 있다. 그는 "어떤 민족이 합동함에는 그 민족이 공통적으로 이해하는 조건이 선후에야 된다 함"을 세계 각국의 歷史와 현재의 실례를 들어서 설명하고 특히 최근에 실패한 경험(甲申政變과 甲午更張)을 들면서 민주 절차와 다수의 민주주의 원리를 중요하게 역설하였다. 이 연설 첫머리에 "우리 조선을 보면 편당 싸움과 서로 원망하고 꾸짓기만 하는 원망의 소리가 조선 천지에 가득 찼으니 이것만 보더라도 우리 조선 사람은 합동적이 아니고 분리적인 것을 알 것이요"라

고 조선의 현상을 진단한다. 이기심이 조선인을 병들게 하고 나라를 빼앗기게 된 원인이라는 논지다.

또한 도산은 이 편지글에서 미국 13개 합중국이 협동 능력이 있어 힘을 키운 실례를 들어 ‘사지와 백체가 분리하면 생명을 유지할 수 없듯이 나라가 분열하면 망한다’는 메시지를 보낸다. 그러나 도산은, 조선인들에게 끝까지 낙망하지 말라는 궁극적인 승리의 목소리를 들려준다. 그는 동포가 서로 협력할 것을 간구한다. 이 문제는 ‘하나님을 사랑하는 자 곧 그의 뜻대로 부르심을 입은 자들에게는 모든 것이 合力하여 善을 이루느니(로마서 8. 28)라는 바울의 서신의 해석으로도 이해할 수 있다. 도산의 인격이 견고하고 모든 유혹과 모략에도 흔들리지 않는 것은 그의 민족애와 기독교적인 사랑이 결부되었기 때문이라고 할 수 있다. 그는 역경(逆境) 속에서 위대한 민족애를 찾고 조국의 소망을 잃지 않고 조선인의 분열병을 치유하는 길을 「合同과 分離」에서 호소한다.

앞서 인용한 서재필의 독립문 주쵸돌 연설(1896), 평양 대부흥회에서의 고린도전서12장(바울 편지)읽기(1907), 도산의 「合同과 分離」(상해에서 고국동포에게 보내는 편지)에서의 몸의 비유는 나라와 교회는 부분과 전체의 유기적인 긴밀성을 가진 하나의 공동체임으로 서로 협력하라는 공통성을 가진다. 즉 ‘다양한 지체(肢體)의 하나 됨’을 강조한 것이다. 이와 같은 몸의 비유는 평양의 대부흥회(1907)에서 읽은 고린도전서 12장 비유 부분과 일치하고 그 해석도 분열하면 망한다는 배경을 두고 있어 성경의 목소리와 합친다. 그리고 평양 부흥 설교에서처럼 민중이 서로 협력하면 다시 국권을 회복할 수 있다는 소망의 목소리를 담은 비유이기도 하다. 오늘의 걸림돌을 내일의 디딤돌로 만드는 소망 가운데 전 민족의 결속을 다짐하는 새로운 목소리가 울릴 때 청중 각자는 서로 직분은 다르지만 한 지붕 한 가족임을 자각한다. 하나가 모든 것이 되고 모든 것이 하나가 됨을 일깨우는 몸의 생명체 비유는 가족을 넘어 국가와 민족의 결속으로 하나가 되는 논리로 귀결한다.

평양 대부흥 설교가 전국적인 성령의 불길을 일으킨 것은 평양이 淸日戰爭(1894)의 전쟁터가 되어 참혹한 비극을 체험한 터라 나라의 힘이 소중함을 절실히 체험했기 때문이다. 이곳에서 나라를 살리는 길을 제시한 도산의 쾌재정(快哉亭) 연설과 평양 대부흥회 설교가 폭발적인 호응을 불러 일으켰다는 것은 우연이 아니다. 1907년 부흥회가 열리고 신민회 활동이 활발하였던 지역에 三·一운동이 거세게 일어난 것과는 상호간 연관이 있는지를 구체적으로 연구하는 것은 급진론과 점진론을 평가하는데 잣대가 될 수 있을 것이다. 그것은 신민회의 愛國啓蒙運動과 敎育救國運動 노선을 평가하는데 중요한 잣대가 될 수 있기 때문이다.

「합동과 분리」(총『東光』1호)부터 「靑年에게 호소함」(총 18호)까지의 글은 편지글체의 구어 문장으로 핵심 내용은 興士團의 강령인 務實, 力行에 근간을 둔 민족경륜의 대원칙을 기조로 하고 人格革命, 民族改造의 삼대 수련으로 德, 體, 知와 四大精神으로 務實, 力行, 忠義, 勇敢 등을 구국이념으로 하고 있다. 춘원은 도산의 사상을 조선의 실정에 맞게 친근하고 쉽게 풀어 부모가 자식에게 말하듯이 동포에게 정감어린 편지글체를 형성하였다.[7] 도산의 사상에서 핵심을 이루는 務實思想

은 결국 국권회복의 길을 가기 위한 준비론이라 할 수 있다. 어려운 문장보다는 실용적으로 국민이 쉽게 깨달을 수 있도록 쉬운 구어체 편지글을 만들어 대중에게 국권 회복과 보존을 위한 소통의 길을 찾았다.

「합동과 분리」의 앞머리에는 '조선이 왜 편당을 짓고 싸움만 하고 서로 원망하고 꾸짓는 소리만 천지에 가득한가'라는 분열 증세를 진단하고 있다. 유다 나라가 바벨론 침공으로 멸망했지만 (B.C. 586년 경) 그러한 멸망의 내면에는 유다 백성 스스로의 죄악과 부패로 더 이상 나라를 유지할 수 없을 정도로 심각하게 악화되어 있었기에 바벨론의 손아귀에 쉽게 넘어 가고 말았다고 지적하는 예레미아는 백성의 회개를 거듭 눈물로 설득한다. 말하자면 인생이 멸망하는 이유는 외부적 환경 때문이 아니라 자신의 허물과 죄 때문이라는 것이다. 따라서 자기 삶에 비극이 찾아들고 실패가 거듭되면 될수록 눈을 바깥으로 돌릴 것이 아니라 자기 내부로 돌려 먼저 자기 허물을 찾는 진지한 노력을 하여야 한다는 선지자 예레미아의 예언을 기독교인 도산은 많은 교훈으로 삼았을 것이다. [8] 도산의 영향을 받은 춘원 이광수가 오산학교 시절 국치일의 소식을 듣고 학생들과 에레미아 애가를 읽으면서 통곡하엿다는 사실은 바로 성경이 당시 애국지사들에게 얼마나 큰 영향을 끼쳤는가를 입증하는 것이다.

大成學校(안도산 설립)의 한문교재 『飮氷室文集』의 저자 梁啓超는 19세기를 국가가 인민을 위해 존재하는 시대였다면, 20

7) 山翁, 앞의 책.
8) 「예레미아」 13장 1-27절

세기는 인민이 국가를 위해 살아야 하는 시대라고 주장했다.(1902) 또 이 투쟁에서 내적인 결속을 위해 마찌니(Mazzini)의 이탈리아나 명치시대의 일본 같이 종교의 필요함을 역설했다. 그는 바로 이 내적 단결에서 실패하여 망한 나라의 사례로 조선이라고 한일 합방을 전후해서 여러 차례 지적했다. 그는 '朝鮮滅亡之原因'으로 조선은 전 세계에서 개인주의가 제일 극성한 나라이며, 이 때문에 모든 조선인은 각기 자기 이익을 좇아 중국당·일본당·아당(俄黨)으로 바꿔가다가 나라를 망친 것이라고 지적했다.[9]

이와 같은 지적은 앞서 밝힌대로 하야까와 교수가 생물학자들이 찾은 생존의 투쟁에서 種內의 투쟁에 해당되는 것으로 확대 해석하면 조선 시대를 괴롭힌 四色黨派 싸움이나 한말의 중국당, 일본당, 아당(러시아당)으로 갈라져 분리됨으로 조선이 망했다는 논리다. 이와 같은 시각은 도산에게도 적용된다. 특히 관심을 끄는 것은 20세기는 인민이 국가를 위해 존재한다는 개념으로 중국의 진화를 위해서는 개인을 희생해야 한다는 주장이다. 이러한 國家主義를 위한 내적 결속을 위해서 종교의 도움이 필요하다는 것이다. 양계초의 조선이 亡한 원인이 도산의 연설이나 이 광수의 「민족개조론」에 영향을 어떻게 영향을 주었는지를 검토할 문제다.

도산은 조국의 젊은이와 국민에게 조선이 망한 원인으로 「合同과 分離」에서는 분열증의 원인이 된 '편당 싸움'이라 진단하였다. 편당 싸움 치료로는 각 개인이 '나와 여러분은 서늘

9) 박성래, 「중국에서의 진화론-양계초를 중심으로-」, 『한국과학사회학지』 제4권 제1호, 1982. 12. 142면.

한 머리를 가지고 깊은 방이나 산이나 들이나 어대서든지 각각 지성에 지성을 더하여 방침과 계획을 세우기를 연구하기를 시작합시다 - 내가 조선의 주인이라는 맘으로.'[10] 이 메시지는 주인의식을 가지고 공동의 목표를 향하여 치밀한 계획으로 실천함을 역설한다.

「합동의 要件과 지도자」[11]에서는 어느 공동체든지 그 공동체 나름대로 가장 앞선 사람 즉 지도자의 자격 있는 사람을 지도자로 내세워 지도자 중심으로 협력하는 합동 사회를 간구한다. 자격 있는 지도자를 내세우는 것을 꺼리는 이유는 시기심 때문이라는 것이다. 우리 민족은 가문과 자기 당파의 이기심만 강하여 국가 경쟁력이 약화되었다는 것이다. 도산은 특히 이순신(李瞬臣)과 유길준(兪吉濬)처럼 탁월한 지도자가 중상모략을 당한 실례를 들고 있다. 도산은, 유길준이 개화사상을 조직적으로 실천하기 위해 설립한 <흥사단>(1907)명칭을 그대로 본떠서 같은 이름으로 <興士團>(1913)이란 명칭을 사용하였고 그 설립 취지도 大同小異하다.

개화파를 급진과 온건으로 나눈다면 유길준은 김옥균 박영효처럼 급진적 변혁을 주장하지 않고 온건하고 점진적인 개량적 개화를 주장한 인물이었다. 유길준은 경응의숙에 들어가 후쿠자와 유키치(福澤諭吉)의 집에 거처하면서 수학했다. 그가 당대에 일본의 대표적인 문명개화론자였던 후쿠자와 유키치에게서 직접 지도를 받았고 미국에서는 일본에 진화론을 전수한 동물학자 모스Morse의 지도를 받았다는 사실은 그의 사상 배

10) 『東光』, 1권 1호, 1926, 20면.
11) 『東光』, 1권 2호, 1926, 36~43면.

경을 탐색하는데 중요한 열쇠가 된다. 그러나 福澤의 文明開化, 富國强兵論은 유길준의 개화사상에 많은 영향을 주었지만 그의 脫亞論과 '조선인민을 위해서는 그 나라의 滅亡을 축하할 일이라'(時事新報, 명치17년)는 망언에는 유길준은 동의하지 않았다. 그는 새 문화를 자기 나라의 실정에 적합하게 수용하되 자기 나라의 우수한 전통문화를 계승 발전시켜야만 참된 개화가 될 수 있다고 하였다.

유길준은 보스턴 교외 살렘에 유학하면서 미국인들의 清敎徒 정신Puritanism과 實用主義Pragmatism의 조화 속에서 발전된 미국 사회의 모델을 체험한다. 유길준은 보수에 가까운 傳統을 중시하는 사상도 내세웠다. 일본의 진화론 수용자들이 弱肉强食의 논리로 부국강병책으로 국력을 키워 제국주의적 침략 논리를 편 대신 조선의 진화론 수용자들은 침략에 대응한 민족주의로 기울었다. 유길준이 진화론을 흡수한 지 10년 뒤인 1890년대는 국내적으로 東學亂, 甲午更張 등으로 통치 질서가 무너지고 혼란에 빠져 있었다. 한편 국외적으로는 권위를 자랑하던 清國이 일본과의 전쟁에서 패배하자 조선은 제국 열강의 각축무대가 되고 영토분할의 위기에 직면하게 되었다. 이런 환경 아래에서 인간사회가 弱肉强食하고 適者生存한다는 社會進化論이 일반에게 크게 어필할 수 있었다.

1907년 유길준에 의해 설립된 興士團의 취지서 내용을 보아도 사회 진화론적 사상이 그 골격이었음을 알 수 있다.[12] 취지서 내용은 社會進化論의 원리에 의한 힘의 승리(약육강식,

---

12) 兪吉濬, 「興士團 趣旨書」(1907.11.30), 『兪吉濬全書』 2권, 일조각, 1971.

적자생존, 우승열패의 이론)를 강조한 것이다. 富國强兵策을 써서 힘을 가져야 생존할 수 있고, 힘을 기르려면 국민의 지식을 계발하고 도덕적 수양을 통한 국민적 단합과 도시·향촌에 小學 정도의 국민 교육을 확대해야 한다는 것이다.[13] 그러나 그는 줏대 없는 개화를 경계하면서도 개화에는 개화의 노예에서 개화의 손님으로 다시 개화의 주인으로 진화하는 경향이 있다고 樂觀하였다.

그는 진화론적인 관점에서 개화사상을 조명하면서도 전통적인 것과 외래적인 것이 調和되고 중용적(中庸的)인 균형(均衡)을 잃지 않을 때 사회발전은 바람직하게 된다고 주장하였다. 반드시 中庸을 지키는 자가 있어서 지나친 자를 조절하고 모자라는 자를 권면케 하는 개화의 논리는 傳承文化의 계승과 발전을 옹호하는 방법론이라 할 수 있다. 유길준의 개화 논리는 帝國主義 침략에 대한 정확한 인식의 한계를 드러내며 '아래로부터의 혁명'이 '위로부터의 점진적인 개량 혁명'이라는 공격을 받으나 오늘의 근대화 이론의 고전적인 모델로 체계화되

13) 『兪吉濬全書』1권, 일조각, 1971, 378면.
유길준은 개화의 개성 발전으로 삼단계로 진화한다고 논하였다. 그는 개화의 이치를 깨닫고 실천하는 자를 가장 바람직한 개화인으로 주장했다. 開化의 罪人은 아무 분별도 없이 외국 것은 다 훌륭하다고 하며 자기 나라 것은 어떠한 사물이든지 아름답지 못하고 업신여기는 자이고, 開化의 원수는 완고한 성품으로 사물을 분별치 못하여 외국 사람이면 덮어 놓고 오랑캐라고 하며 외국 것이면 쓸데없는 물건이라고 할 뿐더러 외국문자는 천주학이라고 하여 가까이 하지조차 않으며 자기 자신만을 천하 제일인 듯이 여기는 이른바 守舊黨의 무리들이고, 開化의 병신은 외국제 담배를 물고 가슴에는 외국제 시계를 차며 의자에 걸터앉아서 외국풍습을 이야기하거나 외국말, 헛된 바람에 날리는, 아무 주견도 갖지 않는 자들을 일컫는다.

었음을 부정할 수 없다.

兪吉濬의 진화론 개념을 담은 『西遊見聞』은 발행 부수가 1,000부로 한정된 책이었으나 동시대의 각계각층 인사들에게 무료로 배부되어 지식인들에게는 많은 영향을 주었다. 도산은 지식인들에게 고금의 인물론을 묻는 질문에 역사상 인물로는 李瞬臣이고 근대 인물로는 兪吉濬임을 시사한 바 있다. 이광수는 당시의 지식인들이 글을 쓸 때 가장 많이 의존하고 있는 책의 하나가, 『서유견문』이었음을 밝힌 바 있고 당시의 잡지, 신문에 발표된 논설에 가장 많이 인용된 책이기도 하다.

애국계몽기의 신문 잡지에서 가장 많이 등장하는 중심 단어는 유길준이 씨를 뿌린 進化라는 말이고 진화에서 가지를 친, 改造, 改化, 改革이라는 단어다. 불란서 혁명을 일으킨 단어가 自由·平等이라면 甲午更張을 일으킨 단어가 進化, 改造, 改化, 改革이고 이러한 단어의 씨앗을 수입하여 처음 이식한 소개서가 『서유견문』이다.[14] 1880년대 개화사상가는 온건파와 급진

---

14) Weller Embler,Metaphor and Social Belief, Language, Meaning and Maturity ed, S.I. Hayakawa, New York, 1953. 125면.

문법학자들은 흔히 은유가 무엇인가를 정의하는 일에 바쁜 작업을 하지만 문학자들은 은유가 무슨 기능을 하는가에 관심을 기울인다. 후자는 생각이 말을 만드는 것이 아니라 말이 생각을 일으킨다고 주장한 것이다. 엠블러는 고대 문학은 대체로 인간과 식물을 결부시키는 은유가 지배적이어서 작품은 농경 사회의 논리로 씨앗과 땅과의 관계로 인간 사회를 해석한다는 것이다. 마태복음의 씨앗 비유는 바로 식물과 인간을 결부시킨 비유다. 그러나 빅토리아 식민시대 후의 소설에는 정글의 이론 즉 弱肉强食의 은유가 지배적인 비유로 등장하여 제국주의 식민지 논리가 독자들의 생각과 행동을 움직였다는 것이다. 그러나 엠블러 시대 현대 소설에서는 스롯트 머신 즉 도박의 논리가 지배하여 성공은 찬스와 운이 따라야 한다는 은유가 많이 등장

파로 갈린다. 온건파는 중국의 洋務自强思想과 같은 것으로 東道西器思想을 지키자는 것이고, 급진파는 김옥균을 중심으로 하는 개화당이 이에 속한다. 중국에서 청일전쟁 뒤에 나타난 變法思想과 같은 급진파는 서양의 기술뿐만 아니라 제도와 사상까지도 받아들이자는 사상을 내세운다. 유길준의 사상은 급진파, 즉 변법사상에 속하면서도 개화당 인사들과는 차이가 있다. 유길준은 나라의 제도를 바꿔야 한다는 것을 주장하면서도 점진적인 개혁, 혹은 개량을 해야 한다는 방법을 택했다. 유길준은 개화사상을 조직적으로 실천하기 위한 방도로 興士團(1907.11)을 설립하고 부단장이 되었다.

개화기 進化論은 유길준을 선두로 하여 지식인에게 일반화된 修辭의 제목이었다. 구한말 계몽기에 서구문화 수용은 일본과 중국 쪽을 통한 것이 대부분이었다. 한국에서 진화론을 본격적으로 받아들인 시기는 1900년대였다. 그러나 1880년대부터는 일본에서부터 진화론의 내용을 흡수한 사람이 나타났고 그 대표적인 사람이 兪吉濬(1856~1914)이었다. 당시 일본에는 서양 근대 과학을 섭취한 두 인물로 '福澤諭吉'과 '加藤弘之(東京大 총장)가 있다. 두 사람은 서양의 근대 과학주의 혹은 진화론을 섭취하여 이를 바탕으로 학문의 본질을 살피고 그것을 기축으로 하여 사상을 전개하면서 학문체계를 세워 나갔다.

경응의숙을 설립한 福澤은 독서 암기 위주에서 탈피하여 사물의 因果關係를 중시하려 하였다. 그는 歷史 進步의 원동력은 속으로부터 응하는 國家主義(Nationalism)임을 주장하였다. 이

한다는 주장을 한다.

에 대하여 武田清子는 福澤의 사상이 科學萬能主義를 저지하는 계기를 마련하지 못했음을 지적하였다.15) 加藤은 다윈과 스펜서 등의 진화론에 심취했다. 이 점에 대해 武田清子는 保身적 방법으로 진화론을 원용하였음을 지적하기도 했다.

일본에서의 진화론 수용은 모스(Edward Sylvester Morse)가 1878년 東京大 이학부에서 다윈의 진화론을 강의하면서 시작되었다. 페놀로사 (Fe-nollosa)는 Morse와 같은 해에 일본에 와서 東大에서 철학 강의를 하면서 스펜서의 진화론을 소개했다. 加藤은 다윈이 生物體에서만 찾은 生存競爭·優勝劣敗·適者生存 등의 개념을 인간사회에 적용시켰다. 加藤은 개인[複細胞]과 국가[複複細胞]와의 관계도 진화론적 관점에서 파악했다. 加藤의 진화론적 논리에 따른다면 개인과 국가의 안녕·행복을 논할 경우 국가가 절대적으로 우선한다. 따라서 국가의 이익을 위해서는 개인의 행복은 희생되어 마땅한 것이다. 그는 국가와 국가가 이룩한 사회 (국제 사회)는 미완성 대사회로 불확실한 미래사회라고 생각했다. 그는 국가와 국가와의 관계는 자국 이익만 추구하고 힘이 허락하는 한 침략·정복은 당연한 것으로 제국주의 침략론을 정당화하였다.

진화론은 서구사상을 소개한 중국의 서적들에서 1900년대 초에 많이 유입 소개되었으며 특히 애국지사들에게 애독되었다. 梁啓超의『飮氷室文集』은 특히 도산의 大成學校 한문 교재로도 사용할 정도로 지식인의 필독서였다. 일본에서 망명생활을 하던 梁啓超는『飮氷室文集』,『請議報』,『進化輯說』 등의

---

15) 武田清子,『天皇制思想と教育』, 明治圖書出版 : 東京, 1964, 74면.

책자를 통해 社會 進化論을 제창하였으며 또 이 책들이 인천과 부산을 통해 유입되면서 한국 사회에도 진화론이 각광을 받기 시작하였다.

유길준의 『서유견문』 출간이 청일전쟁이 끝날 무렵(1985)이요, 망명 정객 서재필이 본국으로 돌아와 독립협회를 창설하고 독립신문과 독립문 등을 세운 것이 그 이듬해였다. 도산은 독립협회에 20세 청년으로 가입하였다가 미국유학 중 독립협회 해산 후 共立協會를 세우고 共立新聞을 발간하여 유길준의 사업을 확대한다. 도산은 을사조약 후 조국의 위기를 느끼고 귀국하여 『대한매일신보』 주필 梁起鐸과 함께 비밀 결사 “新民會”를 결성한다. 신민회는 教育救國運動과 함께 신문, 잡지 및 서적을 간행하여 민중 계몽을 하는 것을 하나의 목표로 삼았다.

도산이 중심이 되어 미국 샌프란시스코에서 발기한 興士團(1913)은 직접적인 관련은 없다할지라도 유길준의 興士團 명칭과 설립 취지 내용에는 자주 독립 국가를 유지·발전하기 위해서는 국민 각자의 도덕 수양과 지식의 계발을 위한 교육입국으로 상호 신뢰하고 협력하는데 노력하여야 함을 강조하는 것으로 같은 노선이다.[16] 도산의 흥사단 취지는 건전한 인격을 수양하고 신성한 단결을 조성함이 없이는 민족 사업이 이루어질 수 없다는 것이다. 그것은 점진론적인 준비과정을 중시한 것으로 정신적 향상을 진화론적인 관점에 파악한 것이라고도 할 수 있다. 도산사상은 유길준의 진화론적인 점진론과 준비론

16) 「興士團 趣旨書」

으로 국권회복의 길을 모색한 것이다. 거기에 도산이 소년기에 수학한 한학의 바탕 위에 기독교 신앙의 세례 속에서 성장한 것이다.

그는 殉國할 때까지 조국과 믿음을 위해 殉教者의 삶을 살았다. 그의 소년기 언더우드 학교에서 배운 淸教徒적인 신앙의 훈련은 옥토에 뿌린 씨앗처럼 깨끗하고 꼿꼿한 삶으로 이어져 그의 연설은 내면의 소리로 청중을 감동시켰다.

도산은 1878년 11월 9일 平安南道 江西郡 草理面七里 鳳翔島 (도롱섬)에서 安興國의 三男으로 태어났다. 그 뒤 1890년에는 평양으로 이거하게 되었는데 그사이 8~9세까지는 출생지 소재의 사숙에서 한문을 수학하고, 14~16세까지는 김현진에게서 四書三經 등 유학을 배우고 17세 때 상경하여 언더우드가 세운 장로교 밀러학당 [救世學堂-경신고등학교 前身]에서 3년간 수학하고 졸업하였으며 이 학당에서 유년시절 漢學을 수학한 필대은(畢大殷)을 만나 교유하였다. 필대은과 함께 밀러학교에서 수학한 후 도산은 그와 함께 평양에 돌아와서 쾌재정 연설을 하여 서북 지방의 백성들에게 절대적인 영향력을 끼쳤다. 교회를 세워 전도를 하고, 점진학교를 설립하여 후일 대성학교, 오산학교 등 명문 사립을 세우도록 하여 조선의 동량재가 되는 인재를 많이 배출하였다.

필대은과의 재회는 도산에게 동양의 정세를 판단하고 민족사의 진로를 찾는데 많은 도움을 주었다. 도산은 그 후 선교사 도움으로 도미하여 미국상항공립소학교에 입학하여 24세 때 동교에서 2학년을 수업하고 25세 때부터 26세까지는 로스엔젤레스에 있는 기독교 경영의 신학 강습소에서 영어와 종교를 교수 받았다. 그의 일생에 가장 많은 영향을 준 것은 기독교 장로교로서, 기도와 성경의 말씀을 실천하는 신앙인으로 성장하였다. 그러나 도산을 지배하는 사상은 청교도적인 인격 수양과 자유민주주의적 민족주의와 興士團의 務實思想의 實踐이다. 그는 조선인의 正體性을 가진 세계인이다. 그의 일생은 진실한 애국자로 일관하여 殉國에까지 이르렀으나 그의 정신을 길이 보전되는 것은 조선 정신과 기독교 정신의 양 날개의 조화로운 비상(飛翔)을 의미한다.

도산은 독립협회 연설에 많은 영향을 받았다. 독립협회를 주도한 서재필은 일찍이 과거에 급제한 후 미국으로 망명하여 해리 힐만 고등학교에서 배운 토론식 수업과 연설을 익혀 영어로 연설하여 우등상을 받았을 정도로 실력을 갖춘 웅변가였다. 그는 고종황제의 고문으로 귀국하여 배제학당에서 협성회를 조직하게 하고 이 학교 학생인 이승만이 거리의 회중에게 영어 연설을 자유롭게 할 정도로 키운 선도자다. 도산은 언더우드 목사가 貞洞에 세운 밀러학교에서 2년간 신학문을 배우면서 서울의 독립협회와 만민공동회의 연설에 감동을 받았고 밀러학교에서 착실한 신자가 되었다.

도산은 17~18세시 밀러 학교에서 기독교 접장이 된 후 1938년 옥환(獄患)으로 서거 순국하기까지 행동하는 신앙인이었다. 그를 말년에 재보산(大寶山)에서 모시고 있던 질녀 安聖潔의 追想에 의하면 '숙부님은 매일아침 일찍 일어나시어 산에 올라가 기도를 드리신 후 산책을 하셨다 … 숙부님은 언제나 방황하는 이 땅의 학생들과 가련한 교역자를 위하여, 그들을 위한 수양관을 건축하실 계획을 오래 하시다가 마침내 그

집을 완성하셨다'17)

도산의 대성학교 제자 홍기주(洪箕疇)의 메모담에 의하면 도산이 교장 시절 기독교 정신으로 교육하였음을 증언한다. 그는 소년시대부터 기독교에 귀의한 신자였다. 특히 그때 청년들에게 기독의 희생적 정신을 함양시키기 위하여 大成學校 내에 성경 연구회를 두고 매 수요 오후 하학 후에는 기독교계의 거목인 全德基 목사가 奇一富斗一선교사(땅재주 잘하는 운동가였으며 그 기능까지 하게 함) 등 여러 선생을 초청하여 기독교 정신을 고취시키는 동시에 매 일요일마다 학생으로 하여금 교회당에 가기를 장려하였다. 불신자 학생들은 따로 강당에 會集시켜 놓고 친히 '飢渴慕義'(기갈모의: 의에 주리고 목마른 자는 복이 있나니 저희가 배부를 것이요. 마태복음 5장 6절)등의 제목으로 설교하며 자신 역시 교회당에 출입하기를 불타(不惰)하였다.18)

도산은 밀러학교 救世學堂에서 3년간 착실한 신자가 된 후 조금도 흐트러짐 없는 外柔內剛의 크리스천이었다. 도산은 1932년 4월 29일 상해 홍구공원에서 윤봉길 의사 사건이 폭발되자 체포되어 고국으로 이송되었다. 그는 엄밀한 심문을 받고 검사국으로 넘어가 예심에 회부되어 공판에서 4년의 체형을 받았다. 그는 이른바 치안유지법 위반 사건으로 경성 서대문 형무소 재감 중 日人 예심판사의 심문에 대하여 구술한 기록

17) 安聖潔, 「叔父님의 追想, 大寶山의 安島山」, 『새벽』, 1956. 1. 76면. (『도산전집』 13권, 585면.)

18) 洪箕疇, 「安島山의 校長時代- 一學生의 메모란담」, 『東光』, 1933. 1. 2.(『도산전집』13권, 67면.)

에서도 그는 일찍이 기독교에 입문하여 장로교 신자임을 명백히 밝히고 있다.[19]

---

19) 제1회 심문(1935년 9월 5일)
문 어떤 종교를 신앙하는가?
답 기독교 장로파의 신도다.
문 피고인은 어떤 목적으로 미국에 유학하였던가?
답 미국에서 교육학을 연구하고 돌아와 국내에서 교육 사업에 종사하려는 생각과 기독교의 오의(奧義)를 연구하려고 도미하였던 것이다.(『도산전집』, 11권, 129~135면.)

도산언행유습 -해운대좌담기록-에 의하면 도산은 유년 시대의 기록이 구체적으로 밝혀지고 있다. 가난한 소년 도산이 평양에서 상경해서 노자가 떨어졌을 때 서울 정동(貞洞)을 지나는 길에 언더우드 목사 앞에서 일보고 있던 미국 사람 민교사가 조선말로 말하기를, '누구든지 배우고 싶은 사람이 있으면 우리 학교로 어서 오시오. 우리학교에서는 먹여주고 재워주면서 공부시켜 줄 테니 어서 오시오'하고 삐라까지 뿌리므로 도산 선생은 공맹도(孔孟道)를 지키면서 그 학교에 입학하기로 결정했다. 그 학교는 장로회가 경영하는 경신학교 前身이었다. 결국 그는 예수를 믿고 열심히 공부하니까 어느새 접장이 되어 한 달에 일원씩 받을 수 있었다.(『도산전집』11권, 157면.)

도산이 신의주에 갔을 때에 백영엽 목사는 자기 집에 모시었다. 그런데 백 목사는 김낙영씨의 집에 가서 새 며느리가 해 온 좋은 비단 이불을 빌려다가 깔아 드리고 좋은 병풍도 쳐드렸다고 한다. 도산은 내가 동포를 위하여 무슨 일을 하였다고 동포들에게 이런 존경을 받는가 하시면서 의복을 단정히 입으시고 꿇어 앉으셨습니다. '백목사 나와 같이 기도하십시다.' 하고 기도하시다가 우시면서 눈물 섞인 목소리로 '저는 우리 민족의 죄인이올시다. 이 민족이 저를 이렇게 위해주는데 저는 민족을 위하여 아무 것도 한 일이 없습니다. 저는 죄인입니다.'(『도산전집』11권, 231면.)

백영엽 목사의 산정현 교회의 증언은 다음과 같다. '내가 설교를 하고 도산 선생이 기도를 하게 되었습니다. 그런데 선생님은 단 위에는 오르시지 않고 그냥 일반 교인들이 볼만한 자리에 일어서서 기도를 하셨는데 일반 교인들이 기도하면서 … 어디 머리를 수그려야죠. 도산 선생의 얼굴을 보려고 그러는 게 아니에요. 그러니까 교인들이 한참 자신을 보시게 한 후에 기도를 드린 일이 있어요.'(『도산전집』11

도산은 서대문 형무소 재감 중 예심 판사의 심문에 대한 구술 답변에서 미국 유학 목적도 기독교의 오의(奧義)를 연구하기 위함이었다는 사실을 밝힌 것으로 보아도 그는 시종 신실한 기독교인임을 쉽게 알 수 있다. 그의 연설을 들은 사람들은 피천득을 비롯하여 예수의 숭고하고 사랑스런 목소리를 듣는 것 같다는 감동을 말한다. 도산은 순국하기 전 '30년대에 중국에서 大公主義를 주창하였고 수양운동이 결국에는 혁명 즉 대한 독립을 위한 수양임을 재 강조하였다. 그러나 도산은 수양동우회가 정치단체가 아님을 밝혔다. 그는 모든 단체의 힘은 도덕에 중심을 두어야한다고 하였다. 이것이 곧 大公主義라는 것이다. 즉 도산이 남긴 생각, 말, 실천 행동을 자세히 분석하면 그의 모든 사상과 주의가 기독교적 신앙에서 우러나온 것임을 명확하게 확인할 수 있다. 그는 자기의 필생 사업으로 생각한 흥사단을 통하여 그의 도덕적 정신과 사상과 주의를 구현하려고 일생을 바친 사람이다.[20]

> 島山 先生의 近日絶叫는 主로 愛의 絶叫이다. 現狀을 말하는 것도 互相愛로야 될 것이요 永遠한 繁榮과 向上도 오로지 愛라는 美德으로야 바랠 것이라 한다. 이것이 二千年前 基督이 唱導하신 원리를 再吟味하는것뿐이 아니리 곰곰이 생각할사록 愛의 原則은 切切한 民生의 福祉가 되는 것이라 한다. [21]

권, 241면.)

20) 한승인, 「민족의 빛 도산 안창호」, 『도산전집』, 896면.

21) 成雲朱, 「安昌浩氏의 演說私評」, 『三千里』, 1936, 8.(『도산전집』, 134면.)

기독교는 말씀의 종교로 아버지 신은 아들에게 말로 했지 쓰고 읽는 방식으로 아니 하였다. 도산의 목소리는 쾌재정 연설(20세) 후 평양을 울렸고 서울에서 와서 서울 장안을 울렸고 미국에서 상해에서 사도 바울처럼 온 누리를 누비며 사랑의 전도사가 되었다. 예수는 읽고 쓸 수 있음에도 불구하고 아무것도 기록으로 남기지 않았다.(눅 4:16) 문자는 사람을 죽이지만, 靈은 사람을 살립니다.(고후 3:6)는 성서 텍스트의 소리 매체를 사용한 말의 중요성을 인식하게 한다. 이는 인쇄 매체로 된 신문 잡지보다 연설이 대중을 결집하고 공감대를 넓히는데 효과적임을 알 수 있다. 성서는 예배에서 소리 높여 읽혀지고 찬송가는 성스러운 성령을 찬미하는 분위기에 젖어든다.

조선의 개화기는, 수 천 년 동안 양반 소수 지배층만이 전용한 漢字文化 권에서 벗어나 聖書를 텍스트로 한 한글문장과 찬송가의 보급으로 소통이 자유롭게 되었다. 표의문자인 漢字 문화권에서 표음문자인 한글문화권으로 이동하는 과도기에서 각종 언론 매체와 연설이 우후죽순처럼 늘어나 여론(輿論)을 형성하는 公論場이 마련되었다. 구어문화가 형성됨에 따라 의사 전달은 눈(視覺)에게만 의존하였던 매체가 소리 매체와 함께 여론을 형성하였다. 소리매체는 의사소통에 눈과 입을 포함한 온 몸을 자유롭게 활용할 수 있었다. 五感으로 의사전달을 하며 청중은 박수로 의사 교환을 하여 상호의사를 교환도 할 수 있었다. 말하자면 視覺의 제왕에서 감각의 민주화, 五感의 활용이 작용하여 맥루언의 이른바 시각 매체인 Cool 미디어에서 소리 매체인 Hot 미디어 쪽으로 열기를 더해가는 시대였다. 조용한 은둔의 나라 조선은 외침과 아울러 외래 사조로 떠들썩한 나라로 들끓기 시작하였다.

개화기 연설은 여론을 빠르게 형성하였고 이에 기독교의 설교와 찬송가를 통하여 구어 문화와 종교문화가 터전을 잡기 시작하였다. 찬송가는 애국 계몽류의 唱歌를, 설교는 계몽 연설에 영향을 주었다. "근대 계몽기 연설은 새로운 문명과 지식, 계몽의 담론을 전달하는 역할과 이로 인한 공적인 효과를 생산하는 미디어의 역할을 수행했다. '萬民共同會'의 경우 연설회가 며칠에 걸쳐 대규모로 열리면서 일만 명에 가까운 청중을 동원하기도 했다. 공공의 사회적 실천을 목적으로 또는 정치적, 제도적 틀 내부에서 청중을 결집시키고 상징적 가치들을 추구한다는 점에서 연설이 갖는 사회적 역할은 중요하다."22)

徐載弼, 尹致昊, 李承晩 등 이들 소수의 개화지식인들의 연설은 기독교 구술문화를 바탕으로 하여 위로는 부패한 관료들의 이기적인 오랜 습속을 통박하고 아래로는 민중들의 무지몽매를 일깨워 점진적인 '옆에서의 혁명'으로 개혁 운동을 전개 하였다. 19세기 말 '옆에서의 개혁 운동' -지식인의 개혁을 울리는 첫 종소리는 서재필이었다.

서재필, 윤치호 등은 민주주의의 근간이 되는 국민 교육을 위해 독립협회를 결성하고 연설문화의 공간을 넓혔다. 결국 국민 대중의 힘은 아래로부터의 힘의 결집이고 국민의 힘은 국권수호의 방패가 될 수 있다는 신념이 새 세상을 만든 것이다. 이황직은, 서재필이 해리 힐만 고등학교에 재학하면서 토론과 연설 수업을 정식으로 수업 받고 배제학당에서 협성회를 키워

---

22) 洪淳愛, 「近代啓蒙期 演說의 미디어 體驗과 受用」, 『語文硏究』135호, 韓國語文敎育硏究會, 2007 제3호, 267~286면.

연설과 토론 문화를 훈련시키고 이승만, 주시경 등 인재를 많이 양성하여 독립협회와 만민공동회의 연설문화 공간을 만들어 아래부터의 혁명 즉 민주주의의 터전을 확대하는 과정을 꼼꼼하게 살피고 밝혔다.[23]

---

23) 이황직, 독립협회, 『토론공화국을 꿈꾸다』, 지식전람회, 2007. 57~69면.
서재필(미국명. Philip jaison, 필립 제이슨, '데손' 혹은 '제손' 등으로도 쓰임. 1864~1951)은 일찍이 구한말에 별시 문과에 급제(1882) 후 갑신정변에 가담했다가 일본으로 도피하고 다시 미국으로 망명한 후 사립 해리 힐맨 고등학교에 입학하였다 (1886.9) 서재필은 이 학교에서 새로운 교육 방법을 배웠다. 수업 방식이 단순한 암기 교육이 아니라 '연설'과 '토론'으로 자기 의견을 내세우고 창의적인 상상력을 존중하는 방식이었다. 그는 고학으로 컬럼비아 의과대학을 2등으로 졸업한 후 고종의 고문 자격으로 귀국하였다.
고종은 근대화를 위한 '위로부터의 개혁'을 시도하려고 서구 지식을 갖춘 서재필을 다시 불러 들였다. 그러나 서재필은 조선 사회를 근본적으로 개혁할 수 있는 방법은 교육밖에 없음을 이미 미국의 교육 제도에서 체험하였다. 그는 고종의 자문으로 귀국하여 대한의 독립을 보전하려면 교육을 통해 민중 계몽을 하고 국력을 키우는 길밖에 없음을 자문하였다. 그는 연일 교육의 힘을 연설을 통하여 알리고 젊은 관리들에게 많은 호응을 받았다.
서재필은 배제학당 교장(아펜젤러 선교사, 1885년 입국, 1887년 培材學堂의 校名 下賜)의 특별 연속 강연을 맡아 달라는 요청을 받았다. 아펜젤러 교장은 학생들이 자신의 미래를 개척하는 데는 지식과 노력보다는 스스로 닮고 싶은 모델이 있어야 함을 잘 알고 있었다. 균형 잡힌 시각과 폭넓은 지식, 그리고 무엇보다도 조리 있고 박력 넘치는 연설 솜씨로 정평이 나 있는 서재필이야 말로 학생들의 모범이 되어 그들을 조선의 리더로 거듭나게 하는 데 적격이라고 판단하였다. 서재필은 1년간 유럽의 정치사와 교회사, 그리고 세계 지리에 대한 특강을 하면서 조선이 富强하려면 교육의 힘이 독립국가의 반석이 됨을 역설하였다. 과거까지 급제한 서재필은 미국의 해리 힐맨 고등학생이 되어 "말하는 방법"을 배우고 '연설법'과 토론하는 클럽을 만들어 매주에 사회 쟁점을 찾아 스스로 문제들의 원인을 분석하고 그 대안까지 제시하는, 산 공부를 살려서 배제 학도들에게 전수하였다. … 이에 나라의 존립이 위태로운 신호를 받으면서도 여전히 무능한 양반 지배계층은 허장성세의 무기력과 이기적인 파벌의 울타리에서 헤어나지 못하고 백성들은 가난과 몽매한 무지에서 벗어나지 못하였다. 國權을 박탈당하는 시대적 위기를 먼저 의식하고 개혁을 서두른 선각자들은 甲申政變(金玉均, 朴泳孝 등의 개화당 쿠테타. 1884), 甲午更張(1894) 등의 시행착오와 무모한 개혁을 서둘렀으나 실패를 거듭 하였다. 이러한 무모한 개혁을 거울로 하여 시대의 선각자들은 민중을 계몽하고 교육하여 국권회복의 힘을 키우고 서구적 근대화의 토대를 마련하는 長期戰으로 들어갔다. "西歐的 近代化라함은 中世封建社會에서 근대국가를 형성 하는 것을 의미한다. 이에 대하여 '트뢸치'는 근대화의 조건으로 다음의 3요소를 들고 있다. 첫째, 정신적 요

자극을 받은 배제학교에서는 협성회 창립총회 겸 토론회를 열었다. (1996.11.30) 토론회는 찬·반 양 팀으로 갈라져 열띤 논쟁을 한 후 초청 연사의 연설을 듣고 폐회하였다.[1회 토론 제목은 주상호(주시경)의 제안으로 '국문만 쓰기'로 하고 찬성(可便) 측은 주상호, 반대측(否便)은 李承晩(이승만은 가장 활기찬 토론자였다.

협성회의 토론 발전 과정을 체험한 서재필과 윤치호는 독립협회 통상회에서 토론회를 열 것을 공동으로 발의했다. 독립협회 제1회 토론회의 논제는'조선의 급선무는 인민의 교육이다'(1897.8.29)로 열띤 토론으로 장안의 화제가 되었다. 서재필은 미국 망명 후 기독교인이 기독교 신앙 자체와 그 세속화된 형태의 시민 종교(共和主義와 民主主義)를 구분할 수 있었다. 반면에 윤치호는 기독교 개종 이후 삶의 중심을 언제나 신앙에 두었다. 그는 개종과 동시에 민족적 차원에서 기독교와 조선을 하나로 결부시켰다. 조선 문화에 깊게 뿌리박은 가문 중심적 습속을 넘어서지 않고는 개혁이 불가능하고 그 낡은 질서를 깨뜨리기 위해 조선 사회에 예수의 가르침을 설파할 책무를 수행하고자 했다.

소로 自然科學·合理主義·人間中心主義, 둘째, 정치적으로 合理的 國家主義·民主主義. 셋째, 사회경제적으로는 資本主義·市民階級을 들고 있다.

그러나 동양사회는 산업자본이 국민적 토대 위에 형성되지 않고 있기 때문에 中産階級이 결여되어 있어 민족운동의 추진력이 시민 계급을 배제하고 직접적으로 勞動者·農民계급의 해방운동과 결부되는 경향으로 표출된 사회다. 이와 같은 시민계급의 無力·未發達은 동양사회의 민족운동을 농민·노동자 계급의 사회운동에 연결시켜 사회 혁명적 성격을 갖고 있으며 동시에 급속히 해결할 것을 요구하고 있다. 급속히 요구되는 이러한 해결을 '아래서부터'(von Unten) 전취할, 정치적으로 성숙된 계층 없이 수행코자 한다. 그러나 이를 수행할 능력 있는 정부가 있어야 한다.

이러한 '위에서의 혁명'이 정치적·경제적 후진성을 극복하고 올바른 정치 교육을 하여 民主化·國民化를 추진하면 近代化는 순조롭게 진행한다. 그러나 '위에서의 혁명'은 果敢·有能·誠實한 정부를 전제로 한다. 이러한 유능한 정부가 없다면 '옆에서의 혁명'(Revolution von Seiten).에 기대하게 되며 이를 담당 추진시키는 계층은 민중의 토대 위에 선 知識層이라 할 수 있다"[24] 이와 같은 맥락에서 살펴도 19세기 말 조선의 현실은 닫혀진 양반 지배 계층의 '위로부터의 개혁'은 빠르게 성공할 수 있으나 지지하는 결집층이 엷어 어렵고 특히 기존 권력을 지키려는 욕망으로 더욱 어렵다. 국민 대중을 결집하여

24) 崔文煥,『民族主義의 展開過程』, 三英社, 1977, 312면.

힘을 합치는 길 즉 '아래로부터의 개혁'은 각각 개인이 깨어야 하고 서로 협동하기까지는 오랜 시간이 걸릴 수밖에 없다. 그러나 기독교의 열두 사도 제자 훈련은 가장 성공한 인류의 혁명으로 평가할 수 있다.

국난을 당하여 기독교의 혁명 방법으로 '아래로부터의 개혁'을 수행하기 위하여서는 일찍이 개화에 눈 뜬 사회 지식층·선각자에 기대어 교육을 통한 점진적인 장기전으로 들어 갈 수밖에 없다. 萬民共同會의 연설 모임은 러시아와 일본의 세력에 끌려 다니는 제국과 맞섰다. 만민공동회는 직업의 귀천, 남녀노소, 신분의 차별 없이 모든 민중이 참여하는 공론의 광장을 만들어 분열된 민족을 하나의 동족으로 묶었다. 대한제국의 개화 여명을 알린 첫 세대는 서재필, 윤치호였다. 그 세대는 서울에서 이승만, 평양에서 안창호로 이어진다. 이승만은 배재학당 협성회에서 서재필이 미국에서 배운 강연법과 토론법을 배웠고, 안창호는 독립협회 토론회를 방청하며 토론하는 법을 배웠다.

도산이 17세에 상경하여(1894) 밀러學堂(언더우드 학당)에서 수학하고 조교(助教)로 학생들을 가르치며 長老教에 입교하여 독립협회에 참여하고 萬民共同會 관서지부를 발기(1897년경)하던 기간은 윤치호(만민공동회 회장)와 서재필이 주역이 되어 활동한 시기였다.[25] 도산은 밀러학당에서 착실한 기독교 신자

25) 이황직, 앞의 책, 112~115면.
협성회와 독립협회의 두 주역은 미국 교육을 받은 개신교 신자 서재필과 윤치호였다 이들은 독립협회를 결성한(1896.7) 후 鐘路에서 대중 연설회(1898.3.10)를 열어 萬民共同會를 설치하고, 韓露銀行 설치, 露人 財政고문·軍事교관의 철수를 주장하고 이를 一萬여 청중이

가 되고 미국 유학을 다녀 온 이들 두 改新敎 新知識人에게서 많은 영향을 받았다. 특히 만민공동회의 演說Speech의 힘이 얼마나 감동적인가를 실감했다. 아관파천(俄館播遷, 1896)으로 高宗이 노국 공사관으로 거처를 옮기고 러시아 세력에 기대어 韓露銀行 고문과 軍事 敎官을 초빙한 것과 露國의 絶影島 租借를 만민공동회가 반대하고 상소하여 물리치게 한 것을 보고 도산은 연설의 힘이 얼마나 큰가를 절감했다. 독립협회와 만민공동회 등이 議會開設運動을 전개하고(1898.10) 皇國協會의 방해 공작으로 전국의 보부상(褓負商) 수천 명을 끌어들여 만민공동회를 습격, 독립협회가 강제 해산하던 해(1898.11) 바로 그 해에 도산은 평양에서 만민공동회를 개최하고 유명한 '快哉亭 연설'을 하였다. 그해 그의 나이 20세였다.

도산은 서재필에게 감화를 받고 당대 서재필, 윤치호를 위시한 이승만, 이상재 등 명사들의 연설도 많이 들어 개화의 세례를 받고 연설의 힘을 배운다. 그는 당시 평양의 뜻 있는 사람들이 모여 官民慶祝 國慶大會로 萬民共同會 支會를 설치하고 부벽루(浮碧樓)에서 시국에 대한 큰 연설회를 열었다. 그 자리에는 평양 감사를 비롯한 고급 관리들도 참석하였다. 여기서

박수로 의결했다. 이 행사에서 결의한 내용을 總代 委員으로 이승만, 장봉, 현공림을 선출하여 외부대신에게 편지로 알렸다. 이어 3월 12일에는 독립협회와는 무관한 민중 수만 명이 역시 종로에서 자발적으로 만민공동회를 열어 국왕과 조정을 협박하는 러시아를 성토하였다.결국 러시아는 대한제국에 대한 간섭을 포기하고 만민공동회 요구를 모두 수용했다. 일본 역시 이러한 민중의 기세에 눌려 석탄 공사 터를 대한제국에 되돌려 줄 수밖에 없었다 독립협히의 승리이자 민중의 승리였다.

26) 「도산 안창호씨의 활동」, 『三千里』, 1930, 7. (『도산전집』13권. 45면)

도산은 일어나 일장의 연설을 하였다. 이 연설이 바로 후세에 널리 알려진 명연설로 기록된 快哉亭 웅변이다.[26]

…그때 島山은 일어나 일장의 연설을 하였는데 感이 極자하여 壇上의 人도 울었거니와 壇下의 數千 群衆도 눈물을 흘리기를 맞이하였다. 이것이 도산으로 일생에 처음 하여 본 연설이자 또 평양 천지에 安昌浩, 安昌浩하는 소리가 높게 울리기 시작한 첫 발단이다.

오늘 이 자리에서 폐하의 탄일을 우리 백성들이 경축하게 되었으니 이것은 참으로 드믄 일이다. 君民同樂의 날이다. 임금과 백성이 다함께 즐기는 날이다. 여기에 더 쾌(快)한 날이 어디 있겠습니까. 다음에 관찰사 이하가 이 자리에 나와서 우리와 함께 이날을 축하하니 관민동락이 아니고 무엇입니까. 또 남녀노소할 것 없이 이곳에 모두 모여서 萬民同樂하니 이것 또한 쾌한 일입니다. 그래서 이것이 오늘 쾌재정의 삼쾌올시다.

그렇게 첫머리를 쾌자 풀이로 축하한 다음에 거기 와 있는 관찰사, 隊隊長을 막 내려 족이는 판이거던요. 이것을 듣는 관찰사 隊隊長들은 매우 불쾌했겠지만 다른 청중은 여간 통쾌하지 않았지요. 그때로서는 관존민비의 봉건사상이 굉장할 때라 그런 연설은 통 들어 본 일이 없는 청천벽력이었지요. 「세상을 잘 다스리겠다고 新使道가 온다는 것은 말뿐입니다. 백성들은 어떻게 하면 잘 살게 해 주느냐고 가물에 구름 바라보듯이 하늘만 쳐다보는데 모두가 삼일공사가 되고 마니 죽는 것은 애무한 백성들뿐이 아닙니까. 인모망건을 쓴 대관 소관이 와서는 여기서 숙떡 저기서 숙떡(오늘의 사바사바)하고 각처에 存問만 보내지 않습니까. 이 존문을 받은 사람은 반드시 돈을 싸가지고 가야하지 않습니까. 만일에 존문을 받고서 돈을 싸서 보내지 않으면 큰 일이 나지 않습니까. 예를 들면 붙지 않은 제 ×××××잡아다 주리를 틀고 때려서 돈을 빼앗으니 이런 학정이 어디 또 있습니까. 그런 돈으로 밤낮으로 서화당에 기생을 불러다가 풍악을 잡히고 연광루로 노리를 다니며 백성들을 못살게 하니 이래서야 어찌 나라꼴이 잘 될 수 있습니까」

그런 의미로 막 내려 족이니까 그때의 평양관찰사였던 조민희는 얼굴이 시뻘게지면서도 그저 옳소 옳소 했다고 그래요. 그 다음에는 평양 진위대장 이것은 말하자면 주둔군 사령관격인 어마어마한 군벌인데 그에 향해서도 「진위대장은 백성의 생명 재산을 보호하는 울타리인데 보호는커녕 백성의 물건을 빼앗는 약탈자 노릇을 한다면 우리 도산의 쾌재정 연설은 官尊民卑에 찌든 백성들에게 고종의 탄일(誕日)을 축하하는 만민공동회의 연설장이었다. 도산은 君民同樂, 官民同樂, 萬民同樂의 三快를 서두로 조민희 관찰사와 진위대장(주둔군 사령관 격임)이 참석한 가운데 수천의 군중 앞에서 청천벽력의 연설을 하였다. 아무 권력도 없는 젊은 총각이 두려움도 없이 담대하게 연설함에 군중들은 놀랬다. 죄가 없으면 죄를 만들어, 죄 없는 백성의 재산을 수탈하는 使道와 진위대장을 비롯한 高官, 小官의 수탈과 뇌물로 타락한 관리를 공격함에 민중은 통쾌하였다. 서재필, 유길준 등 선도적인 개혁 혁명가와 의기투합한 도산은 평양에서 그 열기를 뿜어 전국적인, 세계적인 동정을 받기 시작하는 계기가 되었다.

도산의 진실과 목숨을 던진 용기 있는 행동에 청중은 감동하지 않을 수 없었다. 탐관오리들은 그의 연설에 잘못을 반성하고 백성들은 개화사상이란 것이 봉건시대의 노예 생활에서 풀려남을 의미한다는 것을 실감하였다. 백성을 살리겠다고 부임한 평양 감사가 말과는 다르게 백성들의 재산을 수탈하여 三日公事가 되는 경우를 밝히고 그들의 허위와 거짓을 폭로하여 청중을 놀라게 하였다. [27]

나라 일이 어떻게 되겠습니까」 꿈같은 연설이 아니겠어요. 그들은 관찰사나 진위대장이 잘못했다는 말을 들어 본 일도 없었고 더구나 말할 자유는 절대 없었던 이런 도산선생의 말을 듣고 보니 정말 사는 날이 왔구나 하면서 감격하여 야단이었지요.(『도산전집』11권, 163~165면.)

홍순애, 「근대계몽기 연설의 미디어 체험과 수용」, 『어문연구』135호, 한국어문연구회, 2007년 가을, 267~286면.

27) 「도산 언행 遺拾 해운대 좌담기록-좌담자 李剛」(『도산전집』11권, 164~165면.)

도산은 18세시에 獨立協會에 활약하여 총명과 능력, 담력이 뛰어난 인재로, 특히 그의 快哉亭 연설 이후 전국적인 명성은 높았다. 그 뒤 時 불리함에 미국 유학차 도미하였으나 민족 사랑으로 共立協會, 共立新聞을 발행하였다. 이는 서재필의 독립협회, 독립신문에서 한발 앞선 민주 공화국의 개념을 가지고 있다. 그 후 국내 사정이 급박하여 귀국길에 올라 동경에서 태극학회의 간부를 방문하였다. 태극학회 주최로 학생회에서 일장의 강연을 행하였는데 이것이 東京演說로 널리 알려졌다. 이 연설은 청중을 울리었고 우리나라에 큰 인물이 났다 하는 감격을 주었다. 춘원 이광수도 이 연설을 듣고 감격하였다.

그 후 도산의 연설이 있다면 회장이 터지도록 만원이 되었다. 그의 신지식과 愛國憂國 연설은 거의 연일 연속이었다. 그는 지금 세계가 민족경쟁시대라 독립한 국가가 없고는 민족이 서지 못하고 개인이 있지 못한다는 것과 국민의 각원이 각성하여 큰 힘을 발하지 아니하고는 조국의 독립을 유지할 수 없다는 것과 큰 힘을 발하는 길은 국민 각 개인이 각자 발분 수양하여 도덕적으로 거짓 없고 참된 인격이 되고 지식적으로 기술적으로 유능한 인재가 되고 그러한 개인들이 국가 천년의 대계를 위하야 견고한 단결을 지어야 한다고 일관 되게 주장하였다.

그는 세계의 대세를 말하고 한국의 국제적 지위가 어떻게 미약하고 위태한가를 알려 흥망이 목첩에 있음을 경고했다. 그런데 정부 각료가 어떻게 부패하고 국민이 어떻게 무기력함을 탄하고 나아가서 우리 민족의 결함을 척결하기에 사정이 없었다. “지금에 깨달아 스스로 고치고 스스로 힘쓰지 아니하면 망국을 뉘 있어 막으랴라고 성누구하(聲淚俱下)하여 만장이 느껴 울었다. 그러나 그는 뒤이어서 우리 민족의 본연의 우미성(優美性)과 선인의 공적을 칭양(稱揚)하야 우리가 하랴고만하면 반드시 우리나라를 태산반석 위에 세우고 문화와 부강이 구비한 조국을 成造할 수 있다는 것으로 만장 청중으로 하여금 그치지 않고 「대한독립만세」를 고창하게 하였다"[28] 도산의 연설에는 동경연설을 비롯하여 개성연설, 삼선평연설, 신의주연설 등이 많은 감동을 주어 전하여 지고 있다. 그밖에 상해연설, 러시아에서의 연설, 미국과 멕시코에서의 연설 등 일생을 목병이 날 정도로 연설로 온 누리를 누비며 감동을 주었다 [29]

개화기 기독교와 진화론은 공존하면서 서구문명개화의 힘을 최고의 가치로 보는 경향도 있었다. 국권이 위협당하는 시대적인 불안 속에서 일부 크리스천들은 社會進化論의 힘의 논리에

---

28) 『도산전집』 12권, 79면.

29) 도산의 연설에는 동경연설, 개성연설, 삼선평연설, 신의주연설 등이 많은 감동을 주었다. 삼선평연설은 특히 평판이 좋았다. 삼선평연설은 무슨 운동회가 있어서 갔다가 연설을 한 것이다. 「세상 사람들이 날더러 대감이라고도 하고 영감이라고도 하는데 그 소리를 들으면 아주 싫습니다. 왜 그런고 하면 우리나라에는 매국자가 많은데 대감이라는 것이 일등매국이요, 영감이라는 것이 이등매국이요, 나으리라는 것이 삼등 매국이기 때문입니다. 그런데 그런 소리를 내가 들을 때는 여간 거북하지 않습니다.」 그런 말이 기억납니다. (『도산전집』11권, 195면.)

신의주연설은 도산이 미국에서 귀국한지 일 년도 안 되어 신의주에 와서 연설할 때 백영엽 목사가 회고한 내용이다. 「지금 이 시기에 있어서 우리 한국사람이 너무도 모험 없이 그냥 따분한 평온생활만 탐하려는 것은 안 될 말입니다. 어떤 하여야 할 목적을 위하여 용기를 가지고 모험을 무릅쓰고 돌진하는 기개가 있어야겠습니다」(『도산전집』11권, 197~198면.)

기울어졌다. 이들은 "산업문명국→善者→至福 / 비산업 야만국→惡者→영원한 멸망이라는 二値的 흑백논리의 함정에 빠져 그리스도교의 신은 근대 산업 문명이라는 至高의 가치를 수호하는 신이고 세계의 역사는 '弱肉强食·適者生存'의 원리에 따라서 신의 목적을 실현하는 무대로 생각했다.

한편 미국 사회의 인종 차별을 경험한 일부 크리스천은 황색 인종의 문명국인 일본에 편입하여 존경과 증오의 대상인 서구에의 반역을 꿈꾸게 되었다. 이들은 일본을 '대리적 마음의 조국' 혹은 '이상 사회'로서, 그리고 조선을 '신의 징벌'로서 대비시키는가 하면 强者 일본의 행위는 조선의 교육을 위해서도 필요하다고도 보았다. 결국 이와 같은 弱肉强食의 논리로 강자의 不義를 투쟁으로 획득한 정당한 권리로 인정함으로 크리스천의 윤리성을 무너뜨렸다[30] 결국 이들은 일제 말 친일에 협조하고 태평양 전쟁기 일제의 강제 징병마저 '내선일체'의 평등, 융합 정책으로 이해하려고까지 이르렀다.

이들은 '사람은 생육하고 번성하여 땅 위의 모든 피조물을 다스릴 권한이 있어 통치하여야 한다'[31]는 성서의 해석까지 왜곡하여 제국주의의 식민지 통치에 동조하는 니힐리즘에 빠지기도 하였다. "그리스도교는 제국주의를 시대 배경으로 한, 비서구 문화와의 접촉에서 근대자본주의가 가져온 풍요와 번영을 신의 축복으로 찬미하고 서구의 제국주의적 움직임을 신

---

30) 양현혜, 『윤치호와 김교신』, 도서출판, 2000, 200~201면.

31) 창세기 1.28절 하나님이 그들에게 복을 주시며 하나님이 그들에게 이르시되 생육하고 번성하여 땅에 충만하라, 땅을 정복하라, 바다의 물고기와 하늘의 새와 땅에 움직이는 모든 생물을 다스리라 하시니라

의 질서로서 聖化하려 하였다. 사이드(E.Said)는 근대서구의 제국주의는 동양을 무력으로 뿐만 아니라 知的으로도 지배하려고 "知의 제국주의"까지 펼쳤다고 지적한다."[32] 식민지 정책이 팽창한 19세기 말 그리스도교는 그 고유의 현실 상대의 기능을 상실하고 서구 산업문명의 종교로서 제국주적 세계 지배를 정당화하는, "지의 제국주의"로 되어 가기도 하였다. 그러나 도산의 경우 이러한 역사적 흐름의 유혹을 넘어서 민족적 아이덴티티를 살리는 흥사단 사상을 창출한 조선산 기독교의 논리에 충실할 수 있었다.

Ⅴ. 몸의 비유와 연설 수사 기법

도산은 대중의 흥미를 끌면서 쉽게 이해할 수 있는 남다른 연설 능력이 있다. 그의 탁월한 연설의 특징의 하나는 낯설음과 낯익음을 자연스럽게 유추하는 탁월한 능력이다. 성경은 천국의 오묘한 진리를 백성들에게 알리기 위해 쉽고 탁월한 비유를 쓰고 있다. 가령 '겨자씨만한 믿음'은 우리의 경우 겨자씨를 알지 못하지만 이스라엘에는 흔한 식물이다. 도산의 연설도 청중에게 친숙한 媒體를 사용하여 낯선 새 문화를 일깨운다. 그 비유의 매체는 우리에게 몸에 밴, 익숙한 매체로 사용하되 재미있으면서 정곡을 찌르는 보조관념으로 핵심을 찌른다. 도

32) 양현혜, 앞의 책, 206면, 재인용.

산의 연설 현장 청중으로 있었던 명사들의 회고담 좌담 중 실례를 들어 참고할 수 있다. 도산의 이력과 인물평에는 언제나 웅변(변辯)을 뺄 수 없다. “일즉 18세시에 獨立協會에 활약하여 才幹, 膽略이 벌서 定評이 있었고 더욱 四隣을 덮는 웅변으로 명성이 있었다.”[33] 잡지 『三千里』(1936.1)에서 주최한 天下大小人物評會라는 좌담회에서 무게 있는 언론인들도 도산의 인격과 웅변부터 거론한다.

車相瓚(開闢社 主幹) : 내가 普成中學校에 다닐 때 일이니 벌써 三十년 전은 될걸요. 미국서 금방 나온 安昌浩가 서울 西大門밧 圓覺寺에서 연설한다는 榜文이 長安 곳곳에 부텃겟지 그때 中學生이라 하면 아들 딸 손자까지 둔 老學徒들로 모다 政治니 社會니 하고 떠들고 도라다니든 패엿지. 자아 그래서 圓覺寺 너른들로 달녀가니 샛파란 젊은 선비가 연단에 올나서서 팔을 휘휘-저어가며 演說하는데 그 演說이 어듸 靑山流水式 辨說이라기보다 정말 조곰도 거짓을 꾸미지 안는, 진정에서 나오는 熱辯이겠지요 言言句句 吐할때마다 修飾이 업스나 피가 끌고, 정성이 끌는 그 說法에는 滿堂이 그저 感激했지요. 연설 내용도 무슨 世界大勢니 멧千萬同胞니 하는 抽象的言句使用보다 適切하고도 알기 쉬운 例를 끄으려다가 말슴한단말이지

本社主幹- 조곰인들 지금 기억못하겟서요 그때 연설내용을-

車相瓚- 알지. 三十年前일이지만 엇더케도 깁히 印象을 밧엇든지 지금도 분명해요 이런이약이엇지요

「여러분아 落心말나」하는 제목인데 참새가 구렁이 허리우에 잘

33) 「鬪志晩福의 歷代巨頭 , 平壤大成學校長. 尹致浩, 安昌浩」, 『三千里』 1933. 9.(『도산전집』 13권, 71면.)

못 올나 안젓더래도 와락날아만가면 괜찬은데 그 참새가 이제는 큰일낫구나 큰일낫구나 하는式으로 즐거겁을 집어먹으면 끗끗내 x혀먹고 만다는 이런 비유를 써가며 퍽 巧妙한 論理로 말하지요. 기르고 또 그 어룬은 연설끗헤가면 「心舟歌」라는 「간다간다 나는 간다」云云하는 저 혼자 지은 노래를 演壇에서 불느고는 내려오지요. 그때그것이 말하자면 政黨演說로써 大韓協會가 主催햇지요.[34]

참새가 구렁이 허리 위에 잘못 올라앉았더라도 바로 날아가면 살 수 있는 것을 낙심하고 두려워서 머뭇거리다가 잡혀 먹혔다는 비유다. 이 참새와 구렁이의 이야기는 외세의 침략에 놀라서 바로 대응하여 행동하지 않고 생각만 하고 머뭇거리다가 국권을 빼앗기는 어리석음을 일깨우는 비유다. 이 비유의 메시지는 「청년의 용단력과 인내력」이라는 도산의 구어체 편지 글에서도 찾을 수 있다.

"오늘 대한 청년들 앞에 공으로나 사로 막혀 있는 큰 원수는 곧 방황과 주저이외다. 할까 말까하여 말까에 머물러 있는 것이 방황이요 주저외다. 여기에 公敵도 있고 私敵도 있습니다. 우리는 지금 전 민족적으로 파멸의 지경에 처하여 있습니다. … 무엇이 옳다고 생각나거든 그것을 곧 붓잡으라 그렇지 않으면 큰 기회를 놓치니라."[35]

'영혼이 없는 몸이 죽은 것 같이 행함이 없는 믿음은 죽은

---

34) 「名士의 初印象」, 『도산전집』 13권. 86면.
35) 『도산전집』11권, 120~122면.

것이니라'(야고보서 2 26)라는 야고보의 편지는 '행함이 없는 믿음을 가진 자'를 허탄한 사람(무가치한 사람)이라고 규정한 해석으로도 풀이할 수 있다. 도산은 興士團의 강령으로 務實·力行을 두 날개로 삼았는데 역행 즉 실천력이 없는 사람을 허탄한 사람으로 본다. 참새는 구렁이 허리에 앉는 위기에 놓여 있을 때 일어나 날아가야 한다는 삶의 길을 몰랐거나 아니면 놀라서 두려운 나머지 꼼짝도 못하고 주저앉았다가 잡혀 먹힌다. 도산은 바로 시대적인 위기에 주저앉은 사람들에게 일어나 살 길을 찾자는 호소를 하고 있는 것이다.

> 己酉 단오날 七星門 內 光風亭에는 大강연회가 개최되었다. 청중은 무려 만명 이상에 달하였고 연사와 연제는 " 大○의 무궁한 자본" 尹致浩氏, " 今日평양" 李東輝氏였다 활발한 李씨의 웅변에 일반 대중은 從容(종용 : 조용하다의 뜻)하였으나 條理있으나 潺潺(잔잔 : 흐르는 물소리가 약하고 가늘다) 한 尹氏의 연설에는 조곰 혼란하였다. 이때 도산은 잠간 등단하여 " 아! 여러분 어떤 사람은 대포와 총검으로써 나라 일을 하고 어떤 사람은 文筆과 口舌로써 나라 일을 하는데 여기 오신 여러분은 다 이제 귀로써 나라 일을 합시다.…" 하고 懸河(현하 : 급한 경사를 세차게 흐르는 하천)구변을 발휘하매 萬여 군중은 쥐죽은 듯이 종용하여 무사히 그 연설회는 끝을 막았다.[36]

1909년 단오날 을밀대에서 열린 연설 개회사에서 도산은 주변의 풍경을 몸으로 가리키며 익숙한 평양시가에서 장사하는

---

36) 李箕疇, 「安島山의 校長時代-一學生의 메모란담-」, 『東光』, 1933, 12. (『도산전집 』13권, 67면.)

사람, 능라도에서 호미를 가지고 김을 매는 농부, 기자능을 가리키며 저 솔밭에서 낫으로 나무를 하는 사람은 나라 일을 하고 있는데 오늘 여기 참석하신 분들은 귀를 가지고 나라 일을 할 때요, 라는 비유는 李씨의 연설을 대포와 총으로 나라 일을 하고 尹씨의 경우는 文筆과 口舌로서 나라 일을 한다는 비유로 적재적소에 익숙함으로 낯설음을 유추하게 하는 비유다.

그에게는 모든 사람이 쉽게 이해할 수 있는 탁월한 비유의 기법을 사용할 수 있는 천부적인 재능이 있다. 도산의 비유는 몸의 지체 비유처럼 다양 속의 통일을 이상으로 한다. 그는 을밀대의 호미, 낫 혹은 대포, 총, 문필, 구설 등의 주변의 보조관념Vehicle을 활용하여 경청(傾聽)하게 하는 유능한 말솜씨를 발휘하였다. 좌담자였던 金炳魯가 회고한 것처럼 "도산은 自由民主主義的 民族主義者로 볼 수 있다. 도산을 우리가 선천적으로 지니고 오는 弘益人間의 신념이요, 또한 世界 民主主義의 본질로 볼 수 있다"라고 판정한 것은 청중과 호흡을 맞추는 그의 일상적인 비유 매체 활용에서도 찾을 수 있다. 그는 열려진 民族主義者라 할 수 있다. 자유민주주의를 수용하면서 자기 정체성을 지킨 민족주의자라는 것이다.

도산의 「합동의 요건과 지도자」[37]에서는 지도자를 선출하는 과정을 민주적으로 선출하는 구체성을 일깨운다. 그는 지도자를 세우면 시기심 없이 모든 협회 혹은 단체회원은 지도자를 따라야 한다는 민주주의의 원칙을 설명한다. 그는 세계주의도

---

37) 『東光』, 1926. 8, 36~37면. 『도산전집』11권, 92~93면.

민족을 단위로 하는 것이기에 민족의 정체성과 결속을 살려야 함을 강조함에 김병로의 자유민주주의 민족주의자라는 평에 동의할 수 있다.

> 민족주의를 타파하고 세계주의를 표방한다는 그 민족에도 그 주의를 가지고야 일하는 그 민족의 대표가 있읍니다. --- 지도자의 자격을 무엇으로 판정하는고. 어떠한 협동이든지 그 협동 중에 앞선 사람은 곧 지도자의 자격을 가진 자외다. 바꾸어 말하면 지도자의 자격은 비교문제로 생기는데 그 비교는 다른 협동적 인물과 비교하는 것이 아니요 어떤 협동에든지 그 협동 자체의 인물 중에 비교로 그중 앞선 사람을 지도자의 자격으로 인정하게 됩니다.

도산의 「오늘의 대한 학생」[38]에서는 虛名적 활동과 實際적 활동을 구분하면서 自主·獨立·平等을 찾아 자기 본위를 먼저 하는 理智的 운동보다는 헌신적·희생적 정신을 먼저 길러야 함을 역설한다. 이는 바울의 사랑장이라고 하는 고린도교회(고전13장)에 보내는 메시지를 맥락을 같이 한다.

> "이제 내가 가장 좋은 길은 여러분에게 보여드리겠습니다. 내가 사람의 방언과 천사의 방언으로 말을 할지라도, 내게 사랑이 없으면, 울리는 징이나 요란한 꽹과리가 될 뿐입니다.
>
> 사랑은 오래 참고, 친절합니다.
>
> 사랑은 시기하지 않으며 뽐내지 않으며, 교만하지 않습니다.
>
> 사랑은 무례하지 않으며, 자기의 이익을 구하지 않으며, 성을 내지 않으며, 원한을 품지 않습니다.

---

38) 위의 책, 1926. 12, 57~59면. 『도산전집』11권, 113~115면.

사랑은 불의를 기뻐하지 않으며, 진리와 함께 기뻐합니다.
사랑은 모든 것을 덮어 주며, 모든 것을 믿으며, 모든 것을 바라며, 모든 것을 견딥니다."

도산의 일생은 크리스천의 사랑을 실행한 사람이요, 바울의 편지-고린도 전서 13장을 형상화한 조선의 선비로 살아 활동하는 모습을 보이고 있다. "믿음, 소망, 사랑 이 세 가지는 항상 있을 것인데 그 가운데서 으뜸은 사랑입니다"(고전 13:13)로 바울이 편지하는 것은 '오늘의 조선학생'에게 민족 공동체의 결집을 위해 동시대의 최대 과제인 국권회복의 길을 제시한다. 이는 진화론적인 약육강식의 제국주의 침략에 대응하는 크리스천으로서의 민족주의적인 사랑의 전략이다. 애국계몽기의 진화론과 기독 정신은 공존·융합하면서 새로운 애국운동을 전개하였다. 자기 목숨보다 부모나 동포나 국가를 위해 희생한다는 것은 결국 자기 생명을 유지하는 진화된 사상임을 역설한다. 자기의 이익을 구하지 않으며 모든 것을 덮어 주는 용서로 민족 간의 잘못도 용서함을 호소하는 것이나 理智에 앞서 크리스천의 德을 강조함도 성서의 진리에서 나온 것이다. 민족의 결집에는 헌신적인 희생정신이 선행하여야 한다는 것이다. 국권 회복은 헌신적인 희생정신을 토대로 하여 민족의 결집을 동포에게 보낸 다음의 메시지는 특히 미래의 학생들에게 호소하고 있다.

활동에는 虛名的 활동과 실제적 활동이 있습니다 … 오늘 대한의 청년은 선도자를 못 가졌습니다. … 첫째 남은 알든지 모르던

> 지 대한민족에 대한 헌신적 정신과 희생적 정신을 길러야 하겠습니다. … 자주라 독립이라 평등이라 함이 다 자기를 본위로 하는 理知的이외다. …
>
> 그런데 이제 자기의 몸과 목숨을 내 놓고 부모나 형제나 동포나 국가를 건진다함은 모순이 아니겠습니까 아니외다 이 헌신적과 희생적으로 하여야 부모와 형제가 안보되고 민족과 사회가 유지되는 동시에 자기의 몸도 있고 생명도 있으려니와 만일 이 정신으로 하지 아니하면 내 몸과 아울러 사회가 다 보전되지 못하는 법이외다.[39]

상해 유학시절 도산을 자주 만났던 皮千得은 「島山을 말한다」라는 제목으로 한 좌담회에서 서울에서의 도산 강연을 다음과 같이 회고하였다.[40]

> 皮. … 음성이 청아하고 부드럽고 크고 날카롭지 않았어요. 미국 사람들은 루즈벨트 대통령의 목소리가 제일이라고 하지만 도산 선생님만 못한 것 같습니다. 그때 강연이 한두 시간 걸렸는데 시종 변함이 없이 확고부동하였고 정과 사랑이 넘쳐흐르는 것 같은 느낌이었습니다. … 또한 그분의 정성과 사랑이라는 것은 기독교의 예수나 그럴 수 있으리라고 믿습니다. 저는 그분의 사생활도 좀 아는데 참 가난한 살림이었지만 청초한 생활이었지요.
>
> … 그분은 인간이 가질 수 있는 최고의 것을 가지고 있었다고 생각합니다. …

도산의 내면에서 나오는 진실한 목소리는 정성과 사랑이 넘

---

39) 『東光』, 1926, 12, 115면. 『도산전집』 11권, 115면.
40) 「島山을 말한다. <좌담>」, 『새벽』, 1960. 11. 『도산전집』 13권, 587면.

치면서 시종 흔들지 않고 음성은 청아하고 부드럽고 크고 날카롭지 않은 것이 예수를 닮은 것처럼 느끼고 있다는 피천득의 회고는 도산의 인격의 목소리가 진실한 기독교인으로서의 수련에서 나온 내면에서 나온 목소리임을 증언한 것이다. 金東仁은 어렸을 때 이웃에 사는 도산의 누이 집(진남포 교회의 목사 金聖澤의 부인)에서 자주 만난 도산에 대한 회상기에서 그와 함께 부른 창가들을 회상한다.

> 내가 일곱 살 때 일인 줄 안다. 평양 공자묘 있는 明倫堂에서 하루 저녁은 演說會가 열린다고 여러 사람들이 무리를 지어 몰려갔었다. 나도 틈에 끼어 연설회장으로 갔더니 웬 삼십 남짓한 청년 한 분이 단상에 올라서서 熱辯을 토하고 있었다. 하도 어린 때 일이 되어 연설 내용이야 알 길이 없지만 어쨌든 그 수천의 군중이 옷깃을 바로 잡고 고요히 연설을 듣고 있는 것이 퍽이나 엄숙하게 보였다. 그러다가 한 귀퉁이에서 울음소리가 났다. 그이 열변에 감격한 것이리라. 그 울음소리는 순식간에 또 다른 한 귀퉁이로 옮아가고 그래서 조금 뒤에는 그 너른 場內가 느껴 우는 소리와 팔소매로 눈물 씻는 光景뿐이었다. 그리고 부인들은 머리에 꽂았던 비녀와 손가락에서 가락지를 빼어서 바치며 사내들도 주머니에서 돈을 꺼내 내어놓는다. 아마 이제부터 잘 살자면 新學問을 배워야한다고 하는 演客의 말에 學校 寄附의 一助가 되라고 그 돈을 내어놓는 듯하다. 그 青年이란 뒤에 일고 보니 島山이었다.[41]

---

41) 金東仁, 安昌浩 回想記 : 이 생각 저 생각, 『三千里』, 1932, 5.)
김동인은 이 글에서 어렸을 때 도산과 같이 씨름도 하고 달음박질도 하며 “학도야, 학도야 청년 학도야 … ”라는 창가도 배우고 즐겁고 유쾌한 시간을 보낸 기억을 되살렸다. 도산은 동리 아이들에게 어

도산 연설의 힘이 당시 聽者들에게 얼마나 깊이 인상지었는가를 피천득과 김동인은 회고담을 통해 증언하고 있다. 피천득은 도산을 예수 같은 聖者로 느꼈고 김동인은, 도산의 교육구국을 위한 열변에 장내가 눈물바다가 되고 학교 설립에 쓰라고 부녀자들이 비녀와 가락지까지 내놓았다는 것을 기억한다. 그의 연설의 힘이 얼마나 큰가를 가늠할 수 있다. 이와 같은 연설의 힘은 이기심을 넘어선 이웃, 사랑 나라 사랑의 기독교 정신에 그 뿌리를 가지고 있기 때문이다.

Ⅵ. 唱歌와 도산의 애국 계몽 노래

도산에게 따라다니는 말은 그의 준수한 인품과 아울러 심금을 울리는 演說이다. 그와 함께 去國歌를 비롯한 唱歌 류도 그의 號처럼 따라 다닌다. 평생 島山이라는 號 하나만 사용한 그의 호가 암시하듯 그는 한말 국권을 박탈당하고 망국민이 겪어야하는 격동기의 풍랑을 지키는 등대지기의 사명을 하면서 조국 사랑과 국권 회복의 소망을 가지고 끝까지 견딘다.[42]

른 동무로 지낼 만큼 情이 많았다고 회고한다.

42) 車利錫, 『島山 先生略史』, 安昌浩先生被捕情치形及其略曆, 1932. 176면.
安昌浩의 호는 島山 하나뿐이다. 호의 유래는 그가 미국에 처음 배를 타고 태평양을 푸른 물결만 보고 여러 날 동안 건너가다가 15일 만에 하와이 섬(島)의 山이 홀연히 나타나자 반가운 마음에 "오오, 그리운 육지의 섬, 그 산의 푸른 산!" 이라 하며 감명을 크게 받았고 모도산은 일제에 의한 강제 병탄(倂呑)으로 국치일(國恥日) 바로 前달 七월에 朝鮮을 탈출하면서 黃海道 구미포(九味浦)에서 木船을 타고 중국 靑島를 경유하여 露領으로 망명길에 오른다. 이때에 『대한매일신보』에 절절히 愛國의 정이 넘치는 去國歌를 남겨 놓는다.

한 반도 작별가(去國歌)

1. 간다간다 나는 간다　너를 두고　나는 간다
잠시 뜻을 얻었노라　거풀대는(갑불대는) 이 시운이
나의 등을 내밀어서　너를 떠나가게 하니
일로부터 여러 해를　너를 보지 못할지나
그동안에 나는오직　너를 위해 일할지니
나간다고 서러마라　나의 사랑 한반도야

---

3. 간다간다 나는 간다　너를　두고 나는 간다
내가 너를 작별한 후　태평양과 대서양을
건널 때도 있을지며　시베리아 넓은 들에
(만주들에)
다닐 때도　있을지나　나의 몸은 부평같이
어느 곳에　가있던지　너를 생각　할터이니
너도 나를　생각하라　나의 사랑 한반도야

4. 간다간다　나는 간다　너를 두고 나는 간다
지금이별　할때에는　빈주먹을 끌고가나

든 선객들이 반가와 기뻐하는 것을 보고 "나도 이 大海　중의 산과 같은 존재가 되리라"는 의미에서 지었다고 한다.

이후상봉 할때에는 기를들고 올터이니
눈물흘린 이 이별이 기쁜일이 되리로다
(환영)
이폭풍우 심한 이때 부대부대 잘있거라
훗날다시 만나보자 나의 사랑 한반도야 43)

빼앗긴 나라를 떠나면서 애장을 끊게 하는 거국가는 그 후 여러 해를 두고 전국에 유행되는 唱歌가 되었다. 춘원의 표현대로 "이 노래는 진실로 작가의 뼈를 깎아 붓을 삼고 가슴을 찔러 피로 먹을 삼아서 조국의 강산과 동포에게 보내는 하소연이요, 부탁이었다. 도산의 거국가는 四·四調의 歌辭체의 형식을 갖춘 唱歌 형식이다. 개화기 창가가 널리 보급된 것은 기독교의 찬송가로부터 시작되었다. 한국에 서양 음악이 들어 온 것은 1885년 감리교 아펜젤러와 장로교 언더우드가 성경과 찬송가를 가지고 이 나라 백성들에게 복음을 전파하는 동시에 찬송가를 보급한 후부터였다. 찬송가는 기독교 신자들이 예배할 때 드리는 신앙고백의 성격을 가진 것이다. 따라서 감리교의 존스(George H.jone)와 로드와일러(Louisa C. Rothweiler)가 편찬한 「찬양가」(1892), 언더우드(Horce G.Underwood)가 편찬한 「찬미가」(1893) 등은 애국계몽기의 창가의 형식에 결정

---

43) 본문에 게재한 去國歌는 주요한이 『새벽』(1955.12)에 去國歌와 青年學友歌에서 밝힌 것이다. 주요한은 開城의 韓英書院에서 찾은 唱歌集(1930년대에 등사되었으리라고 추측됨, 한영서원 원장은 尹致昊로 初代 大成學校 교장이었음)에 거국가가 있어서 발표한 자료이므로 金東元의 회고기사나 춘원의 島山傳에 수록한 거국가보다는 비교적 원작과 같을 것으로 본다.

적인 영향을 주었다. 찬송가 형식의 창가는 국권박탈기의 절망을 딛고 국권회복을 소망하는 국민들의 소망에 용기를 북돋아 주는 自主獨立, 富國强兵, 忠君愛國 등을 내용으로 하는 노래가 지배적이었다.44)

도산의 去國歌는 일찍이 丙子胡亂 때(仁祖 14년, 1637)) 시조 작가 金尙憲이 척화신(斥和臣)이라 하여 淸에 의해 심양(양瀋陽)에 볼모로 끌려가면서 부른 다음의 시조와 맥락을 같이 하면서 차별화할 수 있다.

가노라 三角山아 다시보자 漢江水야
故國山川을 떠나고자 ᄒᆞ랴마ᄂᆞᆫ
時節이 하 殊常ᄒᆞ니 올동 말동 ᄒᆞ여라

도산의 거국가와 김상헌의 시조는 國權이 무너진 상황 아래서 타의에 의해 有情한 故國山川과 작별하면서 피눈물 흘리는 哀歌라는 면에서는 같은 情感이 돈다. 하지만 예측할 수 없는 타국에서의 불운한 未來에 대한 김상헌의 不安과는 달리 도산의 哀歌는 오늘의 눈물의 이별은 반드시 재회의 기쁜 날을 맞이할 것이라는 소망을 굳게 믿는 메시지를 담았다. “나간다고 서러마라”, “눈물 흘린 이 이별이 기쁜 일이 되리로다”, “훗날 다시 만나 보자 나의 사랑 한반도야”의 구절은 “시절이 하 수상하니 올동말동 하여라”라는 시조와는 전혀 다르게 절망을 넘어선 소망의 빛을 보고 있다. 바울이 로마에 있는 믿는 자들

44) 韓奎元, 『開化期 韓國基督敎 民族敎育의 硏究』, 國學資料院, 1997, 313면.

에게 그리스도를 통한 하나님의 구원 계획과 유대인과 이방인들을 체계적으로 가르치기 위해 기록한 것이 로마서다.(A.D 57년 말-58년 초) 바울 서신은 더디오 (바울의 편지를 대필한 자)와 뵈뵈(바울의 편지를 전달한 여성)에 의해 "우리가 어떻게 살아야 하는가"를 내용으로 한 편지글이다. 거국가의 "눈물 흘린 이 이별이 기쁜 일이 되리로다"라는 끝 구절은 바울이 가르친 편지글 내용 중 "나는 현재 우리가 겪는 고난은, 장차 우리에게 나타날 영광에 견주면 아무 것도 아니라고 생각합니다"(로마서 8-18)라고 일깨운 구절과 같은 소망의 메시지다.

주요한이 참고 자료로 밝힌, 1930년대 韓英書院에서 비밀리에 등사판으로 찍어내서 사용한 약 2백여 편의 唱歌集과 수첩에다 필사로 베낀 창가류는 愛國歌(동해물과 백두산이 …)를 비롯하여 野球歌, 漸進學校歌, 漂母歌, 兵式體操歌 등이 있다. 新民會의 前身인 青年學友會의 노래(崔南善 작사)는 島山思想의 콘텐츠가 唱歌 형식의 미디어를 통해 전파한 것이다.

青年學友歌(崔南善작사)

무실역행 등불 밝고 깃발 달리는 곳에
우리들이 나갈 길이 숫돌 같도다
영화로운 우리 역사 복스러운 국토를
빛이 나게 하량으로 힘을 합쳤네

용장하던 조상의 피 우리 속에 흐르니
아무러한 일이라도 겁이 없도다.
지정으로 이루랴고 노력하는 정신은

자강 충실 근면 정제 용감이로쎄

1절은 興士團의 四大精神인 「務實·力行·忠實의·勇敢」의 강령과 동일하고 2절의 「自彊·忠實·勤勉·整齊·勇敢」의 다섯 가지 德目 중에서 「충실·용감」은 홍사단의 「忠義·勇敢」과 조응된다. 도산 사상은 개화기 청년학우회- 신민회-흥사단을 거쳐 창가 형식의 미디어를 거치면서 확산되었다. 초창기 한국근대문학을 형성한 두 거장 六堂과 春園은 島山 사상의 절대적인 영향을 받고 있다.

去國家에서 조국과의 정든 이별을 노래하면서 해외떠돌이 방황 생활을 예언하고 다시 만날 소망을 호소하였다면 漢陽歌는 떠돌이 생활을 하면서 애인을 못내 잊지 못하는 영원한 사랑을 노래한 것이다.

漢陽아

一, 한강물은 쉬지 않고 흐른다 한양아
남산위에 송백들은 사시로 푸르다
청청한 산림새로 들리는 바람소리
너부르는 열성이다 한양아 한양아
너부르는 열성이다 한양아

二, 고별된지 수년일다 한양아 한양아
고초한소 당한 옛성 한양아 한양아
너를 생각 할때에 양춘가절 돌아와
쌓인 氷溪 녹아지듯 한양아 한양아

언제다시 만나보랴 한양아

三, 전일 너와 같이 놀때 한양아 한양아
수모 한소 당하여도 한양아 한양아
피와 땀을 흘리며 너 위하여 부른다
네가 나의 사랑이다 한양아 한양아
나의수심 없어진다 한양아

한양! 한양아! 한양아!(부르다가 죽을 임이다. 불러도 대답이 없는 한양이다.) 사랑하는 님(한양 혹은 조국)을 비록 떠났지만 시간이 흐를수록 남산의 소나무나 한강물처럼 변치 않고 더욱 사랑이 깊어 감을 노래한다.

舊約 聖書의 아가서는 하나님과의 사랑을 러브 스토리 형식으로 쓴 사랑이야기다. 남녀 간의 순수한 사랑을 통해 하나님의 지고한 사랑과 교회 사랑을 묘사한 기록이다. 도산의 故國에 대한 그리움의 정이 이혼당한 여인이 어린애를 놓고 방랑하면서 미친 듯이 아이 이름을 불러보지만 대답이 없을 때의 심정으로나 비겨볼 수 있을까? 그러나 나는 너(한양 혹은 조국의 동포)를 한시도 잊지 않고 있다. 한양아, 보고 싶은 한양아 이듬 해 봄에 봄눈 녹듯이 너를 만날 것을 믿는다. 간절히 바라면 만나게 되리라. 도산이 새롭게 태어난 어린 대한 제국을 떠나서 언젠가 장성하여 힘이 생기면 지금의 얼어붙었던 이별이 봄눈 녹듯 풀리리라. 聖書의 아가(雅歌) 기자는 님을 생각하면서 "도장 새기듯, 님의 마음에 나를 새기세요, 도장 새기듯, 임의 팔에 나를 새기세요. 사랑은 죽음처럼 강한 것,

사랑의 시샘은 짐승처럼 잔혹한 것, 사랑은 타오르는 불길, 아무도 못 끄는 거센 불길입니다. 바닷물도 그 사랑의 불길 끄지 못합니다. 강물도 그 불길 잡지 못합니다. (아가 8: 6-7) 라는 표현으로 사랑의 힘은 죽음처럼 강하고 고귀함을 가르친다.

김윤경은 도산의 「거국가」와 함께 청년들이 「모란봉가」를 일제 경찰의 귀를 피하면서 애창하였다는 회고를 한다.

모란봉가

간다 간다 나는 간다 너를 두고 나는 간다.
가불 대는 이시운이 나의등을 매밀어서
너를 떠나 가게 하니 이로부터 여러해를
너를 보지 못할찌니 그동안에 나는 오직
너를 위해 일하리니 나간다고 설워마라
나의사랑 한반도야
… … … …
금수산의 뭉김 영기 반공중에 우뚝 솟아
모란봉이 되었구나 모색한 흉금이 열리는 듯
모란봉아 모란봉아 네가 내 사랑이라

김윤경은 일제 시 피끓는 애국 청년들이 去國歌(모란봉가)를 숨어서 부르는 것을 아직도 생생히 기억한다고 증언한다. 모란봉가 역시 도산의 소년시절 정이 들던 애향의 노래다. 도산의 나라 사랑은 죽음의 고통을 넘어 크리스천의 믿음과 소망으로 더해간다. 개화기 널리 보급되었던 애국가사류의 주류를 이루는 것은 도산의 거국가, 한양가, 모란봉가와 함께 성장하면서 이룩된 애국가로 판정할 수 있을 것이다. 애국가는 찬송가와 애향가사, 애국가류 창가 등이 모아져서 애국가사가 정착되었을 것이다. 김윤경은 당시의 애국가사 창작 배경에 대하여서 다음처럼 증언한다.

> 「동해물과 백두산」의 애국가(愛國歌)가 도산 선생이 지은 것 같이 되어 있는데 그분이 지었다는 확인은 하지 않았습니다. 해방 후에 어떤 신문에는 윤치호(尹致昊)씨가 지었다는 기사도 있었어요. 김동원(金東元)씨한테 들으면 처음에는 그 가사(歌詞) 첫머리가 '동해물과……'가 아니고 소위 '성자신손(聖子神孫) 五백년'으로 윤치호씨가 지은 것을 도산 선생이 '동해물과 백두산……'으로 고쳐 놓았다더군요. 그 다음에 第四절 '이 기상과 이 마음으로 임금을 섬기어 ……'한 것을 우리가 부를 수 없게 되었으니 무엇으로 고쳐야 하느냐고 춘원 이광수(春園 李光洙)씨 한테 상의하셨대요. 그러나 결국 도산 선생이 '충성을 다하여……'로 고쳤지요.[45]

Ⅶ. 맺음말

개화기를 거쳐 일제 강점기에 시대의 가장 큰 과제는 민족보존과 국권회복을 위한 전략이다. 이에 대응하여 나온 개화사

45) 김윤경, 「도산선생에 대한 인상」, 『도산전집』 11권, 283~284면.

상의 두 주류는 기독교와 진화론이라 할 수 있다. 본고에서 다루고자 하는 島山 安昌浩의 배경도 이 두 주류의 소용돌이 안에 있었다. 도산에게 따라 다니는 말은 흥사단과 그의 務實力行 思想, 그리고 연설이다.

도산은 진화론 쪽에서 유길준, 기독교 쪽으로는 서재필, 윤치호에게 가장 많은 영향을 받았다. 도산 사상은 전래적인 儒學의 實學思想을 바탕으로 하여 외래적인 개화의 물결을 수용한 務實力行思想이라 할 수 있다. 그는 언더우드 선교사가 세운 救世學堂에서 3년간 수학하면서 개신교에 입교한 후 獄苦를 치른 후 순국할 때까지 순교자의 신앙을 행동으로 실천하였다. 그의 일생을 지배한 것은 그의 종교였다. 그는 한국의 기독교가 애국적인 동맹체로 성장하여 민족의식을 계몽하고 근대 시민 양성을 위하여 노력하는 물결 속에서 성장하였다. 본고의 작업 중 그가 신실한 기독교 신자임을 여러 가지 자료로 확인할 수 있었다. 그 결과 그의 계몽적인 연설문과 지금의 애국가사도 聖書와 설교·찬송가의 영향이 큰 것임을 입증하려 하였다. 첫째로 북경에서 도산의 구술을 춘원이 정리하여 『東光』에 게재된 이른바 甲子논설들의 내용과 형식에 聖書가 많은 영향을 주었음을 확인할 수 있었다.

개화기 독립협회를 결성한 서재필이 '독립문 주쵸돌 놋는 예식'에서 행한 연설의 열쇠 문장인 '다리가 튼튼하여야 ---' 같은 몸 비유와 도산의 「합동과 분리」에서의 '-사지와 백체로 이루어진 우리 몸으로-'의 '몸 비유', 평양 대부흥회(1907)에서의 성서 인용구 "몸은 하나인데 많은 지체가 있고"(고린도 전서 12;12-15)의 몸 비유는 같은 類推로 공동체(민족)의 유기적 결속을 호소하는 공통적인 메시지임을 검증할 수 있었다. 이 같은 신체 비유는 가까운 매체를 활용하여 민족의 단결이 필요함을 알기 쉽게 소통하는 聖書의 修辭技法으로부터 영향을 받았음을 입증한다. 그의 연설은 청중과 현장에서 호흡을 맞추는 일상적이고 익숙한 매체를 활용하여 어려운 추상의 세계를 풀어가는 기법의 특징이 있다. 김병로가 도산 사상을 자유민주주의 민족주의라고 규정한 것은 도산이 민간들이 알아듣기 쉬운 비유를 쓴 탁월한 연설을 통하여 대중을 일깨우고, 대중에서 가장 능력 있는 지도자를 선택하는 제도를 실행하였기 때문이다.

『東光』 창간호에서 총 18호까지 게재한 山翁(島山)이라는 이름으로 게재된 甲子논설은 춘원이 비밀리에 北京 中央호텔로 도산을 방문하고 흥사단운동의 방안과 고국동포에게 전하는 도산의 포부를 정리한 글이다. 따라서 『東光』에 게재한 도산의 논설이 구술체 편지글이라는 새로운 문체로 독자들에게 쉽게 의사소통이 되었다. 도산의 구어체 편지글은 기독교의 聖書 문체의 영향을 많이 받았다. 성서의 로마서가 바울이 로마시민에게 보내는 편지글로 바울의 구원의 목소리를 더디오가 대필한 것이고 대부분의 성경 복음서는 구술어체 서간체다. 또한 도산의 연설이 힘이 있는 것도 그의 信實한 믿음과 민족애를 쉽고 가까운 비유 수사법으로 표현하였기 때문이라 할 수 있다. 도산의 탁월한 수사법 활용은 천부적인 재능과 더불어 기독교 문화권에서 일찍이 훈련 받은 결과이기도 하다.

도산이 대성학교 교장 시절 학생들이 그의 飢渴慕義(마.5:6

의에 주리고 목마르다) 설교를 한 것은 '너희는 먼저 그의 나라와 의를 구하라 그리하면 이 모든 것을 너희에게 주리라'(마. 6:33)라는 聖句와 함께 그가 순국자의 길을 걷게 된 방증이 된다. 기독교는 말씀의 종교로 개화기 기독교 유입과 더불어 설교와 찬송가는 연설과 唱歌의 새로운 구어체 문학 장르를 창출하였다. 개화기 萬民共同會는 연설의 公論場을 만들어 여론을 쉽고 빠르게 형성하였다. 이와 같은 여론 형성은 개신교 소수 지식인층들에 의해서 '위로부터의 혁명(정부)', '옆으로의 혁명'(지식인)이 불가능할 때 '아래로부터의 혁명'의 힘을 기대할 수 있게 하였다. 개화기 지식인들이 教育救國運動과 愛國啓蒙運動을 점진론적인 장기전으로 전개한 것도 기독교적인 관점에서 살필 수 있었다. 나라가 망한 이유가 지배층의 虛張聲勢에 있음을 진단한 도산은 '아래로부터의 혁명"을 일깨려우려고 민중계몽의 수단으로 기독교의 설교 문화를 확대하였다. 망국의 원인이 거짓임을 진단하고 그 치유책으로 우선 개인의 거짓을 떠난 진실운동, 務實을 實踐하여 상호간에 신뢰를 쌓으면 단체의 결집이 튼튼하여져 나라를 찾을 수 있다는 논리로 도산은 점진운동을 전개한 것이다.

개화기 문학사의 큰 조류는 진화론과 기독교다. 진화론과 창조론(기독교)은 우리에게는 공존하면서 도산의 영향이 춘원과 육당의 계몽문학에 미친 영향을 점검하는 작업은 다음의 연구과제로 남는다. 도산의 사상과 구어체 서간문은 춘원 소설에 어떤 영향을 주었는가를 점검하는 작업이 더 남아 있다. 춘원은 옛 사람으로 李舜臣이요, 요새 사람으로는 安島山이라고 선언할 정도로 도산을 숭배하였다. 춘원은 도산을 주인공 모델로

하여 「先導者」(東亞日報, 1923)를 신문 연재 소설로 연재하다가 일제의 검열로 중단하였고, 광복 후에는 『島山 安昌浩』를 간행(大成文化社, 1947. 5)하였다. 춘원은 三一運動의 도화선이 된 朝鮮青年獨立宣言書(二・八獨立宣言書)를 기초하고 同 선언서를 영역 하여 이를 해외에 요로에 배포하는 책임을 맡고 상해로 탈출하여(1919. 2. 5) 임시 議政院정 조직에 협력하는 한편 같은 해 5월에 미국에서 상해에 도착한 안도산과 만난 후 그를 신봉하고 그의 민족운동에 크게 공명하여 興士團의 입단문답을 마친 후 국내 홍사단 지부격인 동우회 지도자가 되었다. 춘원의 문학사상에 도산사상은 큰 주류로 영향을 미친 것을 확인 하는 작업이 구체적으로 진행되어야 할 것이다.

참고문헌

『도산전집』

『東光』

『독립신문』

『三千里』

『兪吉濬全書』

金東仁 「간다간다나는 간다」安昌浩 回想記 : 이 생가 저 생각 『三千里』, 1932, 하철.

박성래, 「중국에서의 진화론-양계초를 중심으로-」, 『한국과학사회학지』4권1호, 1982. 12.

成雲朱, 「安昌浩氏의 演說私評」, 『三千里』, 1936, 8.

安聖潔, 「叔父님의 追想, 大寶山의 安島山」, 『새벽』, 1956. 1.

양현혜, 『윤치호와 김교신』, 도서출판, 2000.

이황직, 독립협회, 『토론공화국을 꿈꾸다』, 지식전람회, 2007.

車利錫, 『島山 先生略史』, 安昌浩先生被捕情치形及其略曆, 1932.

崔文煥, 『民族主義의 展開過程』, 三英社, 1977.

韓奎元, 『開化期 韓國基督敎 民族敎育의 硏究』, 國學資料院. 1997.

한승인, 『민족의 빛 도산 안창호』, 1980.

洪箕疇, 「安島山의 校長時代- 一學生의 메모란담」, 『東光』, 1933. 1. 2

洪淳愛, 「近代啓蒙期 演說의 미디어 體驗과 受用」, 『語文硏究』135호, 韓國語文敎育硏究會, 2007 제3호.

———, 「근대계몽기 연설의 미디어 체험과 수용」, 『어문연구』135호, 한국어문연구회, 2007년 가을.

김균, 정연교, 『맥루언을 읽는다- 마셜 맥루언의 생애와 사상』, 궁리출판, 2006,

월터J 옹. 이기우·임명진 역, 『구술문자와 문자문화』, 文藝出版社, 2000,

S. I. Hayakawa, 김영준역, 『LANGUAGE IN THOUGHT AND ACTION』, 박이, 2006,

武田清子, 『天皇制思想と敎育』, 明治圖書出版 : 東京, 1964.

Weller Embler, *Metaphor and Social Belief*, Language, Meaning and Maturity ed, S.I. Hayakawa, New York, 1953.

여성 소비 주체의 등장과 여성의 소비문화
-『신여성』을 중심으로 -

김윤선*

Ⅰ. 머리말 -『신여성』 속의 소비 텍스트, 광고

최근 10여년 사이, 근대 한국 여성주의 연구에서 잡지『신여성』에 관한 논의는 괄목한 성과를 거두었다. 이제『신여성』은 근대 여성 연구에 고전이 되었다고 해도 과언이 아니다. 문학 연구와 사회학, 역사학 등 여성에 관한 논의에서『신여성』은 연구의 대상 텍스트가 아니라하더라도 근대 여성을 연

* 고려대 강사
이 글은『동양학』 45집(2009. 2)에 발표된「근대 여성매체『신여성』에 나타난 여성의 소비문화」를 수정·보완한 것이다.

구하는 연구자라면 거쳐 가야 하는 교과서가 되었으며, 1920년대와 1930년대 여성지로서 뿐 아니라 한국 근대 여성지로서의 대표성을 띠게 되었다. 이는 『신여성』이 당시 가장 오랫동안 발행되었다는 양적인 무게 때문만이 아니라 이 잡지가 본격적으로 근대성을 표방했을 뿐만 아니라 잡지 편집인들이 의도하지 않았다 하더라도 결과적으로 근대적 징후들을 보여준 이 잡지의 근대매체적 성격 때문이다.[1)]

『신여성』[2)]은 여성잡지의 대중적 확산을 통해 여성 교육 및 계몽의 일환으로 개벽사에 의해 1923년 창간, 1934년까지 간행된 한국의 대표적 근대 여성 잡지다. 1926년 개벽사의 『개벽』이 폐간당한 후 『별건곤』이 창간되면서 정간되었다가 1931년 속간된 이후 『신여성』은 1920년대와는 다른 성향으로 변모한다. 같은 제호를 쓰기는 했지만 두 시기 이 잡지는 편집 구성에서 내용의 변화에 이르기까지 전면적인 차이를 보여준다. 따라서 『신여성』에 대한 고찰은 1923년부터 1926년까지를 첫 번째 시기로, 1931년부터 1934년까지를 두 번째 시기로 분할하여 접근할 필요가 있다. 이 두 시기의 단절과 연속을 파악하는 것은 다른 두 시기의 특징을 전제한 방법론이자 무엇보다도 『신

---

1) 『신여성』이 발간되기 이전의 대표적인 잡지로는 『가뎡잡지』, 『여자지남』, 『자선부인잡지』, 『우리의 가뎡』, 『여자계』 등이 있었으며, 1920년대 『신여성』 발간 전후에도 『여자시론』, 『신여자』, 『신가정』, 『가정잡지』, 『부인』, 『부인계』, 『부녀지광』, 『활부녀』, 『부인세계』, 『소녀계』, 『여성지우』, 『이화』, 『배화』, 『근우』 등 잡지와 교지가 있었다. 1920년대는 근대사에서 여성지의 전성기였다. 당시 잡지에 대한 개괄로는 이소연의 「일제 강점기 여성잡지 연구」를 참조할 것.

2) 본고에서 소개된 『신여성』 1931. 6. '표지 사진'과 광로 자료들은 허보윤이 촬영하였다.

여성』의 근대적 성격의 지형도를 밝히고 그 의미를 재구하는데 효과적이기 때문이다. 동시에 『신여성』의 변모와 변화를 읽어내는 것 자체가 이 잡지 및 당대의 근대성의 특징을 보여주는 기제가 될 수 있다. 기왕의 논의에서는 이러한 변화의 핵심을 무엇보다도 상업성의 노골화로 지적한다.[3] 그런데 이러한 상업성의 노골화를 가시적으로 보여주는 것이 '광고란'이다. 1930년대 『신여성』의 광고란은 1920년대보다 3배에서 4배 이상 늘어난다. 이러한 양적 변화는 『신여성』의 변화를 대별해주는 가장 확실한 특징이지만, 『신여성』 연구에서 광고에 대한 분석은 미비하였다. 따라서 본고는 『신여성』의 광고란을 대상으로 『신여성』지가 지니는 근대 매체적 성격과 특징 및 그 내용을 분석하고, 이를 통해 당대 광고 담론의 근대적 성격과 그 가치에 대해 평가하고자 한다.

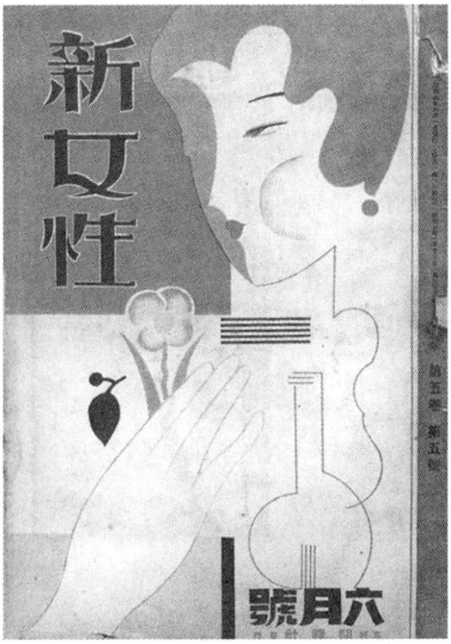

『신여성』 1931.6. 표지

본고가 무엇보다도 광고에 주목하는 이유는 광고가 근대 매체로서 『신여성』의 성격을 드러내주는 형식일 뿐 아니라 자본주의적 소비 경제 체제로의 전환을 보여주는 징후이기 때문이다. 본고는 광고를 문화적 표현의 하나로 전제하고 문화적 표

3) 연구공간 수유+너머 근대매체연구팀, 『신여성』, 한겨레신문사, 2005. 부록1. 3면.

현으로서 광고가 드러내주는 일련의 징후들을 계열화하고 논리화함으로써 『신여성』이 보여주는 소비문화를 재구하고, 소비문화가 여성의 근대화와 맺는 의미와 한계를 밝혀보고자 한다. 소비는 문화현상의 하나이다. 현대사회에서 소비현상의 총체라고 할 수 있는 소비문화의 변화는 개별소비자의 변화로부터 출발하는데, 이러한 변화의 중요한 수단으로 고려될 수 있는 것이 광고이다.[4] 특히 역사적으로 볼 때 소비문화를 형성해 온 기반이었으며, 오늘날 소비 주체의 70% 이상을 차지하는 여성과 소비 혹은 소비문화를 연계 짓는 연구는 여성주의 문화 이론에 중요한 이슈이기도 하다.

여성들은 근대 이후 늘 소비 행위와 동일시되어 온 반면, 그 동일시의 이면에는 생산이나 합리성 등과 같은 개념에 함축되어 있는 긍정성과는 다른 부정적이고 제한된 개념을 함축해 온 것이 사실이다.[5] 그러나 여성과 소비문화의 상관관계에 대한 국내의 연구는 상대적으로 미흡한 실정이다. 특히 『신여성』에서 드러나는 소비 문화적 측면에 주목한 몇몇 연구 역시 소비문화 자체에 내재된 역사성이나 문화적 의미 등을 파악하기보다는 현상적 차원의 내용 기술에 그쳤다.

근대 초기의 광고가 어떤 목적과 방법으로 소비자를 자극하였는가를 살피는 일은 근대의 내면화 과정을 추적하는 매우 유용한 통로가 될 수 있다. 또한 광고는 소비자의 취향과

---

4) 이두원 · 김인숙 「근대 신문광고(1886~1949) 내용분석 연구; 근대 소비문화 형성과정을 중심으로」, 『광고학 연구』, 제15권 5호, 208면.

5) 권혜경, 「현대 소비문화의 형성과정에 나타나는 젠더의 정치성과 고착화, 그리고 그 전복적 대응」, 『영미문학페미니즘』, 14권 1호, 2006, 5~6면.

함께 취향을 이끌어가는 '앞선' 사람들의 의식을 읽을 수 있는 텍스트이다.[6] 체계화된 근대 지식의 구축과 그것의 사회적 보편화라는 사명에 대한 근대 초기 잡기 편집인들의 문제의식은 분명했다.[7] 특히 서적 광고의 경우, 신문 광고가 이미지에 의지하는 짧은 광고였던데 비해 잡지 광고는 전달하고자 하는 내용을 상세히 풀어 설명해 주는 방식을 택함으로써[8] 문자 텍스트로 읽을 수 있는 자료적 성격도 농후하며, 광고를 통해 드러내고자 했던 광고주의 의도를 읽기에도 용이하다.

이러한 잡지 광고의 특성을 전제하면서 본고는 『신여성』이라는 여성지가 갖는 매체적 성격을 고려하여, 『신여성』에 실린 광고를 여성들의 근대화된 소비문화의 일상을 보여주는 텍스트로 인정하고, 이를 분석함으로써 당대 사회의 젠더화된 소비문화의 양상을 추적해 보고자 한다. 이는 궁극적으로 소비사회로 치닫고 있는 현재 한국 사회와 한국 여성의 삶의 기원을 찾는 작업이자, 현재 우리의 소비문화가 지향해야 할 비전을 찾고자 하는 학적 실천의 일환이 될 것이다.

---

6) 김한식, 「잡지의 서적 광고와 내면화된 근대 - 『청춘』과 『개벽』을 중심으로」, 『상허학보』 16집, 상허학회, 2006, 120면.

7) 한기형, 「근대잡지와 근대문학 형성의 제도적 언설」, 『대동문화연구』 제48집, 2004, 36면.

8) 김한식, 앞의 책, 121면.

Ⅱ. 1923~1926년 『신여성』의 광고와 여성 소비 주체의 등장

한국 광고의 역사는 1886년 2월 22일 한성주보의 세창양행 광고에서 출발한다. 이후 『신여성』이 발간되었던 1920년대와 30년대는 식민정치가 문화정치로 변화하면서 신문 ·잡지의 융성과 함께 소비대중문화의 번성기[9]로 신문 잡지를 통해 해방 전 가장 활발하게 광고가 발표·유통된 시기이다. 1920년대와 30년대에 이르면 신문광고의 양과 품목도 많았을 뿐 아니라, '전통과 역사성지향', '편리성(실용성) 지향', '소유의 긍지지향', '미적 아름다움의 지향', '품질의 신뢰성 지향', '최신품지향', '타제품과의 비교지향' 등 다양한 소구방식이 가장 많이 출현했다. 근대 신문광고의 소구방식에 있어 또 하나의 특징은 과거의 '저가, 염가, 저렴'의 '저가지향' 소구방식에서 점점 '정가지향' 즉 상품가격을 제시, 명시하고 있다는 것이다.

특히 주 독자층이 남성이었음에도 불구하고, 여성을 위한

9) 이두원· 김은희, 「한국근대소비문화변천사 - 근대신문광고에 나타난 소비가치 체계 분석을 중심으로」, 『광고학연구』 15권 3호, 한국광고학회, 2004, 227~228면, 이 글에 의하면, 1886~1910년대는 소비문화의 태동기와 형성기, 1920년대에서 1930년대는 소비대중문화의 번성기, 1940년대는 소비대중문화의 침체기이다. 보통 한국 광고사에서는 이 같은 연대 구분과 대체적으로 일치하는데 1940년대를 소비사회의 성숙기로 보는 입장도 있다.

미용용품의 두드러진 등장은 유행과 소비의 주체가 여성이었음을 보여 준다.[10] 근대 신문광고는 상품의 구매와 소비를 통해 근대인의 정체성을 획득할 것을 권유하고 있으며, 광고에 나타난 소비문화 역시 개인의 욕망과 관련된 가치관들이 그대로 반영되었다. 즉 자본주의 사회에서 상품은 단순히 물적 대상으로 존재하게 된 것이 아니라 사회적 의미체로 존재하였으며, 개인은 사회문화 속에서 소비되는 상품을 소비함으로써 자신의 정체성을 확인했다.[11] 이와 더불어 당시 광고를 고찰하는 데 있어서 한국의 경우는 식민 정책과 함께 고려되어야 한다.

한국 광고의 역사는 일본식 광고 제도의 이입사이기도 하기 때문이다. 한국의 경우 일본식 광고제도가 정착된 것은 1910년대이며, 국내 신문에 일본 광고가 본격적으로 실린 것은 일본 상품의 소비가 급증하는 1920년대 중반이다.[12] 신문광고의 경우, 열악한 조선의 경제적 현실은 신문 기업이 일본 상품 광고를 유치하도록 하였고, 일본 기업도 조선 시장 진출을 위해 광고가 필요했다. 1933년 이후에는 일본 상품 광고 유치 경쟁이 더욱 치열해져서 일본에 지국을 설치하여 광고 업무를 진행하고, 심지어 일본 광고주를 초청하여 접대와 관광을 주선하였다.[13] 1925년 이후 『조선일보』, 『동아일보』, 『경성일보』, 『매일신보』, 『부산일보』 등 유력 신문의

10) 이두원 · 김인숙 「근대 신문광고 내용분석 연구; 근대 소비문화 형성과정을 중심으로」, 『광고학 연구』 15권 5호, 한국광고학회, 2004, 127면.
11) 이두원 · 김은희, 앞의 책, 231면.
12) 국사편찬위원회 편, 『광고, 시대를 읽다』, 두산동아, 2007, 103면.
13) 강준만, 『권력 변환』, 인물과 사상사, 2000, 262~263면.

경우 일본에서 들어오는 광고가 한국 내 광고주가 내는 광고보다 많아졌다.[14)]

광고는 한 사회의 경제-정치-문화적인 맥락 속에서 존재하며, 이러한 요인들에 의해 그 모습과 활동이 규정되는 사회적 산물이기에 광고를 '주어진 것'으로 보아서는 안 되며, 사회 구조 속에서 '만들어진 것'으로 파악해야 한다.[15)] 『신여성』의 광고도 마찬가지다. 이 잡지에 발표된 광고들은 당시의 시대적·사회적 산물로 파악해야 하며, 1920년대 조선의 상황, 즉 식민지 자본주의 체제로 이행하던 변화의 과정 속에서 파악해야 한다. 또한 1920년대는 여성잡지의 전성시기였다. 1900년대부터 여성잡지가 발간되었지만, 『신여성』을 비롯하여 여성잡지들이 유행처럼 번져나갈 수 있었던 1920년대 사회사적 배경에 내재하는 원인 또한 간과할 수 없다. 이를 분석하기 위해서 뿐 아니라 여성 독자층을 대상으로 발행된 매체적 성격을 전제할 때 『신여성』에 소개된 광고란을 연구하는 경우, 젠더적 특성이 함께 고려되어야 한다.

여성 잡지의 광고는 여성들의 소비 활동을 부추기고 또 그들의 선택에 지대한 영향을 준다. 유행을 일으키는 데 중요한 역할을 하는 것도 광고이다. 여성 잡지는 여성 소비자에게 다가가는 가장 중요한 수단이었으며, 시중에서 판매되는 상품의 90% 이상을 광고로 다루었다. 여성 잡지와 광고는

14) 신인섭·김병희, 『한국 근대 광고 걸작선 100』, 커뮤니케이션북스, 2007, 183면.

15) 스튜어트 유엔, 최현철 역, 『광고와 대중소비문화』, 나남출판, 1998, 8면.

상호 필수적인 존재였으나, 여성은 “소비자 - 교환자 주체 곧 남성의 필요와 욕망을 재현”함으로써, 소비의 객체에 머물 뿐 진정한 소비자-교환자가 될 수 없었다.16) 여성이 소비의 주체가 아닌 대상으로 머물러 왔기 때문에 소비문화 속에서도 당연히 남성과 동등한 관계를 맺지 못하였다. 그들은 사회의 기대와 예상 속에 객체로서, 보다 엄밀히 말하자면 남성의 응시에 ‘소비되는’ 이미지로서 규정되어 왔다.17) 이러한 여성 잡지 광고의 일반적 특성은 『신여성』을 통해서도 확인할 수 있다.

1920년대 『신여성』의 광고란은 양적으로는 큰 비중을 차지하지 않았다. 매 호 5~6개의 광고가 소개되었는데, 그중에서 서적광고가 압도적이었다. 『신여성』 광고의 형태는 한 페이지 전체가 서적 한 권을 소개하는 전면 광고도 있었으며, 한 페이지를 분할해서 3~4개의 광고로 소개되는 형식, 혹은 본문 내용 중 빈 여백을 이용하여 작은 상자에 광고를 싣는 쪽 광고 형식이 있었다. 그런데 20년대 『신여성』의 광고는 주로 첫 번째와 두 번째 형식이어서, 실제로 『신여성』 전체에서 광고가 차지하는 쪽수는 3~4페이지를 넘지 않았다. 이 시기 『신여성』에 소개되고 있는 광고의 종류를 보면 다음과 같다. 시기에 따른 광고 상품의 변화를 가시화하기 위해 게재된 연과 월을 함께 제시하였다.

16) 권혜경, 앞의 책, 15~16면, 20면.
17) 권혜경, 위은 책, 20면.

<표 - 1> 서 적 류[18]

종류	상품명	게재 연월	상품명	게재 연월
서적	어린이(개벽사)	매호 광고	汝等의 배후	26.9
	사랑의 선물	24.3②; 24.5; 24.6②; 24.7; 24.12; 25.5; 25.10; 26.3; 26.5; 26.6; 26.9;	인내천	25.4; 25.5; 25.11/12합본
	금성	24.5.	사회주의	26.3
	사회주의학설 대요	24.6; 25.10	별건곤	26.10②
	조선지광	25.10	사회주의학설	25.11/12합본
	개벽	24.7;25.7; 25.11·12합본; 26.1; 26.3	朝鮮之偉人	25.11/12합본
	조선농민	26.1	사진첩	25.7
	신인간	26.1	신여성 관련	24.12; 26.8

<표 - 2> 기 타

종류	상품명	게재 연월	상품명	게재 연월
약	노신(두통약)	24.3; 25.5; 26.1; 26.8	자궁병	25.5
	오오호르민 (월경장애)	24.6	喜谷實母散 (부인양약)	26.3
	포르타민 (보혈강화제)	24.7	月やく (월경정체)	26.10
	백대하약	24.7	백보환 한방강장제)	26.10

18) 같은 책을 한 책에서 반복해서 광고한 경우도 있다. 이를 표시하기 위해 원문자로 표시했다.

화장품	금학향유	24.7	메누마 포마드	24.11
손난로	학긴난로(懷爐煖爐)	24.5; 24.6; 24.7;		
문구	원고지	24.11; 25.1		
상점	만년상회 덕원상점 종로양행 동양백화점 동원상회	25.2; 25.3	학우양과 본점, 지점(양화점)	26.5
	곡산상회	26.8	시계점	25.10.
자사 광고	개벽사 광고 -동경지부탄생	26.8		
행사	세계아동작품, 전람회	25.2; 26.3	5월 단오 놀이	25.7
사고	현상모집	24.3 ; 24.9 ; 25.7		
	기타 (예고, 주의, 인사) 송금주의, 독자회화실, 사과 투고환영, 소식부탁	23.11; 24.5②; 24.6; 24.7②; 24.10②; 24.11; 24.12; 25.1②; 25.3; 25.4; 25.5②; 25.7; 25.8; 25.10; 26.1; 26.5②; 26.6; 26.9; 26.10②		

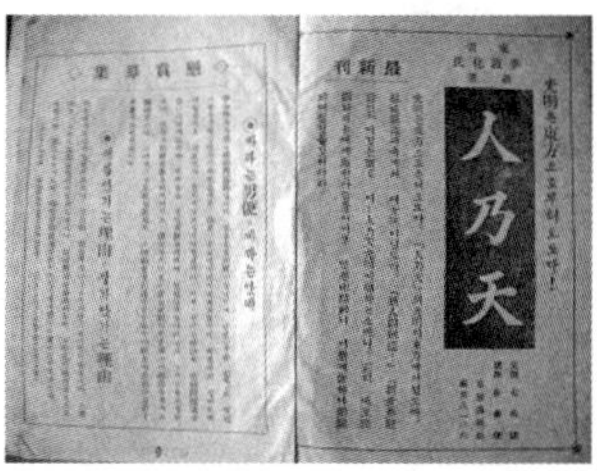

'인내천' 광고, 1924. 4.

'사랑의 선물' 광고 1924. 9.

'사랑의선물' 광고

'어린이'광고
1925. 1.

'어린이' 광고
1926. 4.

'어린이' 광고
1925. 11

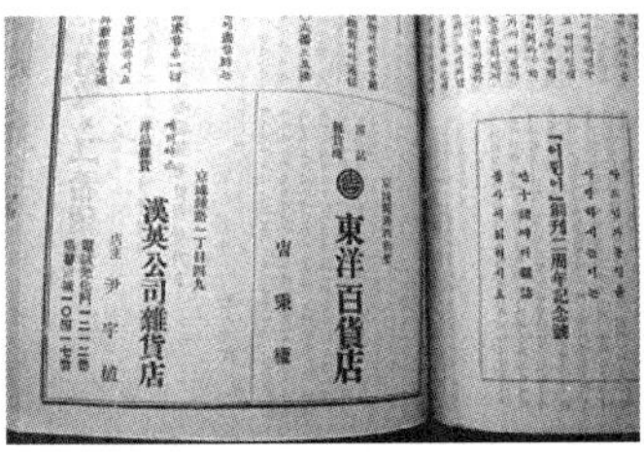

동양백화점 광고 1925. 3.

동원상회 광고 1925. 2

동아부인상회광고

종로양행 광고

우조당 시계점 광고
1925. 2.

20년대 『신여성』의 광고의 특징은 첫째, 서적 광고가 압도적이었다는 점이다. 특히 개벽사 출판물들의 광고가 빈번하였는데, 같은 출판물이 한 호에 여러 차례 소개되기도 했다.[19] 개벽사 출판물 광고와 사고(社告) 형식의 소식란이 주를 이루던 광고란은 1924년이 지나면서 서서히 다른 상품의 광고가 등장했으며, 이중 제일 먼저 등장하는 것이 약 광고이다. 이후 여성과 관련된 상품과 상점 광고 등으로 이어진다. 1924년 후반기부터 등장한 화장품 광고가 눈에 띄지만, 20년대까지만 해도 압도적이지는 않았다. 이는 1920년대 『신여성』의 편집진들이 이 잡지의 목적으로 내세운 계몽의 담론과의 상충 때문이었다. 『신여성』은 여성 교육 및 계몽을 위해 발행되었기 때문에 여성들이 소비를 권장하는 상품 광고가 권장되지 않았으며 주로 자사인 개벽사의 출판물 위주로 광고란을 채웠다. 이처럼 이 잡지가 표방했던 여성 교양과 교육이라는 잡지의 발행목적은 광고란을 통해서도 확인할 수 있다. 둘째로는, 『신여성』에 발표된 광고 형식이 텍스트 위주였다는 점이다. 당시 광고는 사진이나 그림이 아니라 텍스트 중심의 광고였으며, 이러한 텍스트 위주의 광고는 『신여성』에 등장하는 광고를 담론 차원에서 연구할 수 있는 근거이기도 하다. 텍스트 형 광고[20]는 1930년대 복간된 『신여성』에서도 지속되는데 해당 물건에 대한 자세한 정보와 사용자의 반응을 기술하기도 했다. 특히 텍

19) 실제로 같은 시기 잡지 『개벽』에서도 『신여성』과 『어린이』 광고가 가장 많이 등장하였는데, 이는 모두 자사 출판물에 대한 홍보적 성격이 강했다.

20) 여기서 텍스트 형 광고라 함은 문자와 문장 위주의 광고를 지칭하는 것으로 기사형 광고로 부를 수도 있다.

스트 형 광고를 위주로 한 당시 광고는 그 내용 면에서 젠더적 측면을 고려한 분석을 요한다. 텍스트 자체가 상품의 구매자인 여성을 전제로 기술된 내용이기 때문이다. 본 장에서는 20년대 『신여성』 광고란의 주 대상이었던 서적 광고를 중심으로 이에 대한 논의를 계속하고자 한다.

서적 광고 중 대표적인 것이 잡지 『어린이』와 『사랑의 선물』이다. 『신여성』에 발표된 『어린이』와 『사랑의 선물』 광고의 형태를 보면 다음과 같다.

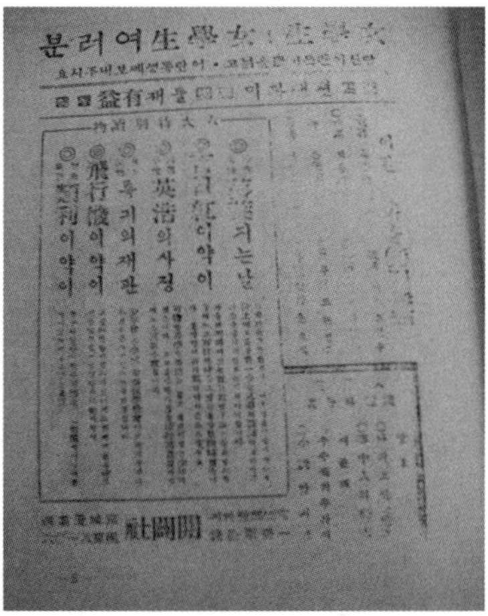

① 전면 광고

② 전면 광고

사진 ①과 ②는 전면 광고의 형식으로 나온 『어린이』와 『사랑의 선물』 책 광고이고, ③, ④, ⑤는 쪽 광고 형식을 통해 소개된 광고이다. ①은 잡지 『어린이』광고로 "여학생 여러분 당신이 반듯이 책을 읽고 어린동생에게 보내주시요" 라는 광고 문구 아래 첫째 재미가 있고, 둘째로 유익하다는 내용과 함께

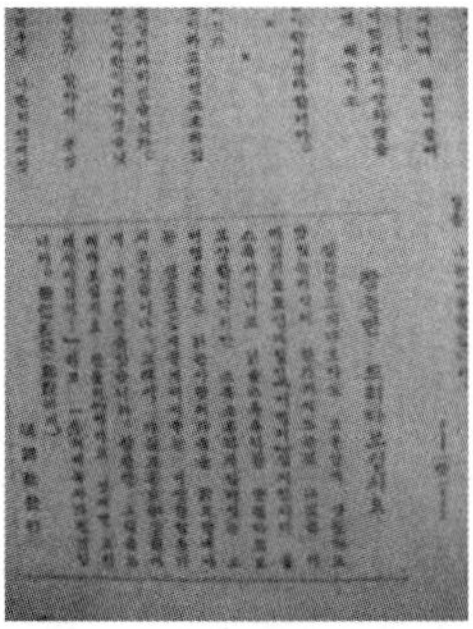

③ 쪽 광고

④ 쪽 광고

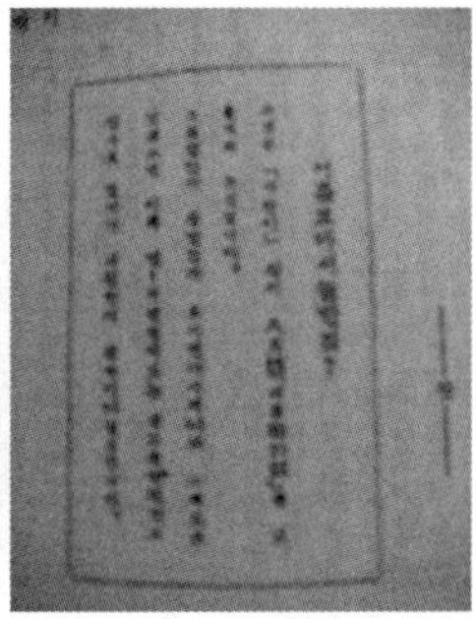

⑤ 쪽 광고

책 목차와 간단한 내용 소개를 해 주고 있는 광고이다. ②는 동화책 모음인 『사랑의 선물』 광고이다. 표지 그림과 함께 괴로움과 죄악이 가득 찬 이 세상에서 이 책만은 곱고도 맑은 영을 키우는 존귀한 샘물을 가진 책으로, 남녀노소가 一讀, 二讀, 三讀을 해도 놓지 않는다는 내용과 함께 '불가튼 더위에 몸이 괴로울 때 닑은이 못닑은이에게 다가티 이책을 닑어 避暑納凉의 一便에 心靈洗濯의 機를 엇기 勸告한다' 는 광고 본문 내용이 실려 있다. 마지막으로 '價 는 五十錢 發賣는 開闢社 오늘 注文 하면 來日닑게 될 것이다' 라는 후기를 통해 가격과 출판사 등을 알려준다.

③과 ④는 쪽 광고인데 오히려 내용은 ①②보다도 더 구체적이다. ⑤ 역시 쪽 광고로 『신여성』에는 이 같은 작은 여백을 이용한 쪽 광고가 빈번히 등장한다. 특히 1931년 이후 『신여성』의 광고가 소비성 상품 위주로 바뀌면서는 서적 광고는 대부분 이러한 쪽 광고를 통해 전달된다. 이 내용을 옮기면 다음과 같다.

③ 잠간만 드려다보십시오

잠간만드려다 보아도 고동안에 산뜻하고 맛잇는지식이 한가지 식느는것 그것은 자미잇기로됴선데일인 『어린이』 잡지임니다. 볼스록자미나고 닑을스록유익한 순결하고도 어엽븐책은 닑는사람의 가슴을 맑고향내나는 샘물로곱게곱게씨서주는 이상한 힘을 가지고 잇슴니다. 그래서 마음고흔女學生들에게 더욱 환영을밧슴니다. 잠간만 그책을 드려다보십시요. 반듯이 「아이고 엇저면 고럿케자미잇서!』하고 一生의애독자가될 것임니다. 冊價拾錢(郵稅까지)

(『신여성』2권 4 , 1924년 4월호, 69면.)

④ 당신께도 동생과족하가게시겟지요.

= 이놀납고 깃분현상을 보십시요. =

당신께도 사랑하는동생이나족하가게시겟지요. 당신이 마음조흔 언니나누의나 아즈머니면당신의 동생이나 족하에게 무슨선물을 주십닛가 자미잇고 유익하기 데일이면서 책갑 단十전인「어린이」 한권도사보내주지못하고 그리고도누워네 언님네 아즈머님네 하실수잇슴닛가

됴선의 少年운동을 위하는 뜨어운정성으로 우리가희생적사업으로 발행하는「어린이」는 그정성이헛되히도라가지아니하야 갈스록 널리펴저서 어린이제7호는 十日間에 다 팔리고 제5호는 더박혓것만5일간에 다팔니고 제9호는 또박혓것만 7일간에 또다팔녓슴니다 이것보시면「어린이」의 내용이엇더한 것인줄아실것임니다 어린이 제10호는 그중에도 특별호로 여러가지 자미잇고 유익한긔사가 갓득하고 그책갑은 단10전이오니 반듯이사서서먼저 당신이 사보시고 나종에 당신의 동생이나 족하에게 보내주십시요. 책을안꼬 춤추며 깃버할것임니다.

(『신여성』1권 11 , 1923년 11월호, 32면.)

⑤ 어름보다서늘한것?

그것은 「어린이」잡지 8월호「녀름특별호」를 닑을때의 늣김입니다.

그짓말인가 참말인가 보시면아시려니와 그래도못밋겟스면 이책 맨-뒤썹질에잇는

광고를한번만보십시요. 얼마나 싀원한지 짐작이나실것임니다.

(『신여성』2권 6, 1924년 6월호, 32면.)

③, ④, ⑤는 모두 텍스트 형 광고로 『신여성』에 등장하는 『어린이』 광고들 중 일부다. 모두 약간의 차별은 있으나, 재미와 유익을 내세우며 잡지를 광고하고 있다. 그런데 이들 광고를 통해 알 수 있는 것은 여성이 소비의 주체로 등장하고 있다는 사실이다. 『신여성』이라는 매체는 여성을 독자층으로 상정한 잡지이다. 이는 곧 여성이 책을 읽는 독자이자 동시에 책을 구매하는 소비자라는 것을 전제한다. 『신여성』의 편집진들은 이러한 여성 소비자 형성을 전제하고 책을 출판했을 뿐 아니라, 그녀들에게 소비 욕구를 촉발시킴으로써 또 다른 상품의 구매자가 될 것을 기대한다. 이를 적극적으로 표현한 것이 『신여성』에 등장한 서적 광고이다.

광고 중에서도 서적 광고는 상품이 서적이라는 점에서 1920년대 『신여성』이 표방했던 교양 및 계몽적 차원에서도 부합할 수 있었다. 그러나 그보다 더 중요한 것은 편집진 및 광고주들이 『신여성』의 독자가 책을 소비하고 구매하는 소비자로 기능해 줄 것을 기대하고 있다는 사실이다. 더구나 『어린이』 잡지

에 대한 집중적인 광고는 어린이들의 대리 구매자로서 여성을 상정한 것으로 이해할 수 있다. 광고 내용은 크게 책의 유익함을 전하는 것과 구매를 촉구하는 내용으로 나뉜다.

인용 ③은 『어린이』 잡지가 재미있고 유익하다는 것을 강조한 후, 후반부에서는 '마음 고흔 여학생'에게 환영을 받는다고 하면서, 잠깐만 주목하여 책을 봐 줄 것을 당부한다. 마음 고운 여학생이 『어린이』의 구매자가 되기를 바라는 내용이다. 인용 ④에서는 좀 더 적극적으로 구매 욕구를 충동하는 내용이다. 『어린이』를 한 권 사주지 않으면 누이니 언니니 아주머니니 라고 할 수 없다고 하면서, 아울러 이미 이 잡지가 얼마나 잘 판매되는지를 선전함으로써 소비 욕구를 자극한다. ⑤는 더운 여름에 얼음보다 더 시원한 것이 『어린이』 8월호라고 하면서 『어린이』 광고에 주목할 것을 당부하는 쪽 광고이다. 이처럼 『신여성』은 같은 개벽사에서 출판하였던 잡지 『어린이』를 신여성 독자들에게 적극적으로 광고한다. 특히 『어린이』 잡지가 어린이들을 독자로 하기 때문에 그 구매자를 여성으로 상정하고 그녀들에게 강력하게 판매 전략을 구사했다.

소비 욕구가 단순히 경제적 이해관계의 수동적인 반영이 아니라 다양한 문화적·이데올로기적 요인에 의해 형성되는 것이라는 인식을 전제할 때, 성별은 그 중에서도 가장 중요한 요인의 하나이다.21) 서구의 경우 19세기 말에 소비자는 주로 여성으로 표상되었으며, 소비 범주는 이전의 생산과 합리화의 담론과는 달리 여성성을 근대의 중심에 놓았다. 그리하여 소비는

21) 리타 펠스키, 『근대성과 페미니즘』, 거름, 1998, 106면.

흔히 여성의 위치를 전근대적 영역에 놓기 위해 자주 환기되었던 사적·공적 구분을 무시하도록 만들었다. 소비는 필수적인 것으로, 나아가 중산계급 여성의 가족에 대한 의무이자 시민의 의무로 제시되었다.[22] 여학생을 비롯한 신여성들을 독자로 전제한 본격적인 근대 여성 잡지 『신여성』의 광고란도 이러한 여성 소비자의 부상과 역할 기능을 여실히 보여주고 있다. 실제로 1920년대 『신여성』에서는 독서를 신여성이 되기 위한 중요한 조건으로 주창되곤 한다.

> 나는 당신들 중에서 일을 잘하는 사람을 보앗다, 散步 잘하는 사람을 보앗다, 또는 男便을 잘 공대하고, 아해 잘 뒤맨지는 사람을 보앗다, 또 혹은 책을 가지고 단이는 사람까지는 보앗다. 그러나 簡斷업시 소문업시 冊을 보고 잇는 사람은 보지 못햇다. 물론 소문업시 보는 것이라 보아도 우리가 보는 줄을 모르는 것일지도 모르겟다마는.
>
> 무엇보다도 冊을 보아야 한다. 冊을 보아서 늘 머리를 새롭게 하여야 한다. 머리속에 구덕이가 잇고는 더 볼 일이 업는 것이다.[23]

인용은 신여성은 외양에서도 새로워져야겠지만, 머리가 새로워야 하며, 이를 위해서는 책을 읽어야 한다는 논설의 일부이다. 신여성이 되기 위해서는 책을 보아야 한다는 주창은 1920년대 『신여성』에서 빈번하게 등장하는 내용이다. 당시 근대

22) 위의 책, 111면.
23) 小春(김기전), 「요때의 朝鮮 新女子」(논설), 『신여성』, 1권 2호, 1923. 11, 58면.

적인 여성, 신여성은 독서하는 여성이었다. 이러한 논설이 계몽의 담론을 통한 이성적인 사유 활동을 전제한 근대적 여성 주체의 탄생을 독려한 것이라면, 책을 소비하고 그것을 촉발하는 광고는 자본주의 사회의 전환 속에서 소비 주체로 등장하는 여성들의 일상생활의 변화를 보여준다. 독자로서의 여성은 동시에 소비자로서의 여성이기도 했다. 근대 자본주의 사회에서 독자로서 여성의 위치는 소비자로서의 여성이라는 역할을 동시에 점유한다. 이것은 자본주의 경제체제 속에서 여성이 더 이상 객체로서가 아니라 주체로서 물건을 선택, 구매, 증여할 수 있는 소비 주체, 근대적 개인으로 탄생함을 뜻한다.

독서 체험으로부터 이어지는 소비주체로서의 체험은 『신여성』의 발간이 계속되면서 약, 화장품, 상점 등 좀 더 다양한 광고로 확장되는데, 특히 상점과 백화점은 여성의 요구에 부응하는, 새로운 종류의 공적인 도시 공간을 제공하였다. 동시에 근대 산업과 상업은 가사를 상품화함으로써 사적인 가정의 신성함을 더욱더 집요하게 잠식해갔다. 중산층 여성은 상품의 생산보다는 구입을 책임지고 있었기 때문에 사회변화의 동력 바깥에 존재하는 것처럼 보였지만, 다른 측면에서 보면 소비자로서의 지위 때문에 근대적이라고 느껴지는 경험의 중요한 일부를 구성하는 급변하는 패션과 생활양식에 개인적인 친밀감을 느끼게 되었다.[24] 이러한 근대성의 여성화가 사치나 소비에 현혹되는 비합리적인 존재로 부각되는 경우도 많았다. 그럼에

24) 리타 펠스키, 앞의 책, 106면.

도 불구하고 소비 주체로서의 여성의 역할은 1930년대 『신여성』지의 광고란을 통해 한층 더 강화된다.25)

Ⅲ. 1931년~1934년 『신여성』의 광고와 소비문화

1931년 복간 이후에 『신여성』의 광고는 점차 증가해서, 매호 15~20개 이상의 광고가 있었으며 페이지 수도 이전 시기보다 양적으로 3배에서 4배 이상 증가할 뿐 아니라, 광고에 사진이나 그림을 사용하는 빈도수 높아진다. 그 내용 역시 더 대범해지며, 서적 광고보다는 소비재 중심의 광고로 변화한다. 광고에 여자 얼굴이 등장하는 경우도 많았으며, 내용이 구체적인 기사형 광고도 자주 나타난다. 또한 광고하는 물품이 일본 수입품인 경우가 많아, 상품명을 일본어로 표기한 광고들이 눈에 띈다. 실제로 당시 조선 상품을 광고하는 것은 일본 상품을 광고하는 것보다 더 어려웠다. 일제의 광고통제가 있었기 때문이다.

일제 강점기 국내에서 제작된 광고는 '광고 검열'이라는 제도를 통해 이중적 제약을 받았다. 특히 국산품 애용을 주장한 광고는 언제든 탄압의 대상이 되어야 했다.26) 일제는 광고량

25) 서적 이외의 광고들이 1924년 이후 하나 둘 등장하기 시작하는데, 이에 대해서는 본 논문의 내용 구성 상 3장에서 함께 논의하도록 하겠다. 같은 광고들이 3장에서 이어지기 때문이다.

26) 당시 대표적인 광고탄압으로는 『개벽』 광고 사건이다. 「동아일보」

구라부백분 광고
1932. 1.

약광고, 페루메루, 노신 광고
1932. 1.

이 증가하면서 과장 광고, 허위 광고, 저질 광고 등을 규제하기 위하여 광고를 단속하였지만 언론 탄압 차원에서 통제하기도 했다. 특히 일러스트레이션이나 카피를 바꾸지 않은 채 그대로 국내로 들어온 일본 광고는 상품 선전이라는 광고 본래의 기능보다는 일제의 정치적·이데올로기적 역할을 수행하였다.[27] 그래서인지 당시 『신여성』 광고에는 일본에서 수입된

1925년 8월 1일에 『개벽』 광고가 게재되었는데, 광고에 소개한 기사 내용이 문제가 되어 발행정지 당한다. '국사', '지사'라는 말이 조선총독부의 비위를 거슬렀기 때문이다. 이 사건으로 『개벽』은 발행정지 당하고 이날 발행된 『동아일보』는 압수된다. 이 외에도 국산품 애용 광고는 언제든 탄압의 대상이 되었다. 일제의 탄압에 의해 광고 내용이 바뀐 경우도 있다. 1928년 10월 24일부터 29일까지 『중외일보』에 실렸던 동양 염직소 광고가 대표적인데, 한국인의 정체성을 인식시켜 줄 수 있는 '우리' 또는 '동포'라는 용어가 일제에 의해 삭제되었다.

신입섭·김병희, 『한국 근대 광고 걸작선』, 커뮤티케이션 북스, 2007, 235~238면 ; 국사편찬위원회 편, 『광고, 시대를 읽다』, 두산동아, 2007, 106~107면 참고.

27) 국사편찬위원회 편, 『광고, 시대를 읽다』, 두산동아, 2007, 106~108면.

제품 광고가 일본어 표기로 그대로 소개되는 경우가 많았다. 20년대 서적 광고와 마찬가지로 한 호에 한 상품이 내용과 방식을 달리하여 여러 번 반복되는 경우도 있으며, 서적 광고는 개벽사 출판물의 경우가 압도적이나 이마저 광고 크기가 이전 시기보다 훨씬 축소되고 빈도수도 적어진다. 전체적으로 개벽사 자사 상품 위주의 광고에서 벗어나 잡지의 수익 사업으로서의 광고란에 충실하여 1930년대 복간 이후『신여성』광고란은 타사 상품들의 광고가 주축이 된다. 개벽사에서 출판된 서적 광고가 자사 상품의 홍보성 광고였다고 한다면 타자 상품들의 광고는 수익성 광고이자 본격적인 광고의 시대의 도래를 보여준다고 할 수 있다. 또한 이는『신여성』잡지 자체가 계몽지로서 보다는 대중지이자 소비 상품으로 변모했음을 보여주는 예이기도 하다.

당시 소개된 광고 상품을 구체적으로 살펴보면, 가정 상비약과 부인병약, 화장품 광고가 주를 이루면서, 손난로, 사진기, 레코드, 월경대, 음료, 조미료 등의 광고와, 병원, 사진관, 음식점, 영화 광고 등이 있다. 그런데 1920년대 등장했던 잡화상, 백화점, 시계점 광고는 사라진다. 상점 그 자체에 대한 광고보다는 상품 광고가 다양하게 선전되었다. 이를 정리하면 다음과 같다. 28)

28) 1930년대 광고에 대한 정리표는 같은 광고가 몇 번 게재되었는지, 그 횟수를 중심으로 정리하였다. 매호마다 광고가 등장하며, 같은 호에도 한 광고가 여러 번 등장하기 때문에, 그 빈도수를 추적하는 것이『신여성』에 소개된 광고의 특성을 가시화하는 데 더 용이하기 때문이다. 본고에서 텍스트로 삼은 것은『신여성』영인본에 한한다.

<표 - 3> 서 적

종류	상품명	횟수	상품명	횟수
서적	별건곤	22	영어강의록	1
	혜성	7	인내천	2
	신여성	7	姙産婦必讀의 安産實話 / 加賀다쓰	1
	어린이	14	부인공론	2
	산아조절の정법	1	(신간) 잃어버린 댕기 (윤석중 동시집)	4
	가정서안소개 (가정용책)	1	사랑의 학교	1
	제일선	4	개벽사 출판물 (중국단편소설선, 별건곤조선자랑, 용요작곡집, 조선지위인)	1
	신경제	1	일용품서적	1

<표 - 4> 화장품>29)

종류	상품명	횟수	상품명	횟수
화장품	구라부 백분	2	헤즈마구리무	4
	금학향유	29	크림의 화학적 내용과 그 효과	1
	기미가요(염색약)	15	머리염색 호루민 염색약「君か゛代」	3
	머리염색 (루리모)	9		
	백색미안수	6	美顔크-마(여름화장료)	3
	메누마 포마드	2	化粧料	1
	명색미안백분	7	美顔유-마	1
	니끼삐토리 미안수 (죽은깨, 여드름)	2	헤지마코롱	2

<표 - 5> 약

종류	상품명	횟수	상품명	횟수
약	月やく	2	와기도랑(자궁부인병)	18
	白補丸	1	자택오전치료법	2
	살 빼는 약	1	로드 안약 (기사형)	4
	은립인단	16	메누마포마드	1
	월경(중지 약)	4	캉삐롱 (아기백일해, 감기)	3
	월경 즈가루민	1	부인대하증월경불순	1
	기다니지쯔보산	1		
	오오호루민 (월경장해) NIMROHPOO	8	토리아농(고름증)	1
	피구마 (두통약)	1	중장탕(부인병)	11
	실효산 (감기해열제)	10	命之母(애기얻은약)	1
	一二三 (외용상비약)	4	장중당약방 (치질임질위장)	1
	희곡실모산 (喜谷實母散) 부인양약	2	소아해독산	1
	노신	1	백일해, 폐렴 전쾌법 (육아)	2
	중풍약	1	기침병 특효약	1
	와까모도(산후약)	9	페루메루 (세계적가정약)	3
	니끼삐도리 미안수 (벌레, 죽은깨 여드름)	3	아이 배는 약	2

29) 화장품 광고 분류 시, 염색약은 화장품 광고에 포함시켰다. 치료 목적

<표 - 6> 여성용품, 병원, 조미료

종류	상품명	횟수	상품명	횟수
여성용품 / 조미료/ 병원	리나 생리대	1	「학긴」懷爐(난로)	2
	허신의원(병원)	12	성의 고민해결 (기생원)	5
	삼성 금비녀와 귀이개	1		
	아지노모도(미소) (조미료)	8	오지노모도(조미료)	1

<표 - 7> 기 타>30)

종류	상품명	횟수	상품명	횟수
기타	개벽사 대리점, 분사	2	조선신탁	1
	사진기	1	사진관	4
	이 세상 망할 세상 (연극, 레코드)	1	오케레코드- 조선이 탄생한 천재테너李宥善 獨唱盤	1
	시에론레코드	7	대동음악협회 음악 연구생 모집	1

의 약이라기보다는 외양 치장의 효과가 크다고 보았기 때문이다.

30) 이 외에도 『신여성』 광고 중에는 사고(社告)가 있다. 사고로는 독자투고 권장이 가장 많았으며(8회), 특별정가제, 주문 시 주의할 점, 새로운 글 예고, 합병호 발행 예고, 미녀찾기(현상), 독자란 광고, 행사광고, 지사 모집, 투고 규정 등이 있었으나, 이는 물품 광고가 아니기 때문에 이 글에서는 제외하였다. 단지 1931년 10월호에 게재된 미녀찾기 현상이나, 1931년 12월호에 게재된 여자연령맞추기 광고가 당시 여성들의 외모가 상품화되는 과정을 엿볼 수 있는 광고였다.

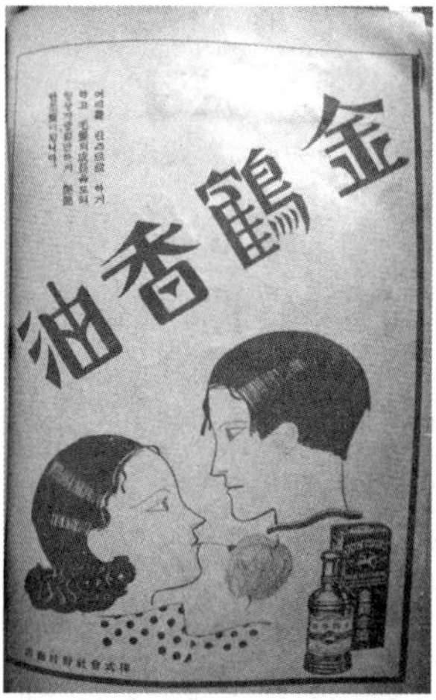

금학향유 광고
1932.5

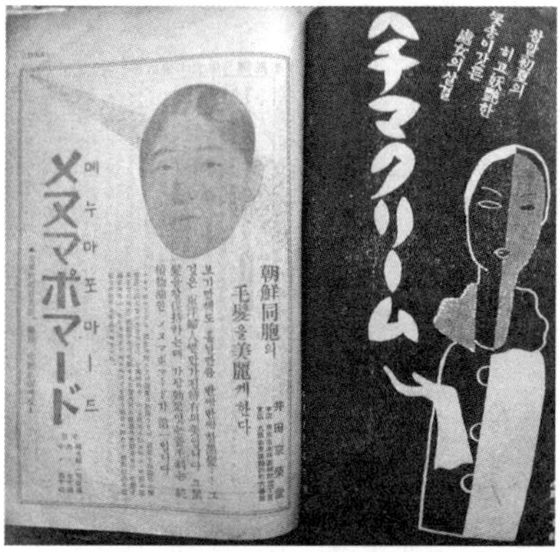

화장품 광고, 헤지마구리무, 메누마포마드광고, 1932.6

<표 - 3> 서적 광고에서는 『별건곤』 광고가 압도적이다. 『별건곤』은 개벽사에서 출판된 대중매체로 『신여성』이 정간된 동안 『별건곤』의 '여성란'이 『신여성』을 대체하기도 했다. 그래서인지 『신여성』에는 『별건곤』 광고가 빈번하게 등장한다. 이외에도 서적 관련 광고로는 여성관련 서적 광고와 『영어강의록』의 등장을 주목할 만하다. 그러나 서적 광고는 30년대 『신여성』 광고란에 주축이 되지 못했다. 단지 서적 광고에서도 임산부를 비롯한 여성 독자를 상품 소비자로 기대하면서 여성 소비자를 의식한 상품 선별이 주목할 만하다. 여성 소비자를 의식한 상품 광고는 서적 이외의 다른 상품 광고를 통해 좀 더 적극적으로 채택·선전된다. 1924년 화장품 광고가 『신여성』에 나타나기는 했지만, 그다지 많은 광고물이 등장하지는 않았다.

이는 당시 사치에 대한 경계와 함께 화장이 신여성들이 삼가야 할 사치로 취급되었기 때문이다. 그러나 1930년대 이후 화장품 광고는 『신여성』 광고의 중점 품목으로 부상한다. 얼굴의 백분과 미안수, 그리고 머릿결을 위한 것들이 대표적인 화장품이었다. 뿐만 아니라 '크림의 화학적 내용과 그 효과'(『신여성』 1931년 11월호)라는 기사형 광고를 통해 화장품의 효능을 선전했다.

가치관의 변화가 격심한 불확실성의 세계에서 신체는 현실과 개인의 정체성에 대한 가장 명확한 증거가 된다. 과거에는 개인이 육체와 정신의 엄격한 분리에 의하여 자아를 통제하고, 내면세계를 확장함으로써 자기의 존재를 인식하였지만 오늘날 신체는 즉각적인 구체성의 욕망을 통해 인식하는 것으로 변화되었다. 그 분수령을 1930년대 『신여성』 광고란을 통해 전면화된 화장품 광고를 통해 확인할 수 있다. 여성들에게 화장품은 신체가 생득적으로 부여된 '자연'이 아니라 개인의 의지에 따라 제작된다는 것으로, 신체는 즐겁게 소비되어야 할 기획물로 변한다.[31] 때문에 장식과 치장 중에서 가장 대표적인 화장은 사회적인 정체성의 도구로 쓰이는 제도라 할 수 있으며, 화장품은 철저하게 제도화되는 것이기도 하다.

개항 이후 서구적 화장으로 변화되기 시작한 한국의 화장은 1910년 한일합방 이후 일본 화장품이 들어오면서 다량 유입되기 시작하였으며, 1930년대 조선인이 설립한 화장품들이 등장한다. 조선일보나 매일신보, 동아일보 등에서도 이미 화장품

---

31) 서범석 외, 『근대적 육체와 일상의 발견』, 경희대출판부, 2002, 67면.

광고가 등장하기는 하지만, 여성 매체인 『신여성』에서 화장품 광고는 시대의 조류 속에서 광고란의 주축이 된다. 그리고 이들 광고는 여성들의 외양의 근대성을 지향하면서 여성들의 외모를 서구화하는 데 일조했다. 1920년대 『신여성』에서는 화장에 대한 긍정적인 내용을 찾을 수 없었다. 그러나 1930년대에는 화장에 대한 긍정적인 담론이 거의 매호 등장할 뿐만 아니라 광고는 이를 더욱 조장하는 데 일조했다. 20년대 신여성이 독서를 통해 정체성을 확보할 수 있었다면, 30년대에는 화장, 즉 외모의 변화를 통해 여성들의 정체성의 변모를 주도해 나갔던 것이다.

외양의 근대성, 근대적 신체의 발견은 <표 - 5> 약 광고를 통해서도 확인할 수 있다. 약 광고는 1920년대 『신여성』에서 서적 외 상품으로 가장 먼저 등장했지만[32], 당시 광고횟수는 얼마 되지 않았다. 그러나 1930년대 『신여성』에서는 화장품 광고와 함께 약 광고가 주축을 이룬다. 약 광고는 빈도수 뿐 아니라 종류의 다양함으로도 1930년대 『신여성』 광고에서 가장 중요한 광고였다. 20년대에 등장했던 부인병 관련 약 외에도 살 빼는 약, 은립, 두통약, 외용상비약, 산후약, 아이들을 위한 약, 임신을 돕는 약, 안약 등 그 종류도 다양했다. '매력이 적은 동양사람의 눈 - 눈을 光美하게 하는 법'(『신여성』1933년 7월호)이라고 소개한 안약 광고나 살 빼는 약 광고 등은 모두 서구적인 신체를 기준으로 외양의 근대성을 추구한 광고 텍스

32) 1924년 3월호에 '노신' 광고가 최초의 약광고이며, 이후 월경장애 관련 약들인 오오호르민, 자궁병, 희곡실모산, 月やく등의 약들이 등장한다.

트였다.

종류의 다양함에도 불구하고 이들 약 역시 소비자를 여성으로 전제한 상품들이다. 뿐만 아니라 약 광고는 근대 의학적인 지식이 상품화되어 대중들에게 선전되는 효과를 낳았으며, 광고는 의학지식을 대중화하는 과학적 담론의 역할을 함께 수행하였다. 특히 과학적 의학 담론의 형태로 등장한 여성 호르몬제와 자궁병, 부인병과 관련된 약 광고를 통해 여성들의 몸은 근대적 의학 제도 속에서 관리해야 하는 신체로 변모한다. "약의 힘인지 사랑의 힘인지 아내의 늑막염을 정복한 남편의 血淚記"(『신여성』 1933년 4월호)라는 제목으로 아내의 병을 고친 남편의 이야기가 광고로 만들어져서 소개되기도 한다.

학긴난로 광고, 1932. 10.

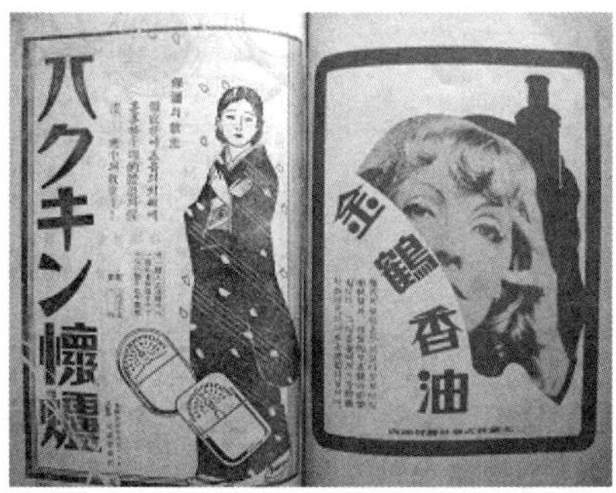

학긴난로, 금학향유 광고 1932. 12.

약 외에도 위생용품으로 생리대 광고나, 추위를 덜어 줄 수 있는 손난로 광고가 등장하는 것으로 보아 이러한 상품들이 1930년대 한국 사회에 소개되었음을 알 수 있다. 여성들은 자신의 몸을 알아야 할 뿐 아니라 광고에 비추어 자신의 병을 관찰하고 이에 맞게 처방할 수 있어야 한다. <표 - 6>에서 허신의원과 기생원 광고 역시 1930년대 『신여성』 잡지에 매호마다 1번 이상 등장한다. 여성들은 약뿐 아니라 병원을 방문하기도 하고, 성의 고민을 해결하기 위해 '기생원'을 찾을 수도 있다. 이를 유도했던 것이 당시의 광고들이었다. 더불어 당시 『신여성』 광고에서 특기할 사항은 다른 매체와는 달리 에로(erotic)나 성병과 관련된 광고가 흔하지 않았다는 사실이다. 당시 신문 매체에 소개된 광고에는 에로 광고와 성병 치료약 관련 광고가 빈번하게 등장한다. 그러나 『신여성』에서는 에로와 관련된 광고는 찾을 수 없다. 성의 상품화보다는 건강한 성생활을 유지하기 위한 상품들이 소개되는데, 이는 임신 출산 육아와 관련된 약 광고로 집약되었으며, 『신여성』 독자로서의 여성을 어머니로서의 역할에 충실한 여성으로 전제했기 때문이다.

마지막으로 주목해야 하는 것이 조미료 광고이다. 조미료 아지노모도는 1926년에 한국에 출시되어 이후 10여 년에 걸쳐 장기 광고 캠페인을 통해 한국의 인공조미료 시장을 개척한 브랜드이며,[33] 가장 오랫동안 한국에서 광고를 한 제품 중 하나다. 아지노모도는 조미료 그 자체를 나타내는 개념어가 됐을 정도로 가장 대표적인 조미료이며, 1908년 일본에서 처음으로

33) 마정미, 『광고로 읽는 한국사회문화사』, 개마고원, 2004, 223면.
아지노모도는 해방 후 대표적인 인공조미료였던 미원의 모델이기도 했다. 미원은 철저하게 아지노모도를 모방했으며, 기존 아지노모도의 브랜드파워가 강력했기 때문에 미원 광고에서조차 "아지노모도와 품질이 같다."라는 말을 밝혔다. 이에 대해서는 마정미의 책, 224면 참조.

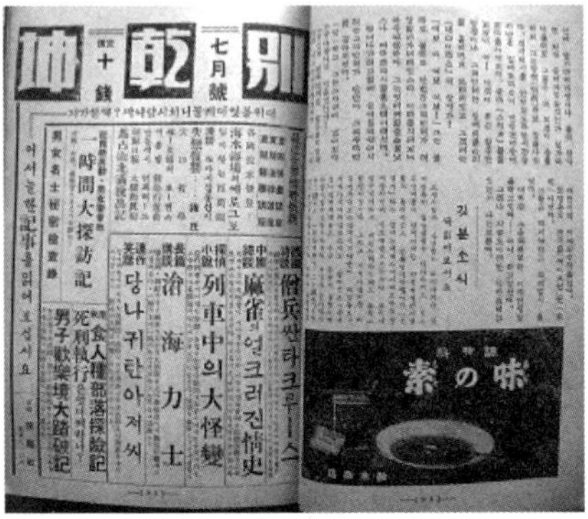

아지노모도,『별건곤』광고, 1932. 7.

시판된다.[34] 1909년 5월 아지노모도는 조선의 식당에서 처음으로 일본 신문을 보고 주문을 하면서 한국과 첫 인연을 맺었으며, 국수집을 공략, 평양의 국수집과 인천, 원산의 국수집들을 단골 고객으로 만들었다.[35] 이후 일반 가정의 아녀자들을 공략하게 되면서 본격적인 광고에 나선 아지노모도사에게 『신여성』은 더할 나위 없이 좋은 광고 매체였다.

모든 음식을 맛있게 하는 양념가루로 소개된 아지노모도는 특히 '신여성은 아지노모도를', '근대 여성은 모다 애용자'라는 문구로[36] 맛으로 뿐 아니라 문명의 상징이나 되듯이 여성을 유혹했다. 이 제품이 식민지 조선의 시장에 유입되면서 각종 매체에 광고로 등장하는데 여성지였던 『신여성』도 독자들에게 이 조미료에 대한 관심을 호소했다. 근대적 미각의 대명사가 된 아지노모도를 사용함으로써 훌륭한 주부는 식탁의 근대화를 이끌어야 하며 이를 가능하게 하는 것이 아지노모도나 오지노모도라고 할 수 있는 조미료이다. 특히 아지노모도 광고는 그림과 문구를 통해 가부장제적인 이미지를 강화시키면서 동시

34) 국사편찬위원회 편, 앞의 책, 110면.
35) 김태수,『꽃가치 나를 매혹케하라』, 황소자리, 2005, 86~88면.
36) 국사편찬위원회 편, 앞의 책, 116면.

에 맛의 근대화라는 미명하에 우리의 식탁을 서구화하는 데 일조하였다.[37] 그런데 특이한 것은 다른 매체 특히 같은 시기의 『매일신보』에 비해 『신여성』지의 아지노모도 광고는 가부장제적인 이미지를 활용한 광고를 실지 않았다는 사실이다. 이 역시 『신여성』 독자의 수준을 고려한 전략이었을 가능성이 높다.

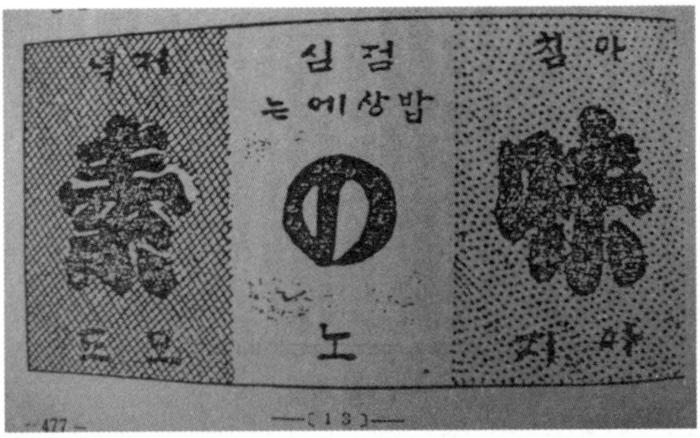

『신여성』 1932년 11월호

1920년대 중반 이후 국내 신문에 일본 상품 광고가 급증한다. 이는 신문사 재원 확보와 무관하지 않다. 더구나 국산품(조선 상품) 애용을 주장한 광고는 탄압받곤 했다. 일제 강점기 국내에서 제작된 광고는 '광고 검열'이라는 제도로 이중적인 제약을 받았으며, 일제는 식민지 지배 정책과의 관련 하에서 광고를 규제하였다. 이러한 상황에서 계몽지에서 대중적으로 선회한 1930년대 『신여성』도 재원 확보를 위해 1920년대와는 달리 전폭적으로 광고를 게재한다.

당시 광고는 더 이상 자사인 개벽사의 서적 광고나 교육이나 계몽을 위한 책 선전에 국한되지 않았다. 1930년대 여성이

37) 아지노모도 광고가 가장 많이 등장한 매체는 1930년대의 『매일신보』이다. 『매일신보』는 1915년 9월 15일자를 시작으로 1920년 6월 23일 아지노모도 광고를 통해 이 조미료를 소개, 이후 1930년대에 이르면 다양한 카피와 이미지, 도안을 이용해서 아지노모도를 적극적으로 광고한다.

쓸 수 있는 소비재 상품들이 광고를 통해 기재되었으며, 특히 일본 상품들이 대거 등장한 상품들을 통해 당시 식민화 조선에서도 일상이 변화하기 시작하였음을 보여준다. 그럼에도 불구하고 다양한 이미지와 카피로 적극적인 광고 전략을 앞세웠던 아지노모도의 광고가 신여성을 소비자로 적극 활용하면서도 실재 내용면에서는 『신여성』에서는 단순한 광고로 소개되고 있었다는 점은 신여성을 상품 구매자로 선점하고자 한 아지모도사와, 맛의 근대화라는 미명 하에 숨어 있는 토착문화 특히 토착음식의 잠식을 우려한 『신여성』 편집진들과 개벽사의 민족적 성향이 상충한 결과였으리라는 추측을 가능하게 한다. 이를 확인할 수 있는 확실한 자료는 없다. 단 『신여성』지가 아지노모도 선전을 금할 수는 없었으나 이를 적극적으로 옹호하지는 않았다는 사실을 다른 매체와의 비교를 통해 확인할 수 있다.

아지노모도의 다양한 광고들이 『매일신보』에 적극적으로 기재될 수 있었다는 것 역시 친일 성향을 보여줬던 『매일신보』의 매체적 성격 안에서 가능할 수 있었기 때문이다. 새로운 상품을 소개하는 것보다 소금, 간장, 고추장 등 재래의 조미료를 대체하고자 했던 새로운 조미료가 더 위협적으로 느껴질 수 있었으며 음식을 상품으로 인식하는 데서 오는 거부감 때문이기도 했다.[38)]

---

38) 이에 대해서는 당시 식문화와 관련해서 더 충분한 자료가 근거로 확보되어야 할 것이다. 이는 차후에 미룬다. 단지 본고에서는 조미료로 대표된 음식 광고에 대해 소극적이었던 1930년대『신여성』 광고의 특징을 지적하고 이러한 현상에 대한 원인의 가능성을 정리하는 데 그침을 밝힌다.

이상 여성 전용 상품 광고 뿐 아니라 레코드, 사진기, 사진관 광고 등 30년대 『신여성』 광고란은 1930년대 조선이 지향했던 소비문화의 일상을 그대로 노출하는 표징이었으며, 여성들에게는 소비문화를 체험할 수 있는 공간으로 자리 잡는다. 일상의 변화의 상징이기도 했던 광고는 화장품, 의약품 등의 광고를 통해 신체를 치장하고 관리해 나가는 여성들의 변화에 촉매제 역할을 했다. 동시에 광고는 여성들이 새로운 사회 안에서 자신들의 욕망을 생산하고 확인하며 충족시킬 수 있는 담론의 장으로 부상했다.

Ⅳ. 맺음말 - 자본주의 사회의 정치 텍스트, 광고

이상 본고에서는 『신여성』의 광고를 중심으로 여성들의 일상을 소비 문화적 차원에서 살펴보았다. 소비문화의 등장은 여성의 사사로운 욕구와 욕망, 자아 인식 등이 공적인 상품의 표상에 의해 구체화되는 것을 의미한다. 여성은 소비의 주체로서 근대를 체험하게 되며, 이를 독려한 것이 『신여성』의 광고란이다. 『신여성』의 광고를 통해 당시 여성이 상품을 선택하고 구매할 수 있는 소비 주체로 부상하였음을 알 수 있었다. 소비체험은 여성에게 근대적 주체의 체험을 공유하게 할 수 있는 일상의 변화였다. 이러한 소비 공간이 대중화되면서 1930년대 『신여성』에 등장하는 수많은 광고들은 여성의 욕망을 생산하고 확인하며 충족시킬 수 있는 가능성을 가시화 했다. 그런 면에서 소비문화의 대표적 상징인 광고는 여성 주체의 발견과 성장을 도왔으며, 여성욕망의 긍정과 욕망의 생산에 기여했다.

당시 파행적이기는 했으나 근대화 과정에 있던 식민지 조선에서 소비는 다른 서구 사회에서처럼 공적 영역과 사적 영역의 이분법을 가르며 여성을 공적 영역으로 호명하는 출구가 될 수 있었다. 그러나 이렇게 호명된 여성 소비자가 그 주체성을 계속 확보할 수 있었는가에 대해서는 재고해야 한다. 가부장제와 자본주의화, 그리고 식민화의 과정 속에서 여성은 소비의 주체가 아니라 소비의 대상으로 전락할 수 있는 가능성이 농후했기 때문이다. 또한 여성 충족의 욕망으로 등장한 상품들의 대다수가 일본을 통해 건너한 수입품이었다는 것을 감안한다면, 당시 광고들이 여성들에게 상품을 선택, 소비, 향유하며 근대사회의 주역으로서의 해방적 체험으로 이어지기 보다는 여성을 소비의 대상 혹은 상품으로 전락시키고 가부장적 체제 수호를 위한 도구로 귀착시킬 수 있는 여성 해방에 역행하는 도구가 될 수도 있었다.

따라서『신여성』의 광고란은 소비문화가 가져온 일상의 변화와 함께 그 속에서 여성 주체의 가능성과 위험성을 동시에 보여주는 담론장이었다. 동시에 여성주체가 관리된 욕망의 수동적 존재로서가 아닌 이상적인 소비주체가 되기 위해 거쳐야 했던 시험장이었다. 여성에게 호소하는 광고를 발표하면서도 사치하는 여성, 소비하는 여성에 대한 경고성 글들이 병존하는『신여성』의 이중적인 태도는 그 자체로 소비 사회에서 여성들에게 투사되는 시선이기도 했다. 이러한 사회에서 소비의 긍정적 가치를 확산시키고, 가치 지향적인 소비를 통한 생산과 분배의 민주화를 이끌 수 있는 여성 주체의 역할은 1920년대와 1930년대 뿐 아니라 오늘날까지 지속되는 여성의 과제라 할 수 있을 것이며, 이러한 과제의 시발로서 『신여성』 광고 담론이 갖는 의미가 평가 받아야할 것이다.

광고라는 것을 알면서도 그것에 움직이는 것은 또한 근대 민주주의의 정치적 성격과 닮아 있다. 가라타니 고진이 언급했듯이 데모크라시는 '대중이 단지 감동하는 것이 아니라, 자기를 감동시키고 있다는 것을 알면서도 대중이 감동하는 것이라 할 때, 광고는 정치적인 것이기도 하다.[39] 『신여성』의 광고 역시 이러한 기능을 수행했다. 신분이 사라진 균질하고 동질적인 사회에서 자본주의 사회의 욕망을 만들어 내는 새로운 시험의 장으로 등장하였으며, 이 안에서 여성들은 새로운 소비자로서의 정체성을 경험할 수 있었다. 그리고 그 안에서 여성이 어떤 주체로 탄생해야 할 것인가라는 과제는 광고 담론의 가장 중요한 문제제기였으며 이는 근대화 및 자본주의화에서 제3세계인 한국이 거쳐야 했던 특수성을 내포한 것이기도 했다.

여성은 일상의 변화를 표방한 근대적 상품을 소비해 주는 여성이 아니라 일상의 변화를 주도해나가야 하는 주체로, 자본주의 근대 체제로 기획된 일상에 잠식되는 수동적 존재가 아니라 광고 문구와 이미지를 통해 변화하는 일상을 경험하면서도 거기에 포획되지 않는 소비자로 성장할 수 있어야 했다. 이들에게 『신여성』에 소개된 여성용 광고는 적어도 남성과 대등

39) 가라타니 고진, 「정치, 혹은 비평으로서의 광고」, 『언어와 비극』, 도서출판b, 2004, 331면.

하게 소비자로서 부상한 자신들의 신분적 변화를 체험할 수 있는 기회를 제공했다. 동시에 광고를 통해 여성들은 광고 상품과 내용에 내재된 가부장제에 기반 한 근대와, 일상의 변화를 상품으로 대체시켜 광고를 주도해 나간 제국 일본을 경험할 수 있었다. 광고의 정치적 전략을 그 누구보다 적극적으로 독해해 나가야하는 역할은 『신여성』 독자들의 새로운 과제였으며, 지금까지도 소비자로서의 현대인들에게 부여된 과제이다. 광고 담론에 대한 적극적 독해의 방법과 이를 위한 연구가 계속되어야 하는 이유 또한 이 때문이다. 본고는 이를 위한 시론이었다. 여성지 중에서 최초로 광고를 소개했던 『신여성』광고란에 대한 분석을 시도했던 본 연구가 차후 좀 더 다양하고 본격적인 광고에 대한 담론 연구의 활성화로 이어질 수 있기를 기대한다.

참고문헌

『신여성』

국사편찬위원회 편, 『광고, 시대를 읽다』, 두산동아, 2007.
마정미, 『광고로 읽는 한국사회문화사』, 개마고원, 2004.
서범석 외, 『근대적 육체와 일상의 발견』, 경희대출판부, 2002,
신인섭·김병희, 『한국근대 광고 걸작선』, 커뮤티케이션북스, 2007.
中村哲·박섭 편저, 『동아시아 근대 경제의 형성과 발전』, 신서원, 2004.

김진석, 「소비주의의 이중적 성격-이데올로기인가, 생활양식인가」, 『사회과학연구』 46집, 강원대학교 사회과학연구소, 2007.
김한식, 「잡지의 서적 광고와 내면화된 근대 - 『청춘』과 『개벽』을 중심으로」, 『상허학보』 16집, 상허학회, 2006.
서범석 외, 「근대인쇄광고를 통해 본 근대적 주체형성에 관한 연구: 개화기~1930년대까지 몸을 구성하는 상품광고를 중심으로」, 『광고학연구』 15권 1호, 2004, 봄.
연구공간 수유+너머 근대매체연구팀, 『신여성』, 한겨레신문사, 2005.
이두원·김은희, 「한국근대소비문화변천사 - 근대신문광고에 나타난 소비가치 체계 분석을 중심으로」, 『광고학연구』 15권 3호, 한국광고학회, 2004.
이두원·김인숙, 「근대 신문광고(1886~1949) 내용분석 연구; 근대 소비문화 형성과정을 중심으로」, 『광고학 연구』, 제15권 5호.
이소연, 「일제 강점기 여성잡지 연구 - 1920~30년대를 중심으로 -」,

『이화사학연구』 29. 2002.
이희복, 「1930년대 여성 잡지광고에 비친 여성의 이미지: 잡지 <여성>을 중심으로」, 『커뮤티케이션 연구』 15권 3호, 2007 가을.
권혜경, 「현대소비문화의 형성과정에 나타나는 젠더의 정치성과 고착화, 그리고 그 전복적 대응」, 『영미문학페미니즘』, 2006.
한기형, 「근대잡지와 근대문학 형성의 제도적 언설」, 『대동문화연구』 제48집, 2004.

가라타니 고진, 조영일 역, 『언어와 비극』, 도서출판b, 2004.
리타 펠스키, 김영찬·심진경 역, 『근대성과 페미니즘』, 거름, 1998.
스튜어트 유엔, 최현철 역, 『광고와 대중소비문화』, 나남출판사, 1998.

취미실익 잡지 『별건곤』과 대중서사물

장 두 식*

Ⅰ. 머리말

본고는 취미·실익 잡지를 표방했던 『별건곤』의 매체적 특성과 이 잡지에 게재된 서사물의 성격을 고찰하는 데 목적이 있다.

별건곤은 1926년 11월에 창간하여 1934년 8월호 통권 74권까지 개벽사에서 발간한 종합지 형식의 잡지였다. 당시 개벽사는 3대 월간지 『개벽』, 『어린이』, 『신여성』을 발간하고 있었는데, 『개벽』이 1926년 8월호(통권 72호)로 폐간이 되자 그 후속

* 단국대 동양학연구소 연구교수.

으로 『별건곤』을 발간하였다. 그러나 『별건곤』을 『개벽』의 후속 잡지로 보기에는 매체적인 성격이 상이하였다.

『개벽』이 천도교의 평등주의에 입각한 민족개조를 표방하는 계몽담론으로 짜인 정론적인 성격이 강했다면, 『별건곤』은 독자들의 취미와 실익에 관한 통속적인 취미독물로 꾸며졌다.

『개벽』과 『별건곤』의 차이는 당시 한국 사회의 변모와 저널리즘의 변화에 기인한다. 20년대 후반부터 조선사회는 식민지 자본주의적 사회구조로 변모하기 시작하였고, 저널리즘에도 상업주의적인 색채가 강하게 나타나기 시작했다. 이 시기 신문과 잡지에는 영화와 스포츠 기사가 등장하고, 부인란 등이 독립하는 등 오락성이 강한 근대 취미독물들이 본격적으로 등장하였다. 이러한 '취미독물'의 등장은 저널리즘의 상업주의적 변화이자, 동시에 근대 독자의 분화를 불러왔다.

본고는 먼저 『별건곤』이란 근대적인 매체와 독자의 관련양상에 주목을 했다. 『개벽』의 후속 잡지이면서도 계몽보다는 취미와 실익을 강조했고, 정론적인 글보다는 취미독물로 지면을 채웠던 『별건곤』은 당시 어느 잡지매체보다도 독자와 가까웠다. 즉 『별건곤』과 독자의 관계는 다른 잡지보다 상호 소통적이었다. 이러한 관계망은 『별건곤』에 게재된 서사물의 선정과 배치에도 영향을 끼칠 수밖에 없었다. 또한 『별건곤』의 이러한 성격은 당대 독자들의 독서문화에 작용을 가할 수밖에 없었다.

근대 서사양식의 중심은 소설이었다. 대부분의 문학사는 1910년대 단편소설들과 이광수의 장편소설 「무정」 이후부터 근대소설의 시대라고 정리하고 있다.(김영민, 1997) 하지만 소설이라는 양식의 정착과정은 출판 유통과정과 독자의 독서문화와의 관계 속에서 다시 한번 자세히 살펴보면 지난하고 복잡한 과정이었다. 김동인, 염상섭, 현진건, 이기영, 한설야, 김남천 등이 왕성한 창작 활동을 하였던 2,30년대에 『별건곤』이란 잡지공간 속에서 이러한 근대소설의 정착과정이 구체적으로 드러나 있다.

본고는 『별건곤』의 매체적인 특성과 별건곤에 게재된 서사양식을 통해 2,30년대 대중서사물의 성격과 서사양식의 존재양상의 재고하고자 한다.

Ⅱ. 계몽담론에서 취미담론으로

『개벽』을 태초의 빛과 같이 상정하고 있는 창간사를 통하여 이 잡지가 목적하는 바를 쉽게 읽을 수 있다. 즉 세상의 소리가 있는데 이 소리의 정사를 판단할 수 없는 우리/민족을 계몽하기 위하여 『개벽』이 창간되었음을 다음과 같이 웅장한 필치로 강조하고 있다.

> 소리-있어 넓히 세계에 전하니 온 세계 모든 인류-이에 응하야 부르짖기를 시작하도다. 강자도 부르짖고 약자도 부르짖으며 優者도 부르짖고 劣者도 부르짖도다. 동서남북, 사해팔방이 다같이 소리 중에 묻혀 있도다. 霹靂이냐 地震이냐 神籟이냐 魔哭이냐 우리는 아즉이 소리의 正邪를 판단할 수 없도다. 좌우간 다수가 渴仰하고 다수가 요구하는 인민의 소리임은 명백하도다. (『개벽』 창간

사, 1920.6)

천도교에서 발행한 『개벽』은 평등주의에 입각한 사회개조와 민족문화의 창달을 표방하였다. 이러한 『개벽』의 성격 때문에 창간호에서부터 일제의 가혹한 검열과 탄압을 받았다. 하지만 강제로 폐간될 때까지 정론적인 성격을 버리지 않았다.

그런데 『개벽』의 후속 잡지인 『별건곤』은 그 성격이 사뭇 달랐다. 창간호의 편집 후기의 「여언」을 살펴보면 이러한 차이가 어디서 기인하는 지 발견할 수 있다.

> 인제는 가을이 왓다. 한울이 푸르고 땅 우에는 만 가지 곡식이 누르러진다. 뜨거운 녀름에서 이 가을까지 오는 동안이란 참말로 잠간 동안이다. 일년이 잠간인 것 만치 녀름에서 가을까지도 잠간 동안이다. 그러나 우리는 우리의 생활이 하로 동안에 만흔 변화가 생기는 것 만치 이 가을을 마지할 동안이란 참말노 만흔 변천이 잇섯다. 변천이란 압흐고 쓰라린 맛이 졈졈 롱후하여 가는 변천뿐이다.
>
> 압흔 생활에서 때때로는 웃어도 보아야겟다. 웃어야 별 수는 업겟지만은 그러타고 울고만 잇슬 것도 안이다. 우리는 형편도 그러케 되지 못하엿지만 웃음을 우슬 줄도 모른다. 자-좀 웃어 보자! 입을 크게 버리고 너털 우슴을 우서보자! 그러타고 압흔 것을 이저서도 안이된다.
>
> (『별건곤』 餘言, 1926.11)

「여언」의 모두(冒頭)는 상당히 암시적이다. 자연스런 계절의 변화와 쓰라린 생활의 변천을 대조하면서 『개벽』 폐간의 전후

사정을 은연중에 강조하고 있다. 그리고 『별건곤』의 발간은 이 아픔 속에서 웃는 것이라고 비유하고 있다. 아픔과 웃음의 메타포는 『개벽』과 『별건곤』의 성격을 그대로 보여주고 있다. 그런데 이 글에서 『별건곤』은 『개벽』 폐간으로 발간된 것이 아니라 폐간 일 년 전부터 '취미와 과학을 가추인 잡지'를 하나 경영하자는 계획이 있었음을 밝히고 있다. 여기서 계절의 변화와 생활의 변천을 이야기한 의미를 읽을 수가 있다. 『개벽』, 『신여성』, 『어린이』를 발간하고 있던 개벽사가 취미 잡지인 『별건곤』을 계획하고 있었던 것은 상업주의 대두와 대중독자의 성장 등 당시 사회의 변동과 깊이 관련이 있다고 할 수 있다.

> 취미라고 무책임한 讀物만을 느러놋는다든지 혹은 방탕한 오락물만을 기사로 쓴다든지--등 비열한 정서를 조장해서는 안이될뿐만 안이라 그리한 취미는 할 수 잇는 대로 박멸케 하기 위해서 우리는 이 취미 잡지를 시작하엿다. 젊은 동지들이여! 한 가지 낡고 쓰고 생각해 보자!

그런데 이 글에서는 '무책임한 독물', '방탕한 오락물', '비열한 정서' 등을 조장하는 취미와 『별건곤』에서 표방하는 취미를 구별하고 있는데 『별건곤』에 게재된 취미독물을 살펴볼 때 이러한 변별점을 전혀 찾을 수가 없다. 오히려 『별건곤』이 만들어 내는 취미담론은 소비욕구의 팽창과 그 충족을 핵심으로 하는 당대 대중독자의 욕망을 자극하고 재생산하는 매카니즘 안에 자리 잡고 있었다. (김진량, 2005:343) 『별건곤』은 취미독물을 통하여 당대 독자의 통속적 감수성에 자극을 주고 근대 오락문화에 배치되도록 호명하였던 것이다.

Ⅲ. 독자의 호명

『별건곤』이 표방하고 있는 '취미·실익'은 당대 독자들의 소비욕구를 자극하려는 상업주의적 의도에 의해서 만들어진 담론이다. 즉 『별건곤』의 취미담론은 한국 땅을 소비의 공간으로 재구성하고 한국인들을 소비 주체로 호명하기 위한 의도가 담긴 담론이다.(김진량, 2005:344)

근대 대중매체가 가지고 있는 강력한 힘은 독자들로 하여금 매체가 가지고 있는 욕망을 자기 욕망으로 오해하게 만든다. 이러한 오해를 유발시키고 조정하여 대중들을 적극적으로 매체 소비자로 만들고자 하는 것이 근대 대중매체의 전략이라고 할 수 있다. 『별건곤』 또한 이러한 근대 매체의 성격에서 벗어날 수 없었다. 『별건곤』이 강담, 기담, 괴담, 탐정소설 등 취미독물로 채워져 있다는 것이 이 사실을 뒷받침해준다. 가자봉인의 「현대의 괴인 천하대걸물 무풍대사」(26.12.), 신경순의 「식인재판」(30.6), 김규원의 「운니동 괴화-총각습격한 처녀귀」(32.11), 석문양의 「정조(貞操) 도박사건」(33.10,11 합병호) 등과 같은 제목만 살펴보더라도 『별건곤』에서 취미독물의 성격을 알 수 있다.

그런데 『별건곤』이라는 매체공간은 이전의 정론적인 잡지매체와는 다른 목소리들을 담고 있다는데 주목을 해야 한다. 『황성신문』과 『독립신문』과 『개벽』과 같은 초창기 신문과 잡지는 계몽적인 담론과 기능적인 담론으로 독자들을 호명하였다. 신문과 잡지라는 근대적인 제도는 당대 독자들에게 유용한 정보의 원천이자 이데올로기 자체였다. 때문에 신문과 잡지는 권위있는 목소리일 수밖에 없었다.

하지만 상업주의와 취미독물로 꾸며지는 대중잡지의 등장으로 독자들은 새로운 독서방법을 익히기 된다. 즉 취미독물에 대한 독서는 기존의 신문과 잡지의 정보수용과 사실 확인의 독서와는 다른 것이었다. 독자들에게 취미독물은 탈권위적이고 수평적인 이미지로 이해되었다. 이는 취미독물이 가지고 있는 통속성이 인간 내면에 존재하는 본성의 한 측면이기 때문이다.(박성봉, 1995:117) 그리하여 『별건곤』과 독자와의 관계는 친교적이며 상호소통적인 관계로 자리매김될 수밖에 없었다.

또한 『별건곤』이 가지고 있는 인쇄매체적인 성격은 독자의 참여를 적극적으로 허용하고 있다. 인쇄매체는 저자와 독자의 직접적 대화를 막는다. 하지만 다른 한편으로는 저자와 독자의 의사소통은 더욱 강화될 수 있다. 왜냐하면 독자가 저자의 영향력에서 벗어나 주체적으로 저자의 메시지를 자기화할 수 있게 되기 때문이다. 이러한 독자의 성격을 알고 있는 저자는 글을 쓸 때 미지의 독자를 미리 상정하게 되는 것이다.(정호근, 1998:378~379) 『별건곤』도 독자에 대한 영향에서 자유로울 수가 없었다.

『별건곤』의 편집자는 '지방색'이라는 란에 독자 투고를 계속

독려하고, 매호마다 현상문제를 내어 독자 참여를 유도하고 있다. 이러한 편집자의 노력은 독자 배가를 위한 목적에서 비롯된 것이었다. 그런데 이러한 독자 참여와 같이 매체와 독자의 관계맺음 속에서 매체에 실리는 글들도 독자의 기호에 맞게 조정되게 된다.

때문에 『별건곤』의 잡지 공간 속에는 독자들의 목소리가 강하게 담겨 있었다. 즉 『별건곤』이 독자를 호명하고 있지만, 독자 또한 『별건곤』을 호명하고 있었던 것이다. 이러한 독자의 목소리는 『별건곤』에 게재된 서사물[1]을 통하여 확인할 수 있다.

Ⅳ. 취미·실익의 정체

『별건곤』에 실린 서사물은 크게 순문예 소설과 강담류 취미독물[2]로 나눌 수 있다.

창간호부터 종간되는 통권 74호까지 게재된 서사물은 대략

1) 하나의 이야기, 즉 시간적 연쇄로 이루어진 일련의 사건을 말한다. 하나의 이야기를 구성하는 사건들의 말하기. 서사물은 하나의 문화를 존립시키는 의미들을 구조화한다. 스티븐 코핸·린다 샤이어스, 『이야기하기의 이론-소설과 영화의 문화 기호학』, 한나래, 1996, 13면.

2) 『별건곤』에 실린 소설 이외의 서사물은 다양한 장르명을 가지고 있다. 이를 모두 취미독물이라고 하기에는 부정확하여 전통적인 구술성을 가진 서서양식인 강담과 근대적인 취미독물을 합하여 강담류 취미독물이란 명칭을 사용한다.

185여편 정도인데 이 중에서 소설로 호칭된 텍스트가 29편 정도이다. 이 속에는 김동인의 연재소설과 유모어소설과 로맨쓰가 포함되어 있으므로 순문예소설은 그 수는 더욱 적어진다.

그런데 『별건곤』에서 서사물에 대한 장르구분은 상당히 자의적이었다. 소설 텍스트도 '창작'이란 명칭과 '소설'이란 명칭을 구분하고 있는데 그 구별의 기준이 모호하다. 1930년 1월호에 게재된 이태준의 「기생 산월이」는 소설로 호칭하고, 채만식의 「병조와 영복이」는 창작으로 호칭하고 있다. 1927년 4월호 실린 김운뎡의 「찬눈물 더운눈물」은 야화(野話)소설로 호칭되고 있다.

이에 비하여 강담류 취미독물은 78편 정도로 압도적인 수를 차지한다. 강담류 취미독물은 다시 강담(講談), 신강담(新講談), 정화(情話), 비사(悲史,秘史), 독물(讀物), 애화(哀話), 인정미담(人情美談), 괴담(怪談), 야담(野談), 사실기담(事實奇談), 전설기담(傳說奇談), 기담(奇譚)넌센스, 범죄실화(犯罪實話), 야화(夜話,野話), 괴화(怪話), 만담(漫談), 괴기실화(怪奇實話), 사실비화(事實秘話), 만문(漫文), 실화(實話), 특종실화(特種實話) 등 하위장르로 구분되고 있다. 이러한 하위 장르 구분은 텍스트의 내용에 따른 것인데 이 또한 그 기준이 모호하다. 강담과 신강담을 왜 구별하는지 괴담과 괴화가 어떠한 차이가 있는지, 만담이나 만문이 왜 나누어져야 하는지 확실하지가 않다.

이렇게 강담류 취미독물이 많은 이유는 당대 독자들의 독서양상에서 찾을 수가 있다. 2,30년대 소설독자들은 ① 구 활자본 고소설(딱지본) 및 일부 신소설의 독자, 구연된 고전소설과 일부 신소설 등의 향수자, ② 대중소설, 번안소설, 신문 연재

통속소설, 일본 통속소설, 야담, 일부 역사소설 등의 향수자, ③ 신문예의 순문예작품, 외국 순수문학 소설, 일본 순문예 작품 등의 향수자 등 3계 층위로 구별할 수 있다.(천정환, 2002:131) 근대적인 문학제도에 의해 형성된 ②, ③의 독자들보다 ①의 독자들은 전통적인 서사양식을 더 선호한다. ②의 독자 또한 순문예소설 보다는 강담류 취미독물이 더 친숙했다. 『별건곤』 편집자들은 이러한 당대독자들의 성향을 무시할 수 없었을 것이다.

그리고 『별건곤』에는 탐정소설이 순문예소설보다 많은 29여 편이 실려 있다. 이 탐정소설을 통하여 『별건곤』이 표방하는 취미와 실익의 정체를 읽을 수가 있다. 즉 탐정소설 장르가 근대 오락으로서의 취미독물에 부합되기 때문이다. 강담류 취미독물 중에서 괴담류가 괴기소설과 유사한 성격을 가지고 있지만 장르소설로 미분화된 상태라고 할 있다. 하지만 탐정소설은 근대 장르소설의 대표적인 양식이다. 이 탐정소설을 통하여 독자들에게 취미로서의 독서라는 담론을 수용하게 만들고 있다고 할 수 있다. 또한 『별건곤』 소재 탐정소설 텍스트들은 주요 필진이었던 채만식의 탐정소설과 일정부분 관련이 있다고 할 수 있다.

이상에서 살펴본 것과 같이 『별건곤』에 게재된 서사물들은 대부분 당대 대중독자들의 기대지평선 안에 있는 텍스트들이었다. 순문예 소설보다 오락성이 강한 강담류 취미독물과 탐정소설이 대부분을 차지하고 있는 것은 당대 대중 독자들의 성격과 무관하지 않다.

Ⅴ. 맺음말

이상으로 취미·실익 잡지인 『별건곤』의 매체적인 특성과 이 잡지에 게재된 서사물의 성격을 간략하게 살펴보았다. 『별건곤』은 당시 독자들을 근대오락물인 취미독물을 통해 소비주체이자 근대 대중독자로 호명을 하고 있다.

하지만 『별건곤』 또한 인쇄매체라는 특성과 상업주의적인 성격 때문에 독자들의 영향 하에 놓여 있었다. 이러한 관계망은 『별건곤』에 게재된 서사물은 선택에 작용할 수밖에 없었다. 그리하여 당대 독자의 수준과 기호에 맞는 강담류 취미독물이 서사물의 주류가 되었다. 순문예 소설보다는 강담류 취미독물이 서사물의 주류를 이루고 있다는 사실은 일종의 퇴행으로 볼 수 있으나 당대 독자들의 독서문화를 고려하면 자연스러운 현상이라고 볼 수 있다.

그리고 『별건곤』에 게재된 탐정소설이 위상을 통해서 본격적인 장르소설 독자의 가능성을 살필 수가 있었다. 탐정소설은 근대적 오락의 취미독물의 본격적인 장르라고 할 수 있다.

참고문헌

『별건곤』 영인본 도서출판 역락

강심호, 『대중적 감수성의 탄생-도박 백화점 유행』, 살림, 2005.
김영민, 『한국근대소설사』, 솔, 1997.
민족문학사연구소 기초학문연구단, 『한국근대문학의 형성과 문학장의 발견』, 소명출판, 2004.
박성봉, 『대중예술의 미학』, 동연, 1995.
임형택 외, 『동아시아 서사학의 전통과 근대』, 성균관대출판부, 2005
김진량, 「근대 잡지 『별건곤』의 "취미담론"과 글쓰기의 특성」, 『어문학』, 2005. 6.
이경돈, 「별건곤과 근대 취미독물」, 『대동문화연구』, 2004. 6.
정호근, 「의사소통과 매체-매체의 기능과 역기능」, 『매체의 철학』, 나남출판, 1998.
천정환, 「한국근대 소설독자와 소설 수용 양상에 대한 연구」, 서울대 대학원 박사논문, 2002.
스티븐 코헨·린다 샤이어스, 임병권·이호 역, 『이야기하기의 이론-소설과 영화의 문화기호학』, 한나래, 1996.

*부록 <별건곤> 소재 서사독물

순번	작 가	제 목	장르	게재호
1	이기영	박선생	소설	26.11
2	박영희	철야	소설	26.11
3	이익상	다시는 안본다(창작)	소설	26.12
4	최승일	경매(창작)	소설	26.12
5	북극성	누구의 죄	탐정소설	26.12
6	영주	팔십만년 후의 사회	과학소설	26.12
7	가자봉인	현대의 괴인 천하대걸물 무풍대사	강담	26.12
8	최승일	콩나물 죽과 소설(창작)	소설	27.1
9	이익상	그믐날(창작)	소설	27.1
10	권구현	폐물	소설	27.2
11	이량	눈나라의 사랑(정화)	강담	27.2
12	야뇌	서왕모1	강담	27.2
13	야뇌	서왕모2	강담	27.3
14	염상섭	여객	소설	27.3
15	춘파	천고의 쾌남자 오자서(신강담)	강담	27.4
16	야뇌	서왕모3(신강담)	강담	27.4
17	김운뎡	찬눈물 더운눈물(민담 수준)	野話소설	27.4
18	0남	살팔너 다니는 사람	소설	27.4
19	춘파	천고쾌협 형가(신강담)	강담	27.7
20	야뇌	서왕모4(신강담)	강담	27.7
21	최승일	죄?	소설	27.7
22	김동환	팔도전설 순례1 꽃가튼 낭자와 고승의 연애비사	강담	27.8
23	야뇌	살수대전의 기화(독물)	강담	27.8
24	춘파	홍문연의 번쾌주(독물)	강담	27.8

25	북극성	쾌남녀 이인조(독물)	강담	27.8
26	김동환	팔도전설 순례2 해녀와 용사의 부부암/연애비화	강담	27.11
27	가자봉인	고급탕녀 여태후	강담	27.11
28	대노자	여중의 노자	강담	27.11
29	김동환	팔도전설 순례3 향랑과 메나리꼿 노래	강담	27.12
30	고한승	죽엄의 무도	강담	27.12
31	견초	남겨둔 흙미인(전설애화)	강담	27.12
32	김동진	소설이상 진기한 삼대사실비화-해삼위의 연애복수극	강담	28.1
33	이유근	소설이상 진기한 삼대사실비화-비밀의 흉가	강담	28.1
34	이정호	소설이상 진기한 삼대사실비화-장소저의 도주결혼	강담	28.1
35	김소춘	만고정녀 설씨부인(인정미담)	강담	28.5
36	효산	아산 가상의 일사체(인정미담)	강담	28.5
37	야뇌	남편 위하야 호랑이잡고 순사한 산중가인(인정미담)	강담	28.5
38	정수일	보쌈홈의 기연(인정미담)	강담	28.5
39	이성환	약혼남녀의 최후(인정미담)	강담	28.5
40	최독견	조선은 인정의 나라(인정미담)	강담	28.5
41	춘파	화피북호의 박과부	강담	28.5
42	김동환	사비수가의 무사와 공주	강담	28.7
43	최남선	연작 강담1 아츰-대륙의 꿈	강담	28.8
44	송진우	명사십인 연작강담2-아츰	강담	28.12
45	이돈화	연작강담3 아츰-적막산중의 양웅	강담	29.1
46	반송작	그짓말 같은 사실기록 상사 뱀 이약이(괴담)	강담	29.1
47	양건식	청궁비사-향비애화	강담	29.1

48	박희도	연작 강담4 아츰-여진국의 정명동 원령	강담	29.2
49	야뇌	신신화-개국이전	강담	29.2
50	김기전	연작 강담5 아츰-노라치의 병사와 태종의 횡포	강담	29.4
51	안재홍	연작 강담6 아츰-비통한 탈주	강담	29.6
52	학보생	조선근세대명인 정수동(야담)	강담	29.8
53	P. 와일드	매니큐어 걸	탐정소설	29.9
54	P. 와일드	과거	탐정소설	29.9
55	P. 와일드	해결	탐정소설	29.9
56	P. 와일드	개시로 온 의뢰인	탐정소설	29.9
57	채만식	산적	소설	29.12
58	김동인	여인1	소설	29.12
59	정대현	연작강담7 아츰-통쾌한 꿈	강담	29.12
60	초산인	검두향혼 우미인 애화(정화)	강담	29.12
61	또돌이	당명황의 양귀비 정화(정화)	강담	29.12
62	삼산인	에급여왕 크레오파토라 염사(정화)	강담	29.12
63	김동인	여인2	소설	30.1
64	채만식	그 뒤로	소설	30.1
65	이태준	소설-기생 산월이	소설	30.1
66	채만식	창작-병조와 영복이	소설	30.2
67	최인아	창작-남매	소설	30.2
68	채만식	창작-병조와 영복이	소설	30.3
69	김동인	여인3	소설	30.3
70	최인아	노동자의 아내	소설	30.3
71	유진오	창작-귀향	소설	30.5
72	채만식	창작-병조와 영복이	소설	30.5
73	유진오	귀향	소설	30.6

74	김을한	명모유죄(사실기담)	강담	30.6
75	신경순	식인재판(사실기담)	강담	30.6
76	민호봉	궐려의 반생	강담	30.6
77	유진오	귀향	소설	30.7
78	김동인	여인3	소설	30.7
79	호연당인	인면사신(사실기담)	강담	30.8
80	김동인	여인4(창작)	소설	30.8
81	LPL	남양의 어린이 장사(사실기담)	강담	30.8
82	LK 모랄	애인의 책표지 된 미인의 피부(사실기담)	강담	30.8
83	삼산인	십오개월만에 관속에서 살어난 사실(사실기담)	강담	30.8
84	김동인	여인5	소설	30.8
85	김동인	여인6(소설)	소설	30.9
86	뻬스톤	인육에 못친 야광주	탐정소설	30.9
87	호연당인(백0)	넌센스 인간(넌센스)	강담	30.9
88	김동인	여인7(소설)	소설	30.10
89	H 랜돈	흉가의 비밀1	탐정소설	30.10
90	김동인	여인8(소설)	소설	30.11
91	H 랜돈	흉가의 비밀2	탐정소설	30.11
92	김동인	여인9(소설)	소설	30.12
93	H 랜돈	흉가의 비밀3	탐정소설	30.12
94	H 랜돈	흉가의 비밀4	탐정소설	31.1
95	H 랜돈	흉가의 비밀5	탐정소설	31.2
96	이태운	이팔미녀 김금선애화	강담	31.3
97		특호 실화 여자사십팔인학살사건	강담	31.4
98	삼산인	특별 독물-처녀귀!처녀귀!	강담	31.5
99	차청오	단오애화-어복에 파뭇친 미인·충신	강담	31.6

100	창석생	임진사화-이충무공의 삼대승첩기	강담	31.7
101	김진구	천고비장 야담-금산칠백의사총(야담)	강담	31.7
102	김진구	천고비장 야담-금산칠백의사총 2(야담)	강담	31.8
103	김진구	천고비장 야담-금산칠백의사총 3(야담)	강담	31.9
104	소천호	가방속의 사미인(범죄실화)	강담	31.10
105	소천호	스파이비화-카이젤을 속여넘긴 여밀정	강담	31.11
106	임봉주	중국의 명재판 이야기-범죄실화 8편	강담	31.12
107	월명산인술	장편강담-창해역사1	강담	32.1
108	월명산인술	장편강담-창해역사2	강담	32.2
109	월명산인술	장편강담-창해역사3	강담	32.3
110	김진구	금산칠백의사총4(야담)	강담	32.4
111	월명산인술	장편강담-창해역사4	강담	32.4
112	월명산인술	장편강담-창해역사5	강담	32.5
113	김진구	금산칠백의사총5(야담)	강담	32.5
114	유방	연애와 복수	탐정소설	32.6
115	월명산인술	장편강담-창해역사6	강담	32.6
116	호암인	오후 네시(유모어 소설)	소설	32.7
117	웅초 외	시골아저씨의 서울구경 (연작골계소설)	소설	32.7
118	오수산	서반아기담-승병산타크루스	강담	32.7
119	유방	기차에서 맛난 사람	탐정소설	32.7
120	월명산인술	장편강담-창해역사7	강담	32.7
121	0	0	0	32.8 결
122	소천호	홍등야화-사랑의상해	강담	32.9
123	웅초	학창야화-탈주동경행	강담	32.9
124	이종호	학창야화-가연문이 끼친 상처	강담	32.9

125	유방	태서괴담-공중을나는유령선(하)	강담	32.9
126	월명산인술	장편강담-창해역사9	강담	32.9
127	최병화	미모와날조	탐정소설	32.9
128	0	0	0	32.9 결
129	송악산인	개성야화-기생미행의미행기	강담	32.11
130	김규원	운니동괴화-총각습격한처녀귀	강담	32.11
131	호프맨	무죄한사형수	탐정소설	32.11
132	0	0	0	32.12
133	월명산인술	장편강담-창해역사12	강담	33.1
134	XYZ	태서사미인야화	강담	33.2
135	웅초	연작만담-여자의일생1	강담	33.2
136	최류범	순아참살사건	탐정소설	33.2
137	월명산인술	장편강담-창해역사13	강담	33.2
138	호연당인	말세부산물-코무든도적놈	강담	33.3
139	신경순	특선독물-괴기실화-피무든수첩	강담	33.3
140	최류범	질투하는악마	탐정소설	33.3
141	이병기	연재당편강담-연산주	강담	33.4
142	고범	연작만담-여자의일생2	강담	33.4
143	북극성	유모어소설-결혼신청	소설	33.4
144	최병화	저주바든동정	탐정소설	33.4
145	최류범	K박사의　명안	탐정소설	33.4
146	신경순	괴기실화-피무든수첩2	강담	33.4
147	백릉	연재만담-여자의일생3	강담	33.5
148	S 뿌레크 /최류범	이상한걸인	소설	33.5
149	신경순	괴기실화-피무든 수첩 끗	강담	33.5
150	모리스루부랑	연재탐정소설-해저의비밀(원명눈푸른처녀)	탐정소설	33.5

151	박우석	연작만담-여자의일상4	강담	33.6
152	최병화	살인괴담-늙은살인마(일명말사스귀)	강담	33.6
153	S 뿌레크 /최류범	못생긴악한	소설	33.6
154	모리스루부랑	해저의비밀2	탐정소설	33.6
155	모리스루부랑	해저의 비밀3	탐정소설	33.7
156	S 뿌레크 /최류범	아연중독자	소설	33.7
157	박상엽	괴기실화-마작살인1	강담	33.9
158	쟈드손필립스	현상범인찾기-이십삼호실의살인	탐정소설	33.9
159	A A 밀룬	붉은집의살인사건	탐정소설	33.10,11
160	석문양	사실비화-정조도박사건	강담	33.10,11
161	청오	염담기화-화장가인과풍류태수	강담	33.10,11
162	박상엽	괴기실화-마작살인종	강담	33.10,11
163	0	0	0	33.12.
164	이선희	만문-다당여인	강담	34.1
165	최류범	약혼녀의악마성	탐정소설	34.1
166	박영호	만문-조선극단의집웅밋	강담	34.2
167	연성흠	장편동화-아련의모험	동화	34.2
168	이아부	유모어소설-뚱뚱보여선생의실연	소설	34.2
169	신경순	만문-희화	강담	34.2
170	최류범	약혼녀의악마성	탐정소설	34.2
171	김릉인	금강정화-호접과영난화	강담	34.3
172	박영호	만문-방랑제3과	강담	34.3
173	연성흠	장편동화-아련의모험	동화	34.3
174	최류범	약혼녀	탐정소설	34.3
175	이아부	유모어소설-키쓰내기화투	소설	34.4

176	박영호	해적로맨쓰-정염의수평선	소설	34.4
177	연성흠	이상한대궐	동화	34.4
178	XYZ	전설기담-천하호걸양수심	강담	34.4
179	최류범	누가죽엿느냐	탐정소설	34.4
180	김릉인	만문-흘르는인생	강담	34.6
181	석문양	만문-도적의주소성명	강담	34.6
182	연성흠	옴겨진대궐	동화	34.6
183	박상엽	실화-질투녀의희생물	강담	34.6
184	신경순	특종실화-식인사건의심판	강담	34.6
185	최류범	인육속의야광주	탐정소설	34.6

제 2 부

일상과 근대적 매체

김남천 소설에 나타난 일제강점기 소비문화
- '풍속' 개념과 문학적 표상의 상관성을 중심으로 -

김 재 관*

Ⅰ. 머리말

한국문학사에서 김남천의 소설은 그의 창작방법론과 연관되어 발표되었다는 점에서 남다른 의미가 있다. 김남천은 '고발문학론-모랄론-풍속론-로만개조론-관찰문학론'으로 이어지는 일련의 창작방법론을 개진하고, 소설작품의 창작을 통해 자신의 창작방법론의 정당성을 확인하고자 했다. 김남천 이전에도 문학일반에 대한 비평과 작품 창작을 병행하는 경우가 없지

* 단국대 동양학연구소 연구교수

않았지만, 김남천과 같이 작가와 현실과의 관계를 천착하고 이를 작품 창작과 연계시켜 창작방법론을 제시하는 경우는 없었다.

김남천의 이러한 문학적 실천과정은 계급해방 이데올로기의 호명을 받았던 카프의 해체와 연관되어 있다. 작가이자 평론가인 김남천이 새로운 문학창작방법론을 정립하고자 했던 것은 사회현실의 변화에 따라 문학생산 환경도 변화했기 때문이다. 만주사변 이후 강화된 일제의 사회통제는 계급해방 문학의 쇠퇴를 가져왔다. 이는 선험적인 이데올로기를 중시하는 계몽문학이 영향력을 상실했음을 의미한다. 카프 시절 집단적 정체성의 계몽 의지를 표출했던 '운동으로서의 문학'의 시대가 막을 내리자, 작가들은 변화된 현실 속에서 자신의 창작 방향을 고민해야 했다.

김남천이 연속적으로 일련의 창작방법론을 개진하기 시작한 것은 이 때부터이다. 그는 선험적인 이념의 재현보다는 삶의 경험과 그에 대한 묘사를 중시하는 방향으로 창작방법론을 진전시켰다. 이와 함께 자신이 제기한 창작방법론을 소설 창작을 통해 실천함으로서 문학적으로 검증하고 확산시키고자 했다. 이 시기 그는 작가의 주관적 의식을 직접적으로 서술하는 문학의 배제를 강조했다. 이러한 과정을 통해 그는 '풍속'을 사회적 현실의 본질이 현상화한 것으로 파악했다. '풍속'의 세부적인 묘사를 강조하면서 작가의 눈에 포착된 현상은 현실의 본질에 가까운 것으로 인식된다. 그러나 세계관의 개입을 차단하고 객관적 현실의 리얼리티를 통해 문학적 사실성의 고양을 시도하고자 했던 그의 노력은 불완전한 성취로 중단되게 된다.

김남천은 카프 해체 이후 세태에 매몰된 작가들의 실태를 '고발문학론'을 통해 비판하고, 이후 '모랄·풍속론', '로만개조론', '관찰문학론'을 통해 당대 현실에 대한 밀도 있는 묘사를 시도했던 것이다.

그런데 김남천의 문학적 변화 과정에서 주목할 것은 그가 리얼리즘 문학의 성취를 위하여 당대 사회현상의 본질을 '풍속'이라는 개념을 통하여 고찰하고, 세세하게 묘사했다는 점이다. 이는 '모랄·풍속론'에서 구체화되기 시작하여 '관찰문학론'에서는 현실에 경도되는 모습으로 나타나기도 했다. 이 시기 그의 소설에는 1930년대 후반의 식민지 조선의 소비문화 현상에 대한 묘사가 세밀하게 이루어지고 있다. '고발문학론'에서 '관찰문학론'으로 전개되는 과정에서 나타난 사회적 현실에 대한 그의 접근 방법이 다른 비평가들로부터 비판을 받기도 했지만, 그의 이러한 노력은 일제의 탄압이 거세지는 상황에서 사회적 현실의 문제를 전달하고자 했던 과정으로 이해해야 할 것이다.

이 글은 카프의 강경파였던 김남천이 작가적 의식의 우위에서 탈피하여 생활로서의 현실을 강조하게 되는 과정과 의미에 대해 그의 창작방법론 전개과정을 통해 살펴보고자 한다. 또한 이를 통해 1930년대 후반기 그의 작품에서 묘사되는 일제 강점기 소비문화의 양상과 특성에 대하여 고찰하고자 한다.

Ⅱ. 창작방법론의 변화과정과 '풍속'의 개념화

김남천이 소설 묘사에서 삶의 영역에 대한 관심을 두기 시작한 것[1]은 자신의 옥중 체험을 바탕으로 한 작품 「물」(『대중』, 1933. 6)을 발표하면서부터이다. 작품 발표 이후 소위 '물 논쟁'을 거치면서 그는 문학적 현실에 대한 이해를 심화시킨다. 앞서 발표한 고발문학론[2]의 논의를 보충하면서 그는 "추상적 직관을 가지고 객관적 현실을 재단하는 것이 아니라 끝까지 객관적 현실에 작가의 주관을 종속시키"는 것을 고발문학이라고 주장한다[3].

이러한 변화과정은 김남천이 리얼리즘론 일반에 대한 인식을 심화시키는 과정이기도 했다. 고발문학론을 제창하던 시기의 문학적 의식은 소시민 계급의 계급적 속성을 드러내기 위한 의도를 지니고 있었다. 그는 카프 해체 이후 진행되는 문학적 경향을 "인간에의 귀환'과 '문학에의 귀환'이라고 지칭하고,

---

1) 김남천은 「물」을 창작할 때 자신의 심정을 후에 쓴 「자작안내」(『사해공론』, 1938. 7;정호웅·손정수 엮음, 『김남천전집』Ⅰ, 박이정, 2000, 234면. 이하 전집에서 인용시 원전의 출처를 밝히고, 『전집』, 면수만 표기)에서 "그 때에 나의 작품경향에 대한 결함으로 자각하기 비롯한 것이 생활묘사의 부족이었다. 상부인물의 활동만을 그려왔던 나로서 무리가 아니다."

2) 김남천, 「고발의 정신과 작가 - 신창작 이론의 구체화를 위하여」, 『조선일보』, 1937. 6. 1~5.

3) 김남천, 「창작방법의 신국면 - 고발의 문학에 대한 재론」, 『조선일보』, 1937. 7. 15;『전집』Ⅰ, 242면.

이러한 귀환론 속에서 다시금 문학을 찾아 돌리지 않는 한 조선의 프로문학 더 나아가서는 리얼리즘 문학은 자멸로부터 자신을 구출할 수 없다[4]'고 말한다. 그의 우려는 '집단성의 속박으로부터 자유를 탈환하여 인간으로 돌아가지 않으면 안 된다는 것이 결국 소시민의 이탈과정을 자기 표현한 것이고, 문학과 정치를 분리하기 때문에 문학은 비속한 리얼리즘으로 추락시킨다'는 것이다.[5] 그는 이를 극복하기 위하여 '사실주의 작가들이 시대에 뒤떨어지지 않고 그와 동시에 혹은 앞서서 걸어가기 위한 기준으로서 고발의 정신을 강조한다. 이를 통하여 프로문학은 시민문학의 뒤를 낳는 역사적인 존재가 된다'[6]는 것이다. 이를 실현하기 위해서는 작가가 추상적 주관으로 객관적 현실을 재단하지 않고 끝까지 객관적 현실에 작가의 주관을 종속시켜야 한다고 주장한다.[7] 이렇게 볼 때, '고발문학론'은 현실을 매개하지 않는 아이디얼리즘에 대항하여 작품 창작에서 실제 현실을 중시하고자 하는 것이다.

그러나 '지식인의 자기고발'이 작품 창작과 연계되어 문학적 설득력을 얻기 위해서는 전체적 현실과의 연관관계 속에서 조망되어야 한다.[8] 만약 이것이 이루어지지 않는다면 '지식인의

4) 김남천, 「고발의 정신과 작가 - 신창작 이론의 구체화를 위하여」, 『조선일보』, 1937. 6. 3;『전집』Ⅰ, 224~225면.

5) 위의 책.

6) 김남천, 앞의 책, 1937. 6. 5;『전집』Ⅰ, 231면.

7) 김남천, 「창작방법의 신국면 - 고발의 문학에 대한 재론」, 『조선일보』, 1937. 7. 15;『전집』Ⅰ, 242면.

8) 현실세계의 풍부한 다양성 속에서 예술가들은 인간들의 성격, 운명, 관계들에 대해 많은 관심을 보인다. 예술의 주제가 이것들에만 국한되어 있지 않지만, 이는 예술의 주제에 있어서 중심을 이룬다. 현실을 묘사

자기고발'은, 개인의 경험만을 바탕으로 하는 사소설로 추락할 가능성이 크다.[9] 따라서 '고발문학론'에서 고발의 수준이 단순히 자기고발에만 그치는 것이 아니라, '현실의 고발'로 확장되는 것은 필연적이다. 그렇지만 '고발문학론'에서 논의된 '현실'은 사회적 현실에 조응하기 보다는, 작가 개인의 소시민성을 폭로할 수 있는 개인적 삶의 경험을 바탕으로 한 현실에 가깝다.[10]

문제는 김남천이 제시하고 있는 리얼리즘으로서의 '고발문학론'이 자연주의와 변별성을 갖지 못한다는 점이다. 김남천은 리얼리즘을 자연주의와 동일한 것, 더 나아가 자연주의를 리얼리즘의 상위범주로 이해하고 있다. 이는 그가 창작방법으로서의 리얼리즘을 현실과 주체의 복합적인 상호작용으로 인식하

하는 예술가는 자신을 어떤 특수한 틀에 국한시켜서는 안 된다는 지스의 언급은 예술 주체가 삶의 경험을 문학적 대상화할 때 고려해야 할 사항이다.

Avner Zis, 연희원 역, 『마르크스주의 미학강좌 Foundations of Marxist Aesthetics』, 녹진, 1989, 43면.

9) 이에 대해서는 김남천도 "리얼리즘 문학은 결코 사소설과 情死(정사)하여서는 안 될 것"이라고 언급함으로써 막연하게 문제점을 인식하고 있었다. 김남천, 앞의 책.

10) 김남천은 고발문학론을 제안하게 된 상황을 「창작방법의 신국면 - 고발의 문학에 대한 재론」(『조선일보』, 1937. 7. 13;『전집』 I , 239면.)에서 '시대적 운무(時代的 雲霧)'라고 표현하고 있다. 김남천이 말한 '시대적 운무'란 카프 해체 이후 작가들이 집단성에서 벗어나 소시민적 이익만을 추구하는 것을 가리킨다. 김남천은 「비판하는 것과 합리화하는 것과 - 박영희씨의 문장을 독함」(『조선중앙일보』, 1936. 7. 26; 『전집』 I , 169면.)에서도 카프 해체 이후의 작가들의 소시민적 성향에 대해 '인테리겐트 예술가의 폐엽(廢葉)을 좀먹는 것'이라고 비판하고 있다.

기보다 사실의 재현에 무게를 두었기 때문이다. '고발문학론'에서 강조한 현실은 사회적 본질을 담고 있는 현실과는 거리가 있었다. 그럼에도 '고발문학론'은 주관적 추상을 작품화하는 것을 거부하고, 현실의 문제를 작품화할 것을 요구하고 있다는 점에서 의의가 있다.

김남천은 '고발문학론'에서 나타났던 현실 경도의 문제를 '모랄론'을 통해 보완하고자 한다. 작가의 태도를 강조하는 '모랄론'은 '고발문학론'에서 강조했던 현실을 인식하고 실천하는 문학적 주체의 의식을 문제화하는 것이다. 소시민성을 극복하는 주체를 재건하기 위한 방안으로서의 '모랄'을 제시함으로써 현실은 주체와 매개되어 생명력을 얻을 수 있다고 본다.[11] "작가에게 있어서는 그가 파악하고 있는 세계관이 그대로 개념으로 표명되는 것이 아니라 작가의 주체를 통과하는 것으로써 표시된다."[12]는 김남천의 주장은 '모랄'이 작가 주체 내부에 있는 '유다적인 것', 즉 소시민성을 극복할 때 작가 자신의 인간적 개조도 가능하다는 것이다.

그런데 '모랄'은 소시민성을 극복하기 위한 실천개념에 가까웠기 때문에, 사회현실을 문학적으로 표상화하기 위해서는 역

---

11) 김남천이 말하는 '모랄'은 심정이나 심리의 문제, 도덕(정의감에 의거한 도덕률)이 아니다. '모랄'은 완전히 "주체화되어 일신상의 근육으로 감각화된 사상이나 세계관의 형성"이다. 이는 현실의 문제를 인식하고, 주체화함으로써 현실을 인식하는 세계관을 의미하는 것이다. 김남천, 「도덕의 문학적 파악 - 과학 문학과 『모랄』개념」, 『조선일보』, 1938. 3. 8~12;『전집』 I, 337~349면.

12) 김남천, 「『유다』적인 것과 문학 - 소시민 출신 작가의 최초 모랄」, 『조선일보』, 1937. 12. 16;『전집』 I, 307면.

사성을 담보한 현실인 '풍속'을 파악할 필요성이 제기된다.

> 실천이나 행동을 거쳐서 물질적 논증을 얻은 과학적 범주와 개념을 작가 자신의 것으로 완전히 주체화하여 이것을 일신상의 진리로써 파악하고 이것에다 상상력이나 과장이나 시사, 상징 등등의 성능을 동원시켜 육체화 시킴으로써 궁극적으로 문학적 표상에 이르는 것이다.
>
> … (중략) …
>
> 도덕은 풍속, 습관에 이르러서 구체화된다. 이리하여 도덕 '모랄' 풍속 등의 제 관념을 일신상 진리의 문제와 더불어 성찰하는 것은 초미의 과제가 되지 않을 수 없다.
>
> … (중략) …
>
> 풍속 습속은 생산관계의 양식에까지 현현되는 일종의 제도(예컨대 가족제도)를 말하는 동시에 다시 그 제도 내에서 배양된 인간의 의식인 제도 습득감(예컨대 가족적 감정, 가족적 륜리의식)까지를 지칭한다.
>
> 이렇게 성찰된 풍속이란 확실히 경제현상도 정치현상도 문화현상도 아니고 이러한 사회의 물질적 구조상의 제 계단을 일괄한 하나의 공통적인 「사회현상」이라고 보지 않을 수 없을 것이다. 사회기구의 본질이 풍속에 이르러서 비로소 완전히 육체화된 것을 알 수 있다.13)

'풍속'은 과학의 진리인 보편성이 구조화된 객관적 대상이며, '모랄'을 내재한 주체가 만나는 지점이다. 다양한 사회기구의 본질은 풍속을 통하여 실질적으로 드러나기 때문에 '풍속'을

---

13) 김남천, 「일신상 진리와 『모랄』 - 『자기』의 성찰과 『개념』의 주체화」, 『조선일보』, 1938. 4. 19;『전집』Ⅰ, 354~359면.

통하여 개별적 현상 속에 있는 본질을 찾을 수 있다고 본다.14) 김남천은 '모랄'의 획득을 통하여 작가가 소시민적 세계관에서 벗어날 수 있으며, '풍속'은 문학적으로 표상화됨으로써 '세태'와는 다른 사회적 본질의 속성을 지니게 된다고 본다.

그런데 제반 사회현상을 대상으로 하는 '풍속'은 단편소설보다는 장편소설의 창작에 원용될 수 있는 것이다. 따라서 '풍속론'에서 정의한 문학적 현실인식의 방법으로서의 '풍속'은 '로만개조론'의 이론적 기반이 된다. '모랄·풍속론'에서 논의하는 현실인식, 전형, 작가의 세계관 등은 단편소설보다는 장편소설의 창작 과정에 적합한 것이기 때문이다.15) '풍속론'은 당시 진행되고 있던 로만(장편소설)논의와 궤를 같이하면서 '로만개조론16)'으로 발전한다.

---

14) 이런 점에서 다른 평론가들로부터 비판받던 세태소설에 대한 김남천의 평가는 호의적이다. 그는 「세태·풍속 묘사 기타 - 채만식 『탁류』와 안회남의 단편」(『비판』, 1938. 5;『전집』Ⅰ, 362~367면.)에서 '세태소설이 단순한 세태묘사 그 자체로 끝나는 것이나, 소설 정신이 세속사로 빠져 버리는 것은 경계해야 하지만, 풍부한 세태 묘사 속에 본질이 현상하는 것이므로 세태소설 자체가 나쁜 것은 아니다'라고 주장하고 있다.

15) 김남천이 정의하고 있는 '풍속'은 전반적 사회현상을 인식하기 위한 방법적 개념이다. 단편적으로 보더라도 김남천이 '풍속'의 현현으로 언급하는 '제도'는 다양한 사회의 여러 측면을 하나의 규칙으로 규정한 것이다. 이렇게 볼 때, 김남천의 이러한 인식틀은 단편소설보다는 장편소설의 창작과정에서 요구되는 개념이다. 이는 단편소설의 특징을 "특별한, 특수적인, 압축된, 집약적인 주제를 요구하며, 하나의 사건에 관한 이야기"라고 규정한 유노비치의 견해를 참고하면 더욱 명확하게 드러난다.

소련 콤 아카데미 문학부 편, 신승엽 역, 『소설의 본질과 역사』, 예문, 1988, 15면.

16) 김남천은 「조선적 장편소설의 일 고찰 - 현대 저널리즘과 문학과의

조선에서 장편소설이 붕괴되는 현상은 서구에서 발생한 로만을 수용하면서 나타나는 과도기적 현상이기 때문에 그 현실성을 인정하고 극복하자고 주장한다.[17] 그리고 '세태·사태'만을 묘사하는 고현학적 차원을 넘어서는 '풍속'의 연구 관찰과 이를 통하여 파악된 현실의 본질을 소설화할 것을 대안으로 주장한다.[18]

교섭」(『동아일보』, 1937. 10. 19~23)에서 루카치의 이론을 원용하여 '로만'이 자본주의 사회의 전형적 문학현상이라고 주장한다. 이러한 장편소설에 대한 인식을 바탕으로 「장편소설에 대한 나의 이상」(『청색지』, 1938. 8)에서 '로만개조론'을 본격적으로 주장한다. 이처럼 김남천의 '로만'에 대한 역사철학적 인식의 바탕은 루카치의 소설론이다. 이를 가능하게 했던 것은 루카치의 「부르조아 서사시로서 로만(장편소설)」이었다. 이 글은 1930년대에 소련 콤 아카데미 철학연구소 문학부에서 편찬한 『문예백과전서』의 장편소설 항목을 위해 루카치가 1934년 러시아어로 처음 집필했던 것으로, 이후 수정과 보완을 거쳐 다시 발표된 것이다. 이 두 글은 1936년 3월과 1937년 6월에 각각 일역(日譯)되었고, 일본뿐 아니라 카프계열 작가들과 최재서 등이 전개한 장편소설론에 영향을 주었다. 먼저 쓰여진 글은 『소설의 본질』이란 제목으로 청화서점에서 간행되었고, 수정과 보완을 거친 글은 『문예백과사전』시리즈에 「단편·장편소설」이란 제목으로 같은 서점에서 간행되었다.

17) 김남천은 「장편소설에 대한 나의 이상」(『청색지』(1938. 8;『전집』Ⅰ, 389~390면.)에서 '동양적 후퇴성'이라는 절대적인 제약을 역사적 운명으로 지닌 조선의 로만이 구라파에서와 같은 완성을 성취할 수 없었던 것은 당연한 귀결이라고 보고 있다. 그럼에도 그는 '로만'을 자신이 주장한 '모랄'로 파악 발전시킬 수 있다고 주장한다. 김남천의 이러한 주장은 조선에서의 '로만'의 붕괴를 서구적 발전양상과 다른 조선에 수용하면서 나타난 과도기적 현상으로 인식하는 것이다.

18) 김남천은 자신의 '풍속' 개념을 고현학의 방법과 대비시켜 설명하고 있다. 고현학에서 드러나는 풍속이 통속적인 것으로, 사회구조의 본질적 요소까지 파악하지 못하고 일반적 징후나 현상차원의 세태분석에 머무는 것이라면, 자신의 '풍속' 개념은 먼저 '모랄'에 속하기 때문

생활현상이나 일상적 사실을 중시하고, 이곳에서 현실의 본질을 전형적 상황과 디테일의 진실성에 의하여 파악할 수 있다고 강조하는 것은, 세태묘사에만 그치는 당시 세태소설의 경향을 극복하려는 것이다. 그런데 김남천은 세태소설을 부정적으로만 보지 않고, 자신이 주장한 '모랄'이 실현될 수 있는 공간으로 본다. 그러므로 세태소설은 폐기되어야 할 것이 아니라, 그 속에 '모랄'이 확립된 '풍속'을 형상화함으로서 '로만개조론'에 맞는 양식으로 재탄생한다. 그리고 김남천은 '로만개조론'을 실현할 수 있는 양식으로, '풍속'개념을 재인식한 가족사 연대기 방법[19]으로서의 소설 창작을 주장한다.

김남천은 '풍속론'을 계기로 작가의 세계관에 대한 문제보다는 작품의 현실묘사를 중시하는 모습을 보여준다. 이 시기에 이르러 김남천은 작가적 '모랄'로 파악된 '풍속'을 세부적으로 묘사하면 전형적 성격(인물)이 형성되는 것으로 인식한다. 즉 김남천은 풍부한 현실묘사가 이루어 질 때, 현대사회의 시대정신을 구현하는 하나의 성격적 전형이 이루어진다고 생각하고,

---

에 사상적인 본질을 갖고 있는 것이라고 주장한다.

김남천, 「현대 조선소설의 이념 - 『로만』개조에 대한 일 작가의 각서」, 『조선일보』, 1938. 9. 18;『전집』Ⅰ, 404면.

19) "풍속을 가족사로 들고 들어가면 우리 작가가 협착하게밖에 살펴보지 못하던 넓은 전형적 정황의 묘사가 가능할 수 있으리라고 생각한 때문이고 그것을 다시 연대기로써 파악하자는 생각은 우리의 정황의 묘사를 전형화하고 그 묘사의 핵심에 엄밀한 합리성과 과학적 정신을 보장하겠다는 심사이다"라고 주장하고, 가족사 연대기 방법이 '로만개조론'의 양식으로 제시한다. 그리고 장편소설 『대하』(인문사, 1939)를 발표함으로써 창작을 통해 실례를 제시하고자 했다.

김남천, 앞의 책;『전집』Ⅰ, 405~406면.

생활 속에서 구체적으로 살아 숨 쉬는 적극적 인물을 창조할 것을 요구한다.[20)]

'로만개조론'에 이은 '관찰문학론'은 문학적 체험을 '체험적인 것'과 '관찰적인 것'으로 나누고 후자의 것을 강조한다. 이는 자본주의 사회의 본질인 현실을 세밀하게 묘사하고, 작품에 생경한 이데올로기를 개입시키지 않는 작가적 태도를 중시하는 것이다. '모랄론'에서 주장했던 작가의 세계관이 배제되는 것에 대해, 김남천은 이것이 리얼리즘을 실현하는 것이라 생각한다. 김남천이 오직 자신의 눈을 통하여 관찰된 현실만을 작품의 현실로 할 것을 주장하게 된 배경에는 '사상·관념·이데올로기의 불신과 붕괴'되었다는 판단 때문이다. 그는 '발자크나 셰익스피어의 작품이 생활에서 출발했기 때문에 로만이 완성되었다고 평가하고, 조선의 예술가들에게 주관적 관념에서 벗어나 생활에서 진실을 찾을 것을 강조한다.'[21)] 일제의 폭압이 가중되는 상황에서 주장한 '관찰문학론'은 변화하는 현실에 종속되지 않으려는 작가의 고육책이었다.[22)]

---

20) 현실묘사를 중시하는 김남천의 입장은 통속소설을 비판한 월평에서도 드러난다. 김남천은 통속소설에서의 성격창조가 성격과 성격의 갈등에서 빚어지는 사건이나 행동의 묘사가 아니라, 성격을 일방적으로 설명하고 있다고 비판한다.
김남천, 「십일월 창작평, 통속소설에의 유혹 - 함대훈과 이선희」, 『조선일보』, 1938. 11. 10;≪전집≫ I, 425~427면.

21) 김남천, 「주인공 성격 사상 - 『토픽』 중심으로 본 기묘년의 산문문학(중)」,『동아일보』, 1939. 12. 21~22;『전집』 I, 561~564면.

22) 김남천은 '관찰문학론'이 소설가라는 입장과 개인적인 차원에서 제기한 것임을 다음과 같이 밝히고 있다. "소설가에서는 자기의 창작심리를 들고 나와서 새 정신 탐구에 자(資)하려는 마음을 가진 이도 없었던 것 같다. 필자의 「관찰문학론」 같은 것도 나 자신의 문제에 속한

Ⅲ. 김남천 소설에서 묘사되는 '풍속'으로서의 소비문화

'고발문학론'부터 '관찰문학론'으로 이어지지는 김남천의 창작방법론은 작가적 주체와 사회적 현실의 조응문제를 다룬 것이다. 김남천은 사회적 현실을 매개하지 않고, 작가의 주관적 의식으로 작품을 생산하는 것에 반대했다. 그는 카프 해체 이후의 상황에서 사회적 현실의 본질을 문학적으로 표상하기 위한 방법으로 '풍속'을 제안했다. 사회적 제도가 유형화되어 나타나는 '풍속'을 사회현실의 본질을 보여주는 것으로 파악하고 자신의 소설을 창작할 때도 세세하게 묘사했다. 그는 '풍속'을 '중풍속(重風俗)'과 '경풍속(輕風俗)'으로 나누었다. 전자가 사회현상의 본질이 현상적으로 제도화된 것이라면, 후자는 일상생활의 양식이다.

그러나 거시적 특성의 현상과 미시적 특성의 현상을 구분하는 것이 쉽지 않고, 일상생활에서 반복적인 행위가 이뤄지는 미시적 행동양식 또한 느리지만 사회 구조, 제도와 밀접한 관계를 맺고 있기 때문에 김남천의 분류는 그 기준이 모호하다. 다만 '풍속'을 "제도·제도의 습득감·사회기구의 본질이 일상생

것일 뿐 처음부터 현상타개에 자(資)하려는 자신은 가지고 있지도 못하였다." 그의 이러한 말은 '관찰문학론'이 창작에 임하는 자신의 작가적 태도이지만, 조선에서의 장편소설 문제를 개조할 자신이 없음을 토로한 것이다.

김남천, 「원리와 시무의 말 - 평론계 상반기 소묘」, 『조광』, 1940. 8; 『전집』Ⅰ, 630면.

활의 영역에서 육체화[23]"된 것을 지칭하는 것이라면 소설에 등장하는 일상생활의 양상들은 '풍속'연구의 주된 대상이 된다. 그리고 이는 '로만개조론'에서 밝히고 있듯이 '전환기의 근대소설'이 서구근대소설과 같은 문학적 성취를 이루기 위한 주요 요소가 되는 것이다.

이런 관점에서 볼 때, 김남천의 소설에서 묘사되고 있는 일제강점기 소비문화의 양상은 일제강점기 한국사회의 본질을 드러내는 수단으로 인식할 수 있을 것이다. 그렇지만 일제강점기 소비문화에 대한 묘사가 사회적 본질과 연결되지 않는다면 단순한 세태묘사에 불과할 것이다. '풍속'의 한 유형인 소비문화에 대한 묘사가 사회적 본질을 현현하는 것이 아니라면 이는 세태묘사의 수준을 벗어나지 못하는 결과를 초래한다.

특히 1930년대 식민지 조선의 도시는 전대와는 다른 양상으로 확장된다. 이와 함께 자본주의 경제제도에서 파생된 현상은 일상에서 먼저 나타났다. 그렇기 때문에 식민지 일상에 대한 연구는 식민지 조선사회의 본질을 이해할 수 있는 접근법이라 할 수 있다. 김남천은 그의 작품에서 일상에 대한 세밀한 묘사를 통해 '제도의 습득감'으로서의 풍속을 현현하고자 했다. 그는 풍속을 '정신과 물질적인 영역을 일괄하는 공통의 사회현상'이며, 작가에 의해 관찰되는 '정치·사회·경제적 현상 일반이 물질적인 존재로 나타나는 것[24]'으로 인식한다.

이 때 작가에 의해 관찰되는 식민지의 일상은 미메시스로

---

23) 김남천, 「일신상 진리와 『모랄』 - 『자기』의 성찰과 『개념』의 주체화」, 『조선일보』, 1938. 4. 19;『전집』 I, 359면.

24) 주 13 참조.

재현된다. 따라서 식민지 김남천 소설에서 재현되는 식민지 일상을 '소비문화'의 측면에서 살펴보는 것은 자본주의적 소비문화가 나타나는 식민지 조선의 본질을 '풍속'의 관점으로 이해할 수 있는 것이라 할 수 있을 것이다.

구두방으로 들어가서 에나멜 구두를 사서 숙사로 배달을 시켰다.

양복점으로 가서는 한참동안 시간이 걸렸다. 택시-드(턱시도:인용자 주)를 한벌 마추고, 짙은 곤색으로 떠블뿌레스트 주문하였다. 그리고는 수달피가죽은 대지 않었으나 흑회색으로 큼직하게 낙타 외투를 하나 마추었다. 이 세가지를 주문한 뒤에 그는 무슨변이 있어도 한주일안에 꼭 입게하라고 신신히 타일러 놓았다.

백화점으로 들어가서 그는 내의와 와이샤쓰를 사고, 넥타이를 사고, 흰 손수건을 한타 샀다. 까만 가죽장갑과 서류가방을 사고, 화려한 양말을 사고, 단장을 샀다. 돈을 치르고 함께 이 물품을 숙사로 배달시켰다.

시계점으로 들어가서 백금껍질의 「론징」을 하나 사서 찼다.

금은방에 들어가서 백금 인장지환(印章指環)을 하나 마추었다. 「김광세」라는 석자를 네모난 각속에 색이는 것이다. 이 모자점으로 들어가서 「불사리노」를 하나 샀다.

이것을 사고 난 뒤에 그는 진고개 어느 찻집에 들어 갔다.

커피-를 마시면서 차근차근히 제가 산 의복과 장신구를 하나하나 제몸에 붙여 보았다.

내복을 갈아 입고, 와이샤쓰를 입고, 넥타이를 메고, ……….

(아차! 카우스와 넥타이핀을 잊었구나!)

… (중략) …

황금으로 만든 카우스 단추를 사고, 녹색비취의 넥타이핀을 사고, 향수와 화장도구를 사고 ……… 그리고 마즈막에 두개의 만년필을 샀다. 하나는 붉은 잉크, 하나는 푸른 잉크를 넣은 것이다.[25]

위 글에서 등장하는 양복과 장신구는 평안도에서 금융조합 서기로 있던 김광세가 'T일보사'에 입사한 직후 자신을 치장하기 위하여 준비하는 것이다. 그는 출세를 목표로 외장을 꾸민 직후, 주식 투기로 한몫 잡고 'T일보사'의 실질적인 경영자인 부사장이 된다[26]. '김광세'가 이들 물건을 구입하기 위해 지출한 돈은 이천원이다. 'T일보사'의 판매부원으로 입사한 그의 사년 월급에 해당하는 액수이다. '김광세'는 경성으로 오면서 오로지 출세만을 자신의 목표로 삼았다. 이를 위해서 그는 상류층이 즐겨 입고 착용하는 패션과 유행상품을 착용하는데 돈을 아끼지 않는다. 하숙방은 누추해도 타인들 앞에 섰을 때 거금을 들여 산 이 물품들은 그 값을 할 것이라고 생각한다. 그리고 그는 고향땅을 팔아 움켜쥐고 있던 만원을 종자돈 삼아

25) 김남천, 「T일보사」, 『인문평론』, 1939. 11. 148~149면.

26) 김남천은 「T일보사」에서 식민지 조선에의 주식 거래를 투기의 대표적인 장으로 묘사한다. '김광세'는 만원을 '매도'에 거는데, 일본에서 일어난 모종의 정치적 사건(1936년 2월 26일에 발생한 노나카 대위 주도의 황도파(皇道派) 청년장교들의 쿠데타)으로 주가가 폭락하면서 큰돈을 번다. 쿠데타가 발생하기 전 주식시장은 완만하게 주가가 오르고 있었는데, 쿠데타로 인하여 대폭락이 일어났다. 김광세는 철저한 시장분석을 통하여 주식을 매도한 것이 아니라 감으로 자신이 갖고 있는 모든 것을 걸었는데, 폭락장이 일어나면서 8만원의 시세차익을 얻는다. 그는 이 돈으로 'T일보사'의 경영권을 인수하고 부사장이 된다.

전봉관, 『럭키경성』, 살림, 2007, 133~135면 참조.

자신이 근무하던 신문사의 실질적인 경영자가 된다.

「T일보사」에서 묘사되는 당대의 명품소비에 대한 묘사는 양복과 장신구에 내재된 '아비투스[27]'를 보여준다. 이는 상품의 소비에 의해 지위를 결정짓는 식민지 조선의 모던 현상의 허상을 폭로하는 것이다. 의복의 소재와 색, 장신구의 소재에 따라 신분을 구분했던 봉건사회 질서는 자본주의 사회에 이르러 화폐의 교환가치에 의하여 파괴된다. 소비를 통하여 계급적 평등이 이루어지는 자본주의 사회에서 의복은 자신의 지위를 드러내는 표상이 된다. 타인의 시선을 통하여 인지되는 의복은 권위를 드러내는 교환가치의 산물로 기능하는 것이. 이는 「T일보사」의 '김광세'가 소비하는 문화에 대한 묘사를 통하여 알 수 있듯이 '황금광 시대' 군상들의 꿈을 상징화하는 물품이다.

김남천의 작품에서 자주 등장하는 공간 중 하나는 '양장점'이다. 「사랑의 수족관」(『조선일보』, 1939. 8. 1~1940. 3. 3), 「낭비」(『인문평론』, 1940. 2), 「경영」(『문장』, 1940. 10), 「맥」

---

27) 아비투스(habitus)는 객관적으로 분류 가능한 실천들의 발생 원리인 동시에, 이 실천들의 분류체계이기도 하다. 즉 아비투스는 두 능력간의 관계에 의하여 규정되는데, 작품을 생산할 수 있는 능력과, 생산된 작품을 평가할 수 있는 능력이 생활화된 양식으로 나타나는 것을 의미한다. 이렇게 볼 때 다른 사람과 차별성을 띠는 문화 취향은 문화 수용자의 개인적인 기호의 문제가 아닌 다양한 문화 생산·향유 공간에서 차지하는 특정한 위치와 결부시킬 수 있다. 즉 어떤 문화를 즐긴다는 것은 자신의 계급적 존재를 드러내는 것이며 계급적인 위계화를 문화 향유를 통해 드러내는 것이다. 따라서 문화적 취향은 자본주의적 상품의 속성과 밀접한 관련을 맺고 있으며, 계급적 차별을 드러내는 상징적 투쟁의 장이라는 성격을 보여 준다.
Pierre Bourdieu, 최종철 역, 『구별짓기, 문화와 취향의 사회학』상, 새물결, 1995, 278~284면, 364~405면 참조.

(『춘추』, 1941. 2), 「바다로 간다」(『조선일보』, 1939. 5. 2~6. 15)에는 양장점 주인, 종업원, 양장점에서 옷을 맞추는 사람(재력가의 딸, 여급)들을 자세하게 묘사하고 있다. 그런데 남성의 양장은 목표를 이루기 위한 수단으로 묘사되는 것에 비하여, 여성의 양장은 보다 복잡한 의미로 분화된다.

「사랑의 수족관」에서 '이경히'의 양장은 경희의 당당함을 드러내는 외양으로 묘사되고 있는데 반하여, 「낭비」, 「맥」의 '문난주'의 양장은 애욕과 호기심의 대상으로 묘사된다. 「사랑의 수족관」의 '이경히'는 성공한 자본가의 딸로서 아버지의 재력을 바탕으로 탁아소 운영사업을 하고자 하는 여성이다. 일제가 시행하고 있던 방면(方面)사업[28]의 문제점을 인식하고, 자선사업을 하고자 하는 '이경히'가 착용하는 양장은 진취적인 시대정신을 상징한다[29].

---

28) 일종의 빈민구제 사업이다. 1927년 12월 5일 '경성부방면위원규정'이 발표되면서 '방면위원제도'가 도입된다. 방면위원은 자신의 구역 안에서 빈민들의 생활과 사정을 조사하고, 필요한 경우 적절한 도움을 주는 역할을 수행해야 했다. 그러나 명예직이었던 방면위원들의 역할은 미미했다. 또한 행정당국의 예산지원없이 독지가의 지원으로 운영되었다는 점에서 실질적인 구제 사업의 기능을 수행하지 못했다.
박세훈, 「1930년대 경성부의 도시화정책 연구-정동회, 교화사업, 방면위원제도를 중심으로」, 서울대박사학위논문, 2001, 117~124면. 최혜림, 「『사랑의 수족관』에 나타난 '일상성'의 의미 고찰」, 『민족문학사연구』통권25호, 2004, 252면에서 재인용.

29) "사실 은주는 양장한 경히를 대하면 어디서 오는 것인지 알 수 없는 위압을 느끼어서 말같은 것도 순서 있게 건느지를 못하는 저자신을 발견하곤 하였다. 그러나 경히가 이렇게 남 치마에 노랑 저고리를 입고 힌 버선을 신으면 그것은 벌써 은주에게 있어서는 하나의 어린애에 불과하다고 느껴지는 것이었다." 「사랑의 수족관」에서 '양장'과 '한복'의 대조적인 의미는 기생 출신인 '은주('경희'의 계모)'의 위 생각을

반면 「바다로 간다」에서 등장하는 여급 '최영자'의 양장은 남성과의 사교를 위한 도구로 묘사된다[30]. '카페'의 여급인 '최영자'의 양장은 관능을 드러내는 수단이다. 여배우 출신 여급 '에이꼬(최영자)'는 접대 자리에서 만난 준호를 이성으로 느낀다. 준호를 만나러 가기 위해 화장을 하고, 양장을 착용한다. 이 과정에서 양장은 부정적인 '모던걸'을 표상하는 것이 된다.

김남천은 이들 여성이 착용하고 있는 양장의 특성을 계급적 특성과 조응시키고 있다. 그는 '양장'을 근대성의 표상으로 인식하고 있지만, 그 의미는 소설 속 인물의 출신과 직업에 따라 의미도 다양하게 나타난다. 그는 '양장' 묘사를 통하여 인물의 성격과 역할을 규정하고 있다. '김광세', '이경히', '최양자'는 근대적인 복식인 '양장을 하고 있음에도 그 지향점은 다르다. 이 때 '양장'은 근대의 새로운 욕망을 상징하는 것이며, 근대와 봉건을 구분하는 표상이다.

김남천의 작품에서 식민지의 소비문화를 보여주는 풍속으로 묘사되고 있는 것 중 하나는 기호식품이다. '커피', '홍차' 등의 음료는 이전의 다른 작가들의 작품에서도 적지 않게 등장했지

통해서 드러난다. 이 때 양장은 근대성을, 한복은 봉건성을 상징하는 것으로 나타난다.

김남천, 『사랑의 수족관』, 인문사, 1940, 400면.

30) "카나리아의 말대로 개성미를 발휘하도록 화장을 하고 머리를 곱게 빗질하고 손을 다시 씨섯다. 「메니큐어」를 하고 봉선화가튼 물감도 무첫다. / 그는 녹색바탕에 흰눈의가 눈송이 처럼 서린「원피-스」를 가볍게 가라입고 처음으로 「베일」이 달린 모자를 쓴다. 구두까지 신고 면경아베 서본다. 돌아서서 뒷모양도 본다. 다시 뽀 동아서서 압모양을 본다. 「핸드백」을 껴보인다 들어 보앗다 한다.

김남천, 「바다로 간다」(『조선일보』, 1939. 6. 2).

만, 「사랑의 수족관」에서 '커피'는 음료 이상의 정치·사회적 의미를 지닌 기호품으로 등장한다. 서양으로부터 전래된 이들 기호식품 중 보관과 음용이 쉬웠던 '홍차'는 모던보이, 모던 걸의 교양 수준을 보여주는 상비품으로 등장한다. 「소설가 구보씨의 일일」에서 다방에 앉은 '구보'가 홍차와 커피를 언급했을 때[31] 취향에 의한 차별화가 음식문화 영역에서도 이루어지고 있음을 보여주는 것이다.

특히 이들 음료를 파는 끽다점(다방)은 모던보이, 모던걸의 주요 활동공간으로 등장했다. 당시 개인적인 집필공간과 연락수단을 갖지 못했던 작가들에게 있어서 끽다점은 하루의 대부분을 보내는 장소이기도 했다. 끽다점은 출입하는 사람들의 성향에 따라 매장의 분위기도 달랐다.[32] 그런 분위기만큼이나 많이 판매되는 음료도 달랐다. 인텔리적 성향의 끽다점은 관조

---

31) 나는 가루피스(칼피스: 일종의 유산균 음료), 그리고 구보를 향하여, 자네두 그걸루 하지. 그러나 구보는 거의 황급하게 고개를 흔들고, 나는 홍차나 커피로 하지. / 음료 칼피스를, 구보는, 좋아하지 않는다. 그것은 외설(猥褻)한 색채를 갖는다. 또, 그 맛은 결코 그의 미각에 맞지 않았다. 구보는 차를 마시며, 문득 끽다점(喫茶店)에서 사람들이 취하는 음료를 가져, 그들의 성격, 교양, 취미를 어는 정도까지는 알 수 있을 것이 아닌가, 하고 생각하여 본다.

박태원, 「소설가 구보씨의 일일」, 『소설가 구보씨의 일일』, 문학과지성사, 1998, 45면.

32) 「바다로 간다」에는 부로커들이 드나드는 「캔디-스토아」라는 다방이 등장하는데, 이곳은 '눈을 감고 담배연기에 취하여 음악을 들으며 「커피」맛을 탐닉하는 소극적인 종족은 하나도 없고, 대리석 「테-블」을 끌어안고서 맛도 없는 찻종을 붙들고 앉아 치열한 욕망과 적극적인 포부와 치밀한 권모술책을 그려보는 졸속들이 앉아 있는 곳으로 묘사된다.

김남천, 「바다로 간다」(『조선일보』, 1939. 5. 16).

적 분위기와 '커피'나 '홍차', 상업적 성향의 끽다점은 모사적 분위기와 '가루피스'나 '소다수'가 어울리는 것으로 인식되었다.

> 저축은행앞까지 와서 그들은 욱정 뒷골목으로 들어갔다.
> 「이집에서 전엔 모까를 주었는데……」
> 경히에게 변명하듯 하고,
> … (중략) …
> 「커피」 두잔을 시키고, 차를 나르는 「메담」에게서
> 「서울안에 모까를 쓰는 집은 인저 우리집밖에 없을 겁니다」하는 자긍의 소리를 듣고[33)]

위 글은 제2차 세계대전이 발발하면서 커피 등의 '수입품 통제'가 이루어졌음을 보여준다. 그런데, 「사랑의 수족관」에서 '김광호'와 '이경히'는 아사히마치(旭町 : 지금의 회현동)에 있는 찻집에서 '모카커피'를 마신다. 전시 통제로 인해 호텔 식당에서도 마실 수 없었던 모카커피를 마실 수 있는 곳은 이들이 찾아간 이 집뿐이다. 예멘과 이디오피아 지역에서 생산된 모카커피를 찾는 이들의 음료에 대한 기호는 필수품 수요와는 거리가 멀다. 모카 지역에서 생산되는 커피의 풍미를 인식하고 있다는 점에서 '커피'가 갖는 고급음료로서의 지위를 확인할 수 있다.

그런데, 김남천은 「사랑의 수족관」의 여러 장면에서 물자 부족 상황을 묘사하고 있다. 전적으로 수입에 의존했던 필수 물자들(특히 휘발유)에 대한 통제 상황을 대체하기 위한 석탄연

33) 김남천, 『사랑의 수족관』, 인문사, 1940, 247~248면.

료의 개발[34]과 사치품인 '커피' 등의 기호식품의 대비는 전시 상황 체제와 소비문화의 상관관계를 보여준다. 제2차 세계대전이 발발하면서 물자통제로 인하여 사치품 수입제한이 이루어지자, '커피' 등의 음료를 파는 다방은 폐업 상태에 들어가게 된다. 「사랑의 수족관」에는 '양과자', '초콜릿', '서양풍 정식', '디저트' 등의 다양한 음식문화가 등장한다. 이들 기호식품은 전적으로 수입에 의존하는 것임에도 대중들의 미각을 자극하면서 대중적인 기호식품으로 등장한다.

소비문화 풍속이 김남천의 작품에서 다양한 종류로 세밀하게 묘사된다는 것은 적어도 식민지 경성에서 광범위하게 소비되고 반증하는 것이다. 김남천의 작품뿐만 아니라 1930년대 후반 세태소설에서 묘사되는 소비문화 풍속에 대한 묘사는 독자들의 호기심을 불러일으켰을 것이다. 김남천은 일상의 영역에서 이루어지는 소비문화를 '풍속'이라는 관점에서 접근했다. 그러나 김남천의 소설에서 묘사된 소비문화 풍속들이 당대 현실을 핍진하게 드러내고 있는가에 대해서는 여전히 의문이다. 근대인들이 삶이 어떤 주관적인 가치관보다 우선함을 강조했던 그의 문학론에서 '풍속'은 여전히 주체와 맞닿아 있지 못하다.[35]

34) 「명일의 석유를 지배하는 것은 내일의 세계를 지배하는 자다」 그러나 석유의 막대한 부족을 경험하고 있는 지금 현상에 있어서는, 액체연료자급책(液體燃料自給策)의 확립이야말로 각하의 급무올시다(김남천, 『사랑의 수족관』, 인문사, 1940, 483면). 무이념적 과학 의식의 소유자인 '김광호'는 연인인 '이경히'에게 보내는 편지에서 인조석유 개발의 필연적 논리를 적어 보낸다.

35) '로만개조론'의 일환으로 쓴 '대하'는 미완으로 끝났고, 「사랑의 수족

Ⅳ. 맺음말

한국근대소설사에서 일상을 사회현상의 본질을 내재하고 있는 곳으로 파악하고, 작품적 형상화의 주요 영역으로 설정한 김남천의 '풍속론'은 카프 해체 이후 시작된 고민의 결과물이었다. 작가의 세계관과 문학적 현실 사이에서 현실묘사 쪽에 주안점을 두었던 김남천의 일련의 창작방법론은 사회적 본질을 문학에 담고자 했던 노력의 결과물이었다. 1930년대 후반에 발표되었던 그의 소설들에는 일제강점기 식민지 조선의 다양한 소비문화 양상이 구체적으로 묘사되어 있다. 그는 이러한 식민지 조선의 사회현상을 관찰하고 이를 작품 속에서 묘사함으로써 작가의 세계관 속에서 재단된 문학적 현실을 배제하고자 했다.

이를 통해 김남천은 관찰하는 주체로서의 작가의 의식보다는 대상 세계의 현상들을 작품 속에 배치할 수 있었었다. '고발문학론'으로부터 시작된 일련의 창작방법론의 전개과정과 궤를 같이 했던 창작적 실천의 노력은 그의 소설에서 객관적인 대상의 세부적 묘사의 성공이라는 성과를 이루었다. 이러한 과정에서 그는 일제강점기 식민지 조선의 소비문화를 세세한 장면

관」에서 세세하게 일상을 묘사하고 있지만, '모랄'을 담지한 작가의 주체적 세계관과 결합하지 못하고 있다. 「낭비」, 「경영」, 「맥」은 그 가능성을 모색하고 있지만 이 작품들은 일상보다는 다른 영역에서의 접근이 타당할 것이다.

으로 포착하였고, 이를 당대 사회현상의 본질로 파악하고자 하였다. 그렇기 때문에 이 시기 그의 소설에서 묘사된 소비문화의 양상은 다른 작가들에 비하여 시사성과 밀접하게 연관되어 있다. 일제 강점기 식민지 조선의 정치·경제·사회·문화의 변화 양상과 그 본질을 '풍속' 묘사를 통해서 이루고자 했던 그의 노력은 가중되는 일제의 탄압으로 인해 그 결실을 맺지 못했다. 객체적 현실의 묘사를 통해 새로운 소설 기법을 추구했지만, 전시총동원 체제라는 폭압 속에서 개인의 노력은 무화될 수밖에 없었다.

참고 문헌

『한국근대장편소설대계』1·2, 태학사.

『한국근대단편소설대계』3·4, 태학사.

정호웅·손정수 편, 『김남천 전집』Ⅰ·Ⅱ, 박이정, 2000.

김남천, 『사랑의 수족관』, 인문사, 1940.

박태원, 『소설가 구보씨의 일일-박태원 소설선』, 문학과 지성사, 1998.

최혜림, 「『사랑의 수족관』에 나타난 '일상성'의 의미 고찰」, 『민족문학사연구』통권25호, 2004.

전봉관, 『럭키경성』, 살림, 2007.

Bourdieu, Pierre, 최종철 역, 『구별짓기, 문화와 취향의 사회학』상, 새물결, 1995.

소련 콤 아카데미 문학부 편, 신승엽 역, 『소설의 본질과 역사』, 예문, 1988.

Zis, Avner, 연희원 역, 『마르크스주의 미학강좌 Foundations of Marxist Aesthetics』, 녹진, 1989.

유성기 음반에 담긴 옛이야기
- 1930년대 김복진의 구연동화 음반을 중심으로 -

조 은 숙*

Ⅰ. 머리말

본 논문은 1930년대 중반에 취입된 김복진의 유성기 구연동화를 중심으로 첫째, 유성기라는 근대 매체가 가정과 아동의 표상과 관계 맺으면서 계층별 문화적 취향을 분화시켜 나간 양상을 살피고 둘째, 김복진이 취입한 10편의 구연동화가 모두 동서양의 옛이야기[1]를 재구성한 것들임에 착안하여 텍스트의

* 단국대 동양학연구소 연구교수.

1) 최근 '옛이야기'라는 용어는 대략 ① '설화(특히 민담)'의 동의어(서정

변용 양상과 그 의미를 분석하고자 한다.

유성기 음반이 대량으로 발매, 소비되기 시작한 것은 전기녹음 방식의 도입으로 음반 제작 기술의 혁신이 이루어진 1928년경부터이다. 일제 말 소위 '암흑기'에 이르기 전까지 유성기 음반은 대중문화의 유행을 선도하며 큰 인기를 누렸다.[2] 아동

오) ② 어린이를 위한 설화, '전래동화'의 대체어(이지호, 한명숙) ③ 서구의 '메르헨(märchen)', '페어리테일(fairy tale)', '민담(folk tale)' 등을 포괄하는 번역어(김환희) 등으로 사용되고 있다. '옛이야기'는 보통 신화·전설·민담을 포함하는 '설화'의 의미로 사용되지만 넓게는 '구비서사문학' 전체를 가리킬 때도 있으며, 좁게는 '민담'에 한정하여 사용되기도 한다. 또한 최근 아동 문학(교육) 영역에서는 '옛이야기'라는 용어를 개념상의 오해를 불러일으키기 쉬운 '전래동화' 대신에 사용하자는 주장도 제기되고 있다. 한편 옛이야기라는 용어는 메르헨이나 페어리테일 등을 번역할 때도 사용되는데 이 경우에는 구비 전승된 형태뿐 아니라 개인 작가가 창작한 문학 작품이 포함될 가능성도 있다. 이처럼 '옛이야기'는 아직 개념과 범주가 안정적으로 자리 잡지 못한 어휘이므로 학술용어로 사용하기에는 다소 무리가 있다. 그러나 본 논문과 같이, 장르적 기원이 다양한 이야기들이 '동화'라는 하나의 장르로 편입되어 재구성되는 과정을 살피고자 할 때에는 유용한 점이 적지 않다. '옛이야기'는 전래되어 내려온 동서양의 각종 이야기들을 아우를 수 있는 최소한의 표현으로서, 이들을 함께 묶어서 지칭하고 사유할 수 있는 여지를 마련해주기 때문이다. 본 논문에서는 '옛이야기'라는 용어를 동서양에서 구비 전승된(문헌 정착 설화 포함) 각종 이야기를 통칭하는 광의의 개념으로 사용하고자 한다.

서정오, 『옛이야기 들려주기』, 보리, 1995, 29~32면.

이지호, 『옛이야기와 어린이문학』, 집문당, 2006, 15~65면.

김환희, 「뒤엉킨 용어의 실타래」, 『옛이야기의 발견』, 우리교육, 2007.

한명숙, 「옛이야기 교육을 위한 용어 사용의 문제와 과제」, 『문학교육학』 25호, 2008.

2) 유성기의 수용과 전개 과정에 대해서는 다음의 글들을 참조하였다.

배연형, 「한국 유성기 음반 총목록 해제」, 『한국 유성기 음반 총목록』(한국정신문화연구원 편), 민속원, 1998.

이상길, 「유성기의 활용과 사적 영역의 형성」, 『언론과 사회』 62호,

을 위한 유성기 음반 또한 1920년대 후반부터 발매되기 시작하여 1930년대에는 비교적 활발하게 취입되었다. 아동용 음반의 대부분은 동요를 녹음한 것이었지만, 아동극(동화극, 동요극, 아동비극 등) 음반도 여럿 취입되었으며 구연동화 음반도 10여 장 발매되었다.[3] 유성기 구연동화는 당시에 동화작가, 야담가, 연극배우 등으로 활동했던 고한승, 윤백남, 남궁선, 김복진 등이 녹음했다. 특히 김복진의 음반은 8장이나 되어 유성기 구연동화 음반 중 가장 큰 비중을 차지한다.

사실 식민지시기에 동화가 구연되었던 보다 대중적인 공간은 각종 '동화회(童話會)'였다고 할 수 있다. 동화는 근대 문학 장르로서 신문, 잡지, 단행본 등의 인쇄 매체에 기반을 두고 형성되었음에도 불구하고, 구술적 향유 방식 또한 여전히 유지하고 있었다. 동화는 인쇄된 지면을 소리 없이 읽어가는 개인적인 묵독의 방식뿐 아니라, 여럿이 함께 모인 자리에서 낭독

2001.

장유정, 『오빠는 풍각쟁이야』, 민음in, 2006.

김재관, 「기술복제시대와 소리의 에크리튀르」, 『한국 문화전통의 자료와 해석』, 단국대출판부, 2007.

3) 『한국 유성기 음반 총목록』(한국정신문화연구원 편, 민속원, 1998)을 참조하여 확인한 구연동화 음반은 모두 14장이다. 고한승과 남궁선이 각각 1장, 윤백남이 4장, 김복진이 8장을 취입하였다. 고한승은 <백일홍>(Nt.B161, 일축, 1927), 남궁선은 <바위나리와 아기별>(마해송 원작, Ch.185, 시에론, 1934) 윤백남은 <무영탑>·<삼색병> (C.40253-A·B, 콜럼비아, 1931), <船長의 子>(V49067, 빅타, 1935), <仁童의 꿈>(V.49068, 빅타, 1935), <自作의 笛>(V.49091, 빅타, 1935) 등을 취입하였다. 김복진의 구연동화 음반 8장은 1934년 7월부터 1936년 2월까지 콜럼비아 축음기 주식회사에서 보급반('Regal'음반)으로 발매하였는데 모두 10편의 구연동화가 실려 있었다. 이에 대한 자세한 사항은 본론에서 소개하도록 하겠다.

하거나 구연하여 음성으로 텍스트를 감상하는 청문예(聽文藝)적 방식으로도 널리 향유되고 있었던 것이다. 소년회를 비롯한 각종 아동 단체들과 1920~30년대에 크게 성행했던 동화회는 동화가 구술적인 형태로 향유되었던 대표적인 공간이다.[4] 물론 이때의 구술성은 전대의 이야기판이 가지고 있던 구술성과 동일한 것은 아니다. 인쇄매체 시대에 구술되는 이야기들은 이미 문자 텍스트를 거쳐서 이루어진, 준비된 대본을 가지고 있는 것이라고 할 수 있기 때문이다.[5] 이와 같은 동화의 이중적 향유 방식은 텍스트 구성에도 영향을 미치는 것이어서 당시의 동화 창작론들을 살펴보면 처음부터 '읽힐 가능성'과 '이야기될 가능성'을 동시에 염두에 두었음을 확인할 수 있다.[6] 당시의 동화들이 일반 소설과는 달리 인격체적 서술자라든가 이야기적 구성, 구어체적 문체 등의 양식적 특성을 띠었던 것도 이러한 사정과 무관하지 않다.[7]

그런데 이와 같은 동화의 향유 방식은 1920년대 말, 라디오

4) 조은숙, 「식민지시기 '동화회(童話會)' 연구: 공동체적 독서에서 독서의 공동체로」, 『민족문화연구』 45호, 2006.12 참조.

5) 이는 라디오, 유성기, 전화, 텔레비전 등의 전자 매체에 의해 구술성이 강하게 복원되는 경우에도 마찬가지이다. 전자매체에 의한 구술성은 이미 준비된 대본이나 메모를 전제하고 있는 것으로서 쓰기와 인쇄의 사용에 계속적으로 의존한다는 점에서 청각문화 시대의 구술성과는 질적으로 다른 것이라고 할 수 있다. 월터 옹은 이를 문자 문화 이전의 구술성과 구별하여 '2차적 구술성'이라고 명명한 바 있다.
월터 J. 옹, 『구술문화와 문자문화』, 이기우·임명진 역, 문예출판사, 1995, 204~208면.

6) 조은숙, 앞의 책, 249면.

7) 조은숙, 「한국 아동문학의 형성과정 연구」, 고려대 박사논문, 2005, 141~165면 참조.

와 유성기 등의 대중 매체의 보급으로 인하여 또 다시 새로운 지형을 형성하게 된다. 1927년 개국한 경성 방송국은 정규 방송에 아동을 위한 시간을 배분하였고, 이러한 아동 코너는 동화 구연 등의 프로그램으로 채워지는 경우가 많았다. 시끌벅적한 동화회의 무대 위에서 이름을 날리던 유명 구연가들이 라디오 방송실의 텅 빈 무음의 공간에서 마이크를 잡는 낯선 경험의 시대가 도래하게 된 것이다. 라디오 방송은 비록 눈앞에는 당장 보이지 않을지라도 동화회와는 비교할 수 없는 대규모의 청중을 만들어 낼 수 있는 잠재력을 가지고 있었다. 라디오 방송은 공회당이나 극장과 같은 동화회가 열리는 공공장소에 직접 찾아가지 않아도, 집안에서 편안하게 이야기를 즐길 수 있는 가능성을 열어 주었다. 또한 아동용 유성기 음반들은 구연되는 이야기를 개인적으로 소장할 수 있으며 시간과 장소에 구애받지 않고 언제든지 맘껏 활용할 수 있다는 환상을 만들어 낼 수도 있었다.

그러나 당시의 경제 사정으로 미루어 볼 때, 실제로 라디오나 유성기와 같은 매체를 통해 가정에서 구연동화를 청취할 수 있었던 아동은 그리 많지 않았을 것이다. 1930년대에 들어 유성기의 가격이 대폭 인하되었다고는 하지만 모두 부담 없이 구입할 수 있을 정도로 저렴해진 것은 결코 아니었다.[8] 대다수의 가정에서 라디오나 유성기를 구비한다는 것은 요원한 꿈

---

8) 식민지시기 유성기와 음반 가격의 변화 추이에 대한 보다 상세한 내용은 다음의 글을 참조할 것.
이상길, 「유성기의 활용과 사적 영역의 형성」, 『언론과 사회』 62호, 2001, 65~69면.

이어서 식민지시기 내내 이들은 여전히 공공의 매체였으며 거리의 소리였다. 당시에 라디오나 유성기를 갖춘 가정의 이미지가 중상류층의 문화 상징으로 작용할 수 있었던 일차적 조건은 이와 같은 경제적인 여건에서도 찾을 수 있다.

그렇지만 특정한 상품이 문화 상징적 효과를 갖는 것은 그것이 단지 고가의 사치품이기 때문만은 아니다. 문화적 '구별짓기'[9]는 단순히 경제적인 차별성에 의존해서 이루어지는 것이 아니기 때문이다. 이런 점에서 유성기 구연동화는, 유성기라는 근대 매체를 사적으로 활용하는 과정에서 문화적 취향의 분화와 차별화가 어떻게 이루어졌는가를 살펴보는 데에 유용한 사례가 된다. 본 논문에서는 유성기 음반에 수록된 구연동화들을 통해, 근대 문명의 이기를 사적으로 소유하고자 하는 욕망, 과학적이고 합리적인 교육 방식을 추구한다는 믿음, 단란한 핵가족의 이상과 천진하고 순진한 아동의 표상, 아동의 심리와 아동문학에 대한 전문적인 지식 등이 서로 연동되면서 건전한 가정 및 아동 취미의 모델을 창출해가는 맥락을 짚어보고자 한다.

현재 유성기 구연동화에 대한 연구는 거의 진행된 것이 없다. 다만 최근 오새내에 의해 김복진의 동화구연 음반이 처음으로 집중적인 조명을 받은 바 있는데, 오새내의 관심은 김복진의 발음을 분석하여 당시 서울말의 음운 현상을 밝히는 음성학적인 것에 있으므로 본 논문의 목적과 직접적으로 연관되지는 않는다.[10] 유성기 구연동화에 대해서는 취입 동기 및 과

9) 삐에르 부르디외, 최종철 역, 『구별짓기 (상, 하)』, 새물결, 2006.
10) 오새내, 「20세기 초 서울말 모음 음운현상에 반영된 계층적 지표:

정, 판매량, 청자의 수용 양상 등에 관한 기초 자료도 찾기 어려워 전체적인 윤곽을 그리는 데에 어려움이 크다. 이와 같은 상황에서 본 논문은 앞으로의 유성기 구연동화 연구의 발판을 마련하기 위한 시론으로서 의미를 지닌다.

이를 위하여 본 논문의 제 2장에서는 먼저 각종 신문 잡지 등에 나타난 유성기와 가정 및 아동에 대한 담론들을 검토하였다. 특히 이 장에서 가장 관심을 두고 살펴본 기사는 1930년대에 중상류층으로 파악되는 한 가정주부가 자신의 일상을 일기 형식으로 써서 발표한 글이다. 이를 통해 중상류층 가정의 일상적 소비 양태와 그 문화적 표상을 수사적 표현을 중심으로 분석해 보고자 했다. 제 3장과 4장에서는 식민지시기에 근대 교육을 받은 신여성으로서 유치원 보모, 연극배우, 동화구연가로 활동했던 김복진의 약력을 살펴보고, 김복진이 구연한 유성기 음반 동화 10편을 분석하였다. 김복진이 구연한 동화들이 대부분 잘 알려진 동서양의 옛이야기들을 각색한 것임에 착안하여, 텍스트들의 변용 정도에 따라 다시 쓰기, 고쳐 쓰기, 새로 쓰기 등으로 분류하여 변화의 양상과 그 의미를 추론해 보았다.

1930년대 김복진의 동화 구연 유성기 자료의 분석」, 『국어문학』 40호, 2005.

김복진의 음반은 LG미디어에서 1996년에 CD로 복간되었으나(<콜럼비아 유성기 원반(11): 동화를 얘기해주는 여자, 김복진>)현재는 절판된 상태인데, 오새내 선생님의 도움으로 구할 수 있었다. 지면을 빌어 오새내 선생님의 후의에 감사드린다.

Ⅱ. 유성기를 둘러싼 교육 및 가정 담론

1. 유성기와 아동 교육

1880년대 말 조선에 처음으로 도입된 이래, 유성기는 강연회, 학교, 카페, 상점 등 다양한 장소에서 여러 가지 목적으로 활용되었으나, 크게 보아 공공장소에서의 공적 활용으로부터 사적 장소에서의 개인적 사용으로 용도를 확산시켜 가는 과정을 밟았다고 볼 수 있다. 유성기는 도입 이후 처음 얼마 동안에는 주로 행사장 등에 군중을 모으는 용도로 사용되었다. 외래로부터 박래된 신기한 물건인 유성기는 공공장소에 청중을 동원하거나 여흥을 즐기는 데 사용하기에 적합했던 것이다.

이후 1920년 초반부터는 음악을 감상하기 위한 '축음기 음악회' 등도 간간이 열렸으나 일반인들과의 거리는 여전히 멀었다. 유성기의 대중적 보급에 획기적인 변화가 생긴 것은 전기 녹음 방식이 채택되어 음반 제작 기술이 혁신된 1928년 무렵이다. 이로 말미암아 1920년대 후반에는 콜럼비아, 빅터, 포리돌, 오케, 시에론, 태평 등 대형 음반사들이 설립되었으며, 각종 음반들이 쏟아져 나오기 시작했다. 판소리, 신민요, 영화극, 난센스, 만담, 양악 등 다양한 종류의 음반이 취입되었으며 본격적인 대중 유행가의 시대가 열리게 된다. 중상류 계층에 한

정된 일이기는 했지만 일반 가정에까지 유성기가 보급되고 영향력을 미치기 시작한 것도 20년대 후반부터이다. 유성기는 30년대 전반을 거치면서 거리에서는 대중의 오락물로, 가정에서는 단란한 스위트 홈의 필수품으로서의 이미지를 확고하게 다지게 된다.[11)]

실제로 1930년대에 유성기 보급률이나 음반의 판매량이 어느 정도였는지는 정확하게 알기 어렵다. 1934년의 한 기사는 전 조선에 유성기 음반을 보급하는 판매점은 약 200개소이고, 1년에 콜럼비아와 빅타가 각각 200만 장씩을 파는데 여기에 포리돌, 시에론, 오케, 태평양 등의 판매량까지 모두 합하면 총 600-700만매 정도가 판매되는 셈이라면서, 음반 한 장에 1원씩만 계산하여도 600-700만원이나 되니, "놀납게도 큰 시장이라 아니할 수 업다"고 했다.[12)] 그러나 이 수치는 실제보다 많이 과장된 것으로 추측된다. 비슷한 시기에 오케 음반사 문예부 소속 김능인은 위의 6개 음반 회사가 각각 매월 10종 내외의 음반을 평균 2만장 정도 팔고 있으므로 모두 합하면 1년에 총 100만-90만장 정도를 팔게 된다고 말해 이와 큰 차이를 보이기 때문이다.[13)] 또한 1930년대 후반의 다른 기사들을 참조해 볼 때에도, 1년에 약 100만장 내외가 판매되는 것으로 거론하는 경우가 많아 당시 음반 관계자들은 연간 총 판매 규모를 대략 100만장 내외로 어림하고 있었다고 추정해

---

11) 유성기 도입과 전개에 대해서는 배연형, 이상길, 김재관, 장유정 등의 글을 참조하여 요약하였다.(각주 2)번 참조)

12) 「레코-트 판매점과 육백만원」, 『신시대』 6권 8호, 1934.8.

13) 김능인, 「조선어교육 레코오드 취입 제작의 경과」, 『한글』 29호, 1935.4.

볼 수 있다.[14)]

음반 판매의 수치는 정확하게 알기 어렵다고 하더라도 분명하게 알 수 있는 것은, 유성기와 음반의 대량 보급이 사회 전반에 미친 파장이다. 유성기 음반 시장이 확장되고 유행가나 만담이 대중적으로 크게 인기를 누리면서 이는 무시할 수 없는 새로운 사회 현상으로 대두된다. 유성기 음반의 대중화에 따라 이에 대한 사회적 담론 또한 긍정, 부정의 양가성을 띠고 전개되어 나갔다. 과학상식의 이름을 달고 유성기 발명의 역사나 음반 제작 방법, 사용 방법 등을 소개함으로써 근대 과학문명의 이기(利器)로서의 유성기에 대한 상식을 보급하고자 했던 각종 정보 기사들이 전자에 속한다면,[15)] 퇴폐적이고 저급한 유행가를 퍼뜨리는 등 풍속을 문란케 하는 주범으로 유성기 음반을 지목하는 비판적 기사들은 후자의 경우이다.

후자처럼 유성기 음반으로 인한 풍속 문란을 비판하는 경우에는 특히 아동의 교육 문제를 연관시켜 거론할 때 한층 강도 높은 목소리를 냈다.

---

14) 예를 들어 「풍속치안방해로 압수 팔천매, 악성유행물의 전성」(『동아일보』 1937.6.9)에서는 매년 평균 100만개가 수입되어 소화된다고 하였으며, 「조선 축음기 한화」(『신시대』 10호, 1941.10)에서는 1940년에 조선에서 소화된 음반 수량이 130만 매가 되어 "조선 축음기계 미증유의 최고 기록"을 세웠다고 했다. 물론 '100만'이라는 숫자는 서적 등 각종 상품의 판매량을 자랑할 때에 관용어처럼 사용되던 숫자이므로 이에 대한 정확한 판단은 보다 객관적인 자료가 확보되기 전까지는 유보해 둘 수밖에 없다.

15) 「과학상식 : 축음기 레코-드」, 『신동아』, 3권 2호, 1933.2; 이하윤, 「레코-드와 라디오 考」, 『중앙』 3권 3호, 1935.3 등이 그 예이다.

그러나 그 괴괴망측한 차마 창피스러운 그 짜위 것들이 집집에서 거리거리에서 들닐 제 그 영향이 사회적으로 또는 아동의 교육상으로 얼마나 조치 못한 현상을 주는지 아느냐 말이다 요새 유성기에도 취체법이 새로 엄격해졋다. 그러나 사상문제 이외에는 아모런 것을 부려너어도 조타는지는 모르나 그런 것이 취체법에 걸니지 아는 것을 보아서는 좀 섭섭한 생각이 업지 안타. 왜 사상들은 취체하며 사회교육 가정교육상 아동에게 미치는 큰 영향을 좀 생각해 주지 아는가 하는 것이다. 요새 거리거리 모퉁이모퉁이에서 어린 아이들 입으로 하지 말엇스면 하는 것말 따위 괴상한 유행 노래 짜위가 큰 세력을 가지고 아이들을 교육(?)하고 잇스니 이것이 가정이나 학교에서 가르킨 것일가(...) 창고에 나머지가 잇스면 그 짜위는 다-쓰러바리자

<掃除夫, 「秋期紙上大淸潔」, 『별건곤』 8권8호, 1933.9>

1933년 掃除夫라는 필명을 사용한 『별건곤』의 한 필자는 거리에 흘러넘치는 괴상망측한 유모어, 넌센스, 유행가들이 큰 세력을 가지고 아이들을 '교육(?)'하고 있는 형편인데도 새로 생긴 유성기 취체법(取締法)은 사상문제만 관여할 뿐 사회교육, 가정교육상 아동에게 악 영향을 미치는 유성기 음반들은 왜 단속하지 않는지 모르겠다며 "그 짜위는 다-쓰러바리자"고 목소리를 높였다.

유성기 음반에 대한 치안 당국의 풍속 취체는 1932년 6월부터 시작되었다. 이후 검열 당국은 매해 수십 종의 레코드를 '치안방해(治安妨害)'과 '풍속괴란(風俗壞亂)'의 두 가지 기준에 의거해 금지시켰다. 그런데 검열 당국은 1930년대 중반 아동교육을 목적으로 취입된 '조선어교육 레코드'[16]를 두고서는 문화

상 가치가 있는 유익한 유성기 음반이라고 평가했다. 다시 말해 조선어 교육 음반을 치안 유지에도 방해되지 않고, 풍속 괴란의 염려도 없는 안전한 음반의 모범으로 보았던 것이다. 검열 관계자는 "레코-드 업자도 문화의 사명을 자부하야 불온불량한 레코-드를 제작치 안을 뿐만 아니라 최근에는 일보전진하야 유익한 레코-드를 점점 이 사회에 내여놋케 되엿습니다. 작년도에 잇서 오-케 회사에서는 조선어교육 레코드를 창시적으로 제작하야 일반 학동에게 편의를 주게 하엿스며, 코롬비아 회사에서는 「국어독본」 전부를 정확한 음으로 레코-드화 식힐 예정이라. 이와 갓치 진보된다면 문화상 가치가 얼마나 만흘것인가함을 성심으로 기대하는 바이다"라고 밝혔다.[17]

이보다 한 해 앞서 오케 문예부의 김능인은 조선어 교육 레코드 취입 제작의 경과를 밝히는 글에서 "레코오드가 언제나 대중의 저급 취미만 영합하고 대중의 질적 향상이 있을 때까지 건전한 레코오드의 생산을 보류한다면 그것도 또한 큰 일"이기에 "대중의 요구보다 한걸음 앞서 나가 대중의 질적 향상을 꾀하는 길"을 찾기 위해 여러 가지 현실적인 어려움을 무릅쓰고 아동교육 교재용 레코드를 만들게 되었다고 했다. 그는 음반 취입 과정에는 '취입난', '타산난', '허가난'의 3대 난관이 있었지만, 그중 판매 허가만은 예상보다 큰 어려움 없이 받을 수 있었다고 진술하였다.[18] 앞서 살펴본 검열 당국의 입장과

---

16) 조선어교육 음반은 1936년 1월에 전 12매 1질로 오케 축음기 회사에서 발매되었다.(O100-O111)

17) 「엇더한 『레코-드』가 금지를 당하나」, 『삼천리』 8권 4호, 1936.4.

18) 김능인, 「조선어교육 레코오드 취입 제작의 경과」, 『한글』 29호, 1935.4.

일치하는 진술이다.

이 지점에서 좀더 논의를 확장해 볼 부분은 검열 당국이 가졌던 '소리'의 선동성에 대한 두려움이다. 앞에서 인용한 글에서 검열 당국은 유성기 음반은 극이나 영화와 마찬가지로 사람의 '말'로 전해지는 것이라 듣는 사람에게 감격과 자극을 주는 것이 소설이나 회화에 비할 바가 아니라고 했다. 따라서 단지 가사만 보아서는 별 문제가 없는 것이라고 하더라도 노래로 불렀을 때의 느낌이 지나치게 회고적, 애상적인 것은 금지 명령을 내렸다고 했다. 소리가 갖는 감정 격발의 선동적인 힘을 간파한 것으로, 여기에는 방향을 예측하거나 제어할 수 없는 감정의 일탈적 흐름에 대한 두려움이 배면에 깔려 있었다고 볼 수 있을 것이다. 이런 점에서 교과서의 내용을 정확한 표준어 발음으로 낭독하여 녹음한 조선어교육 레코드는, 교과서를 대상으로 한다는 점에서도 그렇지만 발성의 효과를 명료하고 투명하게 예상할 수 있는 절제되고 표준화된 소리의 기획이었다는 점에서도 검열자에게 불온하지 않은 건전한 유성기 음반의 표본으로 받아들여질 수 있었을 것이다.

조선어교육 레코드 제작에 실제로 참여했던 정인섭과 심의린은 유성기가 말과 글의 '통일', 작가와 독자의 투명한 '소통'을 위한 교육을 가능하게 해줄 것으로 기대했다. 즉 정인섭은 유성기를 통해 언문일치에 입각한 표준어와 표준 발음을 과학적으로 교육할 수 있는 가능성을 내다보았고, 심의린은 유성기가 작가의 사상과 감정을 정확하게 이해하고 그것을 잘 드러내 표현하는 낭독법을 훈련하는 데 편리하다는 점을 높이 샀다. 정인섭과 심의린은 각각 어학적, 문학적 측면에 관심을 갖고 있었지만, 둘 모두 유성기가 가진 음성 저장과 반복의 기능이 실제를 정확하게 재현하는 데에 탁월하다는 점에서 교육적으로 유용하다고 판단했던 것이다.

> 문명이 될 수록 교통이 밀접해지는 만큼, 현금 문화가 발달한 사회는 말과 글의 통일을 부르짖고, 각지방의 사투리는 점점 적어지는 동시에 문화중심지를 토대로 한 중류 이상의 현대어를 그 표준어로 정하고, 여기에 비추어서 언어의 교육을 합리화하고 있습니다. 그리고 레디오 방송과 발성영화와 축음기 같은 기계를 이용하기도 하는데, 그중에서 레디오는 시간의 제한이 있고, 발성영화는 반듯이 교육적으로만 되었다고 할 수 없는 것입니다. <u>그런데 축음기로 말하면, 소리가 훨신 육성에 가깝고 정확하게 들리며, 특히 시간의 제한을 받지 않고 얼마든지 자유롭게 반복할 수 있는 것입니다.</u>
>
> <정인섭, 「언어교육과 축음기」, 『한글』 29호, 1935.12>

> 독서 즉 글을 읽는다는 것은 어떤 자의 사상과 감정을 말하는 대신에 문장을 늘어놓아 표현한 것 즉 문장을 해득하야 그 문의 작자와 같은 심정을 갓게 되어야 비로소 그 글을 읽었다 할 것입니다.
>
> … (중략) …
>
> 그러니까, 글을 읽을 때는 말하는 것 같이 읽되, 작자의 정신을 잘 이해하야 기쁜 사실이면 기쁜 표정으로, 슬픈 내용이면 슬픈 표정으로 감정이 나타나게 읽어야 할 것입니다.
>
> 그러나 독서는 어디까지든지 독서요, 결코 배우의 극이 아니므로 너무 야단스럽게 읽어서는 못씁니다. 실지의 말과 같이 감정을 표시하야 읽되, 곱고 정하고 아름답고 고상하게 독서의 본질을 잃

지 않게 읽어야 합니다.

… (중략) …

실지의 구체적 낭독법에 이르러서는 문자로 설명하기가 매우 불충분한 점이 있으므로, 지도한 아동의 음성을 빌어서 레코오드에 취입하야 금후 연구 재료의 참고로 드리는 바입니다.

<심의린, 「독서낭독법에 대하야」, 『한글』 29호, 1935.12>

'육성에 가깝고 정확한 소리', '실제의 구체적 낭독법을 보여주는 아동의 음성' 등이 강조하는 것은 유성기가 가진 실제의 재현 능력이다. 그런데 여기에서 '실제적인 것'으로 내세워진 '육성에 가깝고 정확한 소리', '아동의 실제 음성'은 결국 표준어와 표준발음, 작가 정신에 대한 정확한 해석과 적합한 표현이라는 점에서 '표준적인 것'을 대리하는 것이기도 하다. 요컨대 교육용 유성기 음반은 '실제적인 것을 재현한 표준'이라기보다는, '표준적인 것이 재현된 실제'라고 말할 수 있다. 유성기는 일회적이고 개인적 편차가 클 수밖에 없는 불안정한 소리를 붙들어 정착시킴으로써 표준의 권위를 입히고, 이렇게 만들어진 표준을 반복적으로 학습시키기에 유용한 매체였으며, 바로 이와 같은 점이 교육용 유성기 음반을 '불온불량'한 '대중의 저속 취미'와 구별되는 진일보된 '문화상 가치'를 창출하는 것으로 평가받게 했던 요체라고 볼 수 있을 것이다.

한편, 이처럼 직접적인 교육의 목적을 내걸지는 않았을지라도, 동화나 동요와 같은 아동문학의 유성기 음반 취입은 유해한 환경으로부터 아동들을 보호할 수 있는 대안적 방편으로 논의되기도 했다. 이는 유성기 음반에 담긴 퇴폐적인 유행가,

은어나 속된 말장난 따위를 늘어놓는 만담류가 아이들에게 나쁜 영향을 끼친다고 강하게 비판했던 글들 속에서 찾아 볼 수 있다.

「그 레코-드에 겻말 엇말 나아오는 소리! 그놈 큰일 낫데 집안 아해들이 모조리 그 말버릇을 달마가서 집안이 추해 쓸 수가 잇서야지」

집집에서 이가튼 嘆聲이 비쌀치듯해젓다. … (중략) … 現在 市內 某某 家庭에서는 「넌센스」 레코-드 中에 겻말 엇말 만히 든 놈을 모조리 쌔트려 바렷다는 소리를 듯고 나는 製作業者의 處地와 家庭을 가진 者로서의 良心을 가지고 몸서리를 첫다. … (중략) …

넌센스를 發賣한 까닭에 神聖한 兒童들이 추잡한 말 버릇을 배웟다 하면 이것은 分明히 「惡」이다. 나는 그 대신 임의 넌센스를 世上에 내노흔 사람으로서의 죄를 속하기 爲하야 새해부터는

平和한 家庭에
明快한 레코-드

라는 新 「못트」를 들고 나스기로 決心을 햇다
(…)

*

어린이를 爲하야 레코-드를 特히 求하시는 이가 적다. 그 증거로는 어느 會社에서든지 童謠 童話의 레코-드를 내는 데가 업다. 이제부터는 童心에 適合될 레코-드를 만히 만들 것을 약속해 둔다.

<이서구, 「봄○○와 레코-드」, 『별건곤』 9권4호, 1934.4>

이서구는 거리에 흘러넘치는 '유모어', '넌센스' 등 망측한 유성기 만담들이 '신성한 아동'들에게 '겻말', '엇말' 등의 추잡한 말버릇을 흉내 내게 한다면, 이것은 죄를 짓는 사회 '악'이라면서 단호한 어조로 비판하고 있다. 선과 악의 윤리적 판단의 수사법은 어린이의 '동심(童心)'에 맞는 동요와 동화 음반을 많이 만들겠다는 결심을 양심적이고 도덕적인 결단으로 느끼게 해준다. 앞에서 살펴본 掃除夫의 "그 따위는 다-쓰러바리자"는 태도로부터 한 발 더 나아가 구체적인 대안으로 실천의 방향을 제시한 것으로 볼 수 있다. 상업적인 유성기 음반의 무분별한 대중 추수가 저속한 유행을 만들어 내고 이것이 아이들에게까지 악영향을 미친다는 비판적 목소리는 건전한 유행을 만들어 내기 위한 대안 모색에 힘을 실어주었으며, 그러한 모색의 과정에서 때 묻지 않은 순수하고 천진한 아동의 동심을 보호해야 할 필요는 새삼스럽게 각인되었고, 동요나 동화의 유성기 음반 취입을 가능하게 하는 분위기도 서서히 무르익을 수 있었다.

2. 유성기가 있는 가정의 풍경

유성기는 도입 시기부터 단란한 가족의 오락물로서 선전되어 왔지만, 일반 가정에까지 본격적으로 보급되기 시작한 것은 1920년대 후반부터라고 볼 수 있다. 물론 당시의 형편을 고려해본다면 가정용 유성기는 중상류 계층 이상에서나 구입 가능했을 것으로 판단된다. 다음은 1932년 『신동아』의 '주부의 가정일기'라는 란에 「김치와 레-코드」라는 제목으로 실렸던 이준숙 주부의 일주일 간의 일기 5편 중 일부이다.

六 月 十九日(日) 曇

오날은 하날이 찌푸리고 우는 상을 하고 잇다. 아츰에 김치를 해담고 英이와 레코트를 트럿다. 레코트만 틀면 손벽을 치고 춤을 추는 우리 네 살된 英이! 나는 그적게 온 週刊朝日에서 藤原義江[19]의 少年時代를 읽고 우리 英이 性格이 그와 몹시도 방불하다고 생각하엿다. 世界的 테-너-나의 꿈은 그애의 將來를 그 고흔 별빗아레 고이〱 매고 십펏다. 오후에 城津 언니의게서 편지가 왓다.

六 月 二十日(月) 曇

(…)

아츰먹고 나는 남편의 조아하는 칼피스水를 만들어 보앗다 실패한 셈이다.

오후에 月桂에 물을 주었다. 眞紅의 봉우리가 피기 시작하엿다. 한송이 두송이 - 쏫을 사랑하는 사람은 그 마음에 슯흠이 업다고 - 이것은 로단의 말이엇다 만은…….

(…)

오늘은, 토끼가 색기를 나코 새닭이 알을 나엇다. 우리 英이가 사랑하는 조흔 친구들- 저녁에는 이곳 名物인 櫻桃를 사다가 온 식구가 滋味잇게 먹엇다.

六 月 二十一日(火) 晴

(…)

오전은 새로 끈어온 보에루 치마를 하엿다 곱게 곱게 달려서

19) 후지하라 요시에(藤原義江), 일본의 유명 테너 가수.

입어 보앗더니 남편이 곱다고 놀녓다

(…)

건넌산 松陰에서 뻑국새 우는 소리가 들렷다. 퍽이나 애상적이고 시적인 그 리듬! 그 리듬은 나의 마음을 끌고 그립은 소녀시대의 그 고흔 황금탑을 사어려 하엿다만…….

저녁에 친정 아버지가 단여가섯다. 두 살된 철이가 레코-트판을 두개나 깨치고 엄마에게 매를 마젓다.

六 月 二十二日(水) 晴

고발트色으로 곱게개인 하날에 白鳩의날개가튼 구름덩이! 나는 나의 職業인 化粧品製造業!

(…)

조선여자란 죽이되든지 밥이되든지 그저 안저 먹어야만 조흔줄 알고 또는 직업을 가진다 해도 회사나 학교 가튼데서 오육십원에 목을 매고 지내여야 조흔 직업으로 생각하는 모양이다. 그러나 나는 내 손으로 물건을 만들고 내손으로 판다는 이 자유스러운 직업에 만흔 뿌라이드를 늣겻다. 잘되면 하로에 일이십원 버리. 못되여도 오육원버리!

(…)

저녁에 백장미 두송이를 사왓다. 남편은 빗갈이 매우 곱다고 하며 화병에 꼬잣다 그는 또 시를 쓸 모양이다.

六 月 二十五日(土) 晴

(…)

오늘은 아츰부터 漢江노리를 가느라고 야단이엇다.

(…)

두살된 철이는 물만 보면 기여들어가서 작란을 첫다. 그이도 물에 들어가 헤염을 치고 나는 조개를 잡고 어멈은 밥을 짓고-. 이런 곳에서 점심을 먹으니 손씨업는 밥이라도 맛이 이섯다. 네 살 된 英이는 『밥에 쑬을 칫는지 맛이 조아-』하야 일동을 우켯다. (…)

<이준숙, 「주부의 가정일기 : 김치와 레코-드」, 『신동아』 2권 8호, 1932.6>

필자인 이준숙은 춘성 노자영의 부인이다.[20] 일기 속에 나오는 시 쓰는 남편이 바로 1920년대에 『사랑의 불꽃』이라는 연애 서간문으로 조선의 젊은 남녀들의 가슴에 낭만적 연애의 불을 지폈던 작가 노자영이었던 것이다. 춘성의 부인이 쓴 글답게 위의 일기 또한 화려한 미문(美文)으로 아름다운 연애의 결실이라고 할 단란한 가정의 행복한 모습을 한껏 드러내고 있다. 이준숙의 가정은 두 살, 네 살의 남매와 부부로 이루어진 전형적인 핵가족이며 경제적 사정도 넉넉한 중상위층으로 판단된다. 이준숙은 주부이면서 경제적인 수입도 상당한 직업여성으로 자신의 직업에 대한 소견이 매우 뚜렷했던 것으로 보인다. 위의 글에서 이준숙이 자부심을 느낀다는 "내 손으로

---

20) 이준숙의 일기에 드러난 신변의 정보는 다음 『별건곤』의 기사의 내용과 정확하게 일치하고 있다. 이를 통해 이준숙이 노자영의 부인임을 확인할 수 있다.
"오래동안 病床에서 신음하던 春城 盧子泳씨는 근래에 건강이 매우 회복되고 그의 부인 李俊淑씨는 市內 安國洞 네거리에서 무궁화 화장품 상회를 설입하고 화장품제조 판매업을 하는데 평소부터 화장품을 애용하고 거긔에 대한 연구가 만흔 춘성씨는 매일 오후가 되면 그의 사랑하는 부인도 만날겸 부인의 대리로 화장품도 팔겸하야 그 상점으로 왓다가 밤이면 그 부인과 가티 성북동 자택으로 도라간다고 한다. 문인으로 화장품업을 하기는 그의 가정이 조선에서 처음인 듯." (「文壇風聞」, 『별건곤』 46호, 1931.12.1)

물건을 만들고 내손으로 판다는 이 자유스러운 직업"은 화장품 제조, 판매업이다. 그녀는 당시 안국동에 '무궁화 화장품 상회'를 열어 운영하고 있었다.[21] 이준숙은 문학과 예술에 대한 교양을 가지고 있었으며, 일본어 잡지를 읽을 수 있었고 외래어를 자주 사용했던 극소수의 엘리트 여성으로 파악된다.

다섯 편의 일기에는 도시 중상류층 가정의 일상 속에서 소비되었던 상품들이 곳곳에 배치되어 있다. 잡지(週刊朝日), 칼피스, 보에루 치마, 백장미 등의 목록 속에서 단연 눈에 띄는 것 중 하나는 '레코-트'이다. '레코-트(판)'는 6월 19일 일기에 딸과 함께 음악을 감상하는 장면, 6월 21일 일기에 어린 아들이 유성기 음반을 깨뜨려서 야단을 쳤다는 에피소드를 통해 2회나 나오며, 다섯 편의 일기를 대표하는 제목도 「김치와 레코-드」이다. 1930년대에 이르면 이미 가정은 부부 간의 사랑을 기초로 맺어진 핵가족의 이미지로 대표되고 있었으며, 외부인이 쉽게 들여다 볼 수 없는 사적 영역으로 자리 잡아 가고 있었다.[22] 가정의 사적 일상을 공개하고 있는 이러한 일기 형식

---

21) 각주 20)번의 인용문 참조.

22) 물론 당시 중상류층의 지배적인 가족 유형이 핵가족의 형태였으리라고 생각할 수는 없다. 식민지시기에 중상류 계층에서 태어나 1930년대부터 1940년대 중반 정도에 아동기를 보낸 노인들을 면담한 구술자료를 분석한 김은희는, 당시 도시 중상류층의 가족은 핵가족 구성원 외에 친척이나 일꾼들과 함께 사는 대가족 형태가 오히려 더 많았다고 보고했다. 실업자가 많았던 당시의 경제 상황 때문에 부유한 계층일수록 대가족 형태가 더 많았다는 것이다. 김은희는 이러한 가족구조 속에서 아이들은 '젖어멈'이나 '애보는 아이'에게 맡겨져 키워지는 경우가 많았으므로, 근대적 양육법의 담론적 수용과 실제 현실 사이에는 낙차가 컸다고 주장한다. 김은희의 사례 분석 연구는 기존의 아동이나 가족에 대한 연구가 '담론' 분석에 치우쳐 있었던 한계를 환

의 기사는 가족의 내밀한 행복을 외적으로 과시하고자 하는 의식적, 무의식적 노출 욕망 속에서 쓰였다고 볼 수 있을 것이다. 그런데 다섯 편의 일기 중 첫 번째인 6월 19일자 일기의 첫머리, 행복한 가정을 소개하는 서두에는 유성기에서 흘러나오는 음악에 맞춰 손뼉을 치고 춤을 추는 아이의 모습이 있었다. 유성기에서 흘러나오는 음악, 손뼉치고 춤추는 네 살짜리 아이의 천진한 모습, 클래식 가수 후지하라 요시에(藤原義江)의 어린 시절, 미래의 꿈으로서의 '고흔 별빗'의 이미지는 서로를 비추면서 가정이라는 사적 공간을 가득 채우고 있다. 이 글에서 유성기는 단순히 소리를 재생해주는 실용적이고 기능적

기시킨다는 점에서 의미를 지닌다. 그러나 이러한 사례들이 1920~30년대에 부상하였던 '신여성', '신가정' 담론과 새로운 자녀 양육법 및 모성 역할에 대한 담론들이 발휘했던 '문화적 선도성'까지 부정하는 논거가 되지는 못할 것이다. 전미경은 1920~30년대의 가정탐방기를 대상으로 당시 '신가정' 담론을 분석하였다. 이에 따르면, 신가정이란 "핵가족의 가족형태, 남자는 사회에서 일하고 여자는 가정에서 어머니·아내·주부로서 일하는 뚜렷히 이분화된 성역할, 쉼터로서의 가정(사적공간으로서의 가정), 자녀를 중심으로 한 가족생활을 특징"으로 하는 것이다. 전미경은 가족탐방기에 실린 사진이 후기로 갈수록 부인 혹은 모자 사진에서 부부와 그 자녀중심의 핵가족 사진으로 변모하고, 근면·청결·검약한 가정생활을 중시하는 것에서 가정의 단란함을 강조하는 것으로 변모한 것은 신가정에 대한 인식의 변화를 반영한 것이라고 보았다. 이를 통해서도 핵가족을 중심으로 한 가정 담론과 그것의 상징적 이미지가 변화의 방향을 선도하면서 영향력을 행사했음을 엿볼 수 있다.

김혜경, 『식민지하 근대가족의 형성과 젠더』, 창비, 2006.

김은희, 「대가족 속의 아이들: 일제시대 중상류층의 아동기」, 『가족과 문화』 19집 3호, 2007.

전미경, 「1920~30년대 가정탐방기를 통해 본 신가정」, 『가족과 문화』 19집 4호, 2007.

인 가치 이외에도 화목하고 단란한 가정의 이미지, 고급문화의 이미지를 조성해주는 문화적 환기력을 갖는 상품으로서도 제 역할을 톡톡히 해내고 있다고 볼 수 있다.[23)]

전체적으로 감각적인 표현을 많이 사용하여 화려하게 꾸며진 미문체의 글이지만, 특히 아이들의 모습이나 '소년시대', '소녀시절' 등 어린 시절의 꿈을 묘사하는 부분은 두드러지게 장식적인 표현으로 꾸며져 있음을 살필 수 있다. 그런데 이 글에서 사용된 '고흔 별빛', '고흔 황금탑', '토끼', '닭', '앵두'와 같은 것은 아동기의 순수함이나 어린이의 천진한 동심을 묘사할 때 흔히 동원되는 관용적인 것들이다. 중상류층 신여성이 이상적인 모습으로 그려내는 가정의 풍경 속에 아동기는 곱게 보호되어야 할 미적 표상으로 자리 잡고 있었다. 이와 같이 아동을 미적으로 표상하는 동심의 수사들과 가장 친연성을 가지고 전개되었던 것이 동화나 동요와 같은 아동문학이었음은 길게 설명할 필요가 없을 것이다.

행복한 가정에는 연애와는 또 다른 아름다움이 깃들여 있어야 하며, 그것은 가정 바깥의 거리의 유행가나 만담류가 만들어내는 취향과는 질적으로 차별화되는 것이어야 했다. 가정의 행복과 아름다움을 연출하는 중심에 유성기가 있고 아이들이 있었다면, 그 유성기에서 동화나 동요가 흘러나오는 것을 상상

---

23) 당시 유성기는 단란한 가정오락의 매체로 광고되곤 했다.
"황국단풍 울밋헤 욱어지고 버레소래 달빗 아래 처량한 가을밤- 길고 긴 밤 가뎡 오락은 무엇보다 레코-드 임니다 어머님도 아버님도 아기네도 로인네도 누가 듯든지 벙글〱 밤이 느저도 하픔 한 번 하는 일이 업슴니다" 「광고: 一圓짜리 樂園-가을밤, 家族노리 點景」, 『삼천리』 4권 10호, 1932.10.

해 보는 것은 어렵지 않은 일이다. 구연동화 음반이 "團欒한 家庭에는 업지못한 明盤"24)으로 선전될 수 있었던 것은 이 때문이다. 일상의 취향들은 이처럼 문화적 표상을 뒷받침하는 상품이나 매체들의 지원을 받으면서 자연스러움의 맥락을 형성해 갔다고 할 수 있을 것이다.

Ⅲ. 유성기 음반에 담긴 옛이야기

1. 김복진의 동화 창작 및 구연 활동

김복진이라는 서울 출신의 교양 있고 지식 있는 신여성의 목소리는 동화를 통해 이러한 가정의 꿈을 보존해 주는 데에 잘 어울렸다. 김복진의 음반이 1930년대의 그리 많지 않은 구연동화 음반 중 절반 이상을 차지하는 것도 이러한 점과 무관하지는 않았을 것이다. 최근의 연구에서 오새내는 김복진의 신상 정보를 상세하게 정리한 바 있는데 이를 보충하여 다시 정리해보면 다음과 같다.25)

- 이　름 : 김복진(1909~1951)

24) 김복진의 음반 <숫닭과 호도>(RegalC282-A), <콩배터진이야기>(RegalC282-B)의 광고에 사용된 문구이다. 「八月新譜」, 『八月新譜』, 1935.(『한국 유성기 음반 총목록』, 377면에서 재인용)

25) 오새내, 앞의 책.

- 출신지 : 서울
- 성　별 : 여성
- 녹음시기의 연령 : 만 25-27세
- 교육수준 : 전문학교 졸업(진명고녀, 경성보육학교)
- 사회계층 : 중상류
- 수　상 : 동아일보 주최 연극경연대회 연극상(1938)
- 경력 및 직업 : 유치원 보모, 연극배우, 동화구연가, 동화작가
- 발표 작품(동화 및 소년소설) : 「사랑, 양, 배암, 사람, 황금」, 「돌문이와 쌀분이」, 「꼭꼬댁」, 「두눈백이」, 「금비들기」, 「낙시」, 「울지 않는 종」, 「산-동아줄 썩은 동아줄」, 「꼬마토끼」, 「운동화」, 「전차 차장」, 「山 밑엣집」 등

김복진은 경성보육학교를 졸업하고 유치원에서 아이들을 보육한 경험이 있었으며, 이때 동극을 했던 것이 연극을 시작하게 된 동기라고 밝힌 바 있다. 그는 유치원 보모의 경험을 중요하게 생각하여 연극배우로서 성공한 뒤에도 자신의 꿈을 아동 전용 극장을 짓는 것이라고 밝히기도 했다.[26] 또한 그는 아동문학 분야에서도 활동했다. 「사랑, 양, 배암, 사람, 황금」[27], 「돌문이와 쌀분이」[28], 「꼭꼬댁」[29], 「두눈백이」[30],

26) 「아동극장 건설, 보육 사업에도 종사하고 싶어」, 『동아일보』, 1937.11.27.

27) 김복진, 「사랑, 양, 배암, 사람, 황금」, 『매일신보』, 1931.1.31~2.5.

28) 「돌문이와 쌀분이」는 『신가정』에 먼저 발표되었고, 이후 『만선일보』에 다시 연재되었는데 두 텍스트는 거의 차이가 없다.
김복진, 「돌문이와 쌀분이」, 『신가정』 1권 12호, 1933.12.
김복진, 「돌문이와 쌀분이」, 『만선일보』, 1940.7.25~27, 1940.7.30.

29) 김복진, 「꼭꼬댁」, 『조선중앙일보』, 1934.10.15.

30) 김복진, 「두눈백이」, 『신가정』 3권 3호, 1935.3.

「금비들기」[31], 「낙시」,[32], 「울지 않는 종」[33], 「산-동아줄 썩은 동아줄」[34], 「봉뚝섬」[35], 「꼬마토끼」,[36] 「운동화」[37], 「전차 차장」[38]「山 밑엣집」[39]등 다수의 동화와 소년소설을 발표했다. 이중 「돌문이와 쌀분이」, 「꼭꼬댁」, 「두눈백이」, 「금비들기」, 「산-동아줄 썩은 동아줄」 등은 잘 알려진 옛이야기를 다시 쓰거나 새로 쓴 이야기들이다. 이와 같은 텍스트들은 김복진의 유성기 구연동화 텍스트 또한 옛이야기를 재구성한 것들이었다는 점에서 주목을 요한다.

특히 관심을 끄는 것은 「돌문이와 쌀분이」, 「꼭꼬댁」이다. 이는 김복진의 구연동화에도 들어있는 것들로, 김복진 자신이 구연동화의 대본을 직접 작성했다는 근거가 될 수 있다. 1933년 12월 『신가정』의 지면에 발표되었던 「돌문이와 쌀분이」는 1936년 1월에 취입된 유성기 구연동화 <돌문이와 쌀분이>의 저본으로 판단되며, 1934년 10월 15일에 『조선중앙일보』에 발표되었던 「꼭꼬댁」은 1934년 11월 20일에 취입된 유성기 구연동화 <야옹, 꼬꼬댁, 찍, 멍멍>의 저본으로 보인다. 이는 옛이야기가 근대 인쇄 매체로 정착되고, 이것이 다시 유성기와 같

31) 김복진, 「금비들기」, 『신가정』 3권 5호, 1935.5.
32) 김복진, 「낙시」, 『동아일보』, 1935.7.28.
33) 김복진, 「울지 않는 종」, 『조광』 3권 3호, 1937.3.
34) 김복진, 「산-동아줄 썩은 동아줄」, 『소년』(조선일보사 출판부) 1권 1호, 1937.4.
35) 김복진, 「봉뚝섬」, 『소년』 1권 5호-1권 9호, 1937.8~1937.12.
36) 김복진, 「꼬마토끼」, 『동아일보』, 1939.1.24~27.
37) 김복진, 「운동화」, 『소년』 3권 8호, 1939.8.
38) 김복진, 「전차차장」, 『소년』 3권 12호, 1939.12.
39) 김복진, 「山밑엣집」, 『소년』 4권 6호, 1940.6.

은 음향 매체로 전환되는 경로와 이러한 과정에서 생겨나는 변이를 구체적으로 살필 수 있게 해준다는 점에서 주목해 볼 필요가 있다.

김복진이 취입한 첫 번째 유성기 음반 구연동화인 <용감한 소년>(1934.7.15)의 광고에는 "유치원 보모로 다년간 교편을 잡고 잇든 김복진 선생은 수삭을 두고 죠션 아동을 위하여 각방으로 연구하여 오든 즁에 용감한 소년에 대한 자미잇는 동화를 내놋케 되엿다."[40]는 문구가 들어 있었다. 이 또한 김복진 자신이 구연할 이야기를 직접 선택하고 재구성했으리라는 추정을 뒷받침해주는 대목이다. 당시에는 구연가들이 자신들이 구연할 동화를 상황에 맞춰 적당한 형태로 각색하여 사용하는 것이 대체적인 관행이었으므로,[41] 김복진 또한 자신이 구연할 동화를 각색하는 작업에 관여했을 가능성이 클 것으로 생각된다.

김복진은 유성기 음반뿐 아니라, 라디오 방송이나 동화회[42]

---

40) 「리-갈 레코-드 第一回 七月新譜」, 『七月 新譜』, 1934.(『한국 유성기 음반 총목록』, 358~359면에서 재인용)

41) Cather, Katherine Dunlap, 彼得 역, 『童話硏究法』, 조선주일학교연합회, 1927 ('彼得'은 미국인 'Alexander A. Pieters'의 한국 이름); 연성흠 「동화구연방법 그 이론과 실제(1-18)」, 『중외일보』, 1929.7.15~1929.11.6; 이정호, 「中, 保, 同窓會 主催 童話大會 雜感: 동창회, 연사, 심판제씨에게(1-9)」, 『조선중앙일보』, 1934.3.9~1934.3.21; 탐손 박사, 『신선동화법』, 한성도서주식회사, 1934 등 식민지시기의 동화구연법 관련 글들은 구연자가 구연 상황에 맞게 텍스트를 선택하고 각색하는 방법 등을 소개하고 있다. 예를 들어 『동화연구법』에는 '동화를 단축하는 연습법', '확대법의 연습' 등의 내용을 담고 있다.

42) 김복진의 동화회 활동은 「동화의 밤 개최」(『조선중앙일보』 1934.2.11) 등의 기록을 통해 엿볼 수 있다. 김복진은 아동예술연구협회가 주최하는 동화회(1934.2.15)에 동화실연부의 회원 자격으로 참여했던 것으로 보인다.

에서도 동화구연가로서 이름을 알렸다.

> 1927년 2월 16일, 첫방송을 내보낸 '경성방송국'(호출 부호 JODK)은 새 동요 보급에 큰 구실을 하였다. 어린이 시간이 마련되어 있었기 때문이다.
>
> (…)
>
> 라디오 동화는 몸짓 없는 목소리만의 동화여서 힘이 들었는데, 방정환은 목소리가 거칠고 탁해서 방송국에서 꺼렸고 정홍교는 강연조였으며, 이정호는 말투는 소파를 닮았으나 목소리가 간드러져서 어울리지가 않았고, 최인화는 설교조인데다가 너무 수선을 떨어 탈이었다.
>
> 진장섭은 목소리가 쨍쨍하고 말재주는 있었으나 자기가 먼저 감격해 버려 울어 버리는 일이 많았다. 소인극에서 이름을 날린 고한승은 방송국이 시작되던 해에 개성에서 서울로 이사를 해와서 더욱 자주 방송을 했는데 구수하고 능란한 신파 연극조 화술로 이야기를 다루었으며, 자작 동화인 '백일홍 이야기'는 자꾸 들어도 물리지를 않았다.
>
> 유치원 보모 출신으로 극예술연구회 연극 공연에서 다부진 연기를 보였던 김복진과, 목소리가 방송에 적합한 정규완은 단골 구연가들이 되었다. 나는(윤석중-인용자) 너무 겁을 내어 이야기를 종이에 베껴 가지고 가서 그대로 읽는 통에 딱딱하고 재미가 없어들 했으나 원체 사람이 귀한 때라 종종 불러 주었다.
>
> <윤석중, 「새로 생긴 방송국」, 『어린이와 한 평생』, 1985, 107~108면>

위의 인용문에서 재미있는 것은 당시 최고의 구연동화가로 대단한 인기를 누렸던 방정환이 라디오 방송에서는 그리 환영

받지 못했다는 언급이다. 방정환의 거칠고 탁한 목소리는 동화회의 공간에서는 운집한 수많은 청중들을 쥐락펴락할 만큼의 대단한 위력을 발휘하는 것이었지만, 라디오라는 매체가 요구하는 맑고 정확한 목소리는 아니었던 것이다. 윤석중의 언급을 종합해 보자면, 라디오 구연동화는 거칠고 탁한 목소리를 가졌거나 강연조, 설교조로 해서는 곤란하고, 맑고 깨끗한 목소리로 구수하고 능란한 연극조로 실감나게 해야 환영받을 수 있었다고 볼 수 있다. 소인극 활동을 했던 고한승이나 연극 배우였던 남궁선의 경우와 마찬가지로 김복진의 극예술연구회 활동 또한 발성을 정확하게 하고 감정을 실감나게 표현하는 데에 유리한 조건이 되었을 것으로 생각된다. 1936년의 「라디오는 누가 제일 잘하나」라는 기사에서도 "동화에는 김태석(金,泰晳) 윤석중(尹石重) 씨제('가'의 오기인 듯-인용자) 그리고 김복진(金福鎭) 여사가 리채(異彩)인 모양"43)이라고 꼽고 있어, 김복진이 라디오와 같은 방송 매체에서 두각을 나타냈음을 알 수 있다.

2. 김복진의 유성기 구연동화에 나타난 변용의 양상

김복진의 유성기 구연동화 음반은 총 8장으로 10편의 동화가 실렸는데, 1934년 7월부터 1936년 1월까지 일본 콜럼비아(Columbia) 축음기 주식회사에서 '리갈(Reagal)'이라는 상표로 발매되었다. 리갈 음반은 1930년대 중후반에 가격 경쟁을 위해 콜럼비아사에서 발매한 80전짜리 염가 보급반이다. 콜럼비아

43) 안테나生, 「라디오는 누가 第一 잘하나」, 『조광』 2권 1호, 1936.1.

정규반이 대략 1월 50전 정도였던 것과 비교한다면 무척 싼 가격이다. 배연형은 "유행이 지났다거나, 대중적인 인기가 떨어진다던가, 시의에 따른 상업적 가치가 부족하다던가 하는 데 따라 발매회사에서 임의로 정규반과 보급반으로 나누"어 판매하는 전략을 썼을 것으로 보았다.[44] 사실 식민지시기에 아동용 음반에 대한 실제 수요는 그리 많지 않았을 것으로 판단된다. 아동을 위한 문화 상품을 구매할 만한 경제적 여건이 충분치 못했을 뿐 아니라, 그 필요성에 대한 인식도 넓게 확산되어 있지 않았기 때문이다. 상업적 성공을 확신하기 어려웠던 아동용 음반은 대개 저렴한 가격의 보급반으로 기획되는 경우가 많았다. 예를 들어 일본 빅타 축음기 주식회사에서는 'Victor 兒童레코드'를 아동들이 다루기 쉬운 소형반으로 따로 제작하여 2장에 1원 50전이라는 싼 가격에 내놓기도 했다.[45] 그러나 이는 일반 음반과 비교할 때만 저렴한 가격이다. 식민지시기의 아동잡지들이 대략 5전에서 10전 정도를 받았던 것과 비교한다면 상당히 비싼 편이었다고 할 수 있다.[46] 따라서 식민지시기 아동용 음반들은 그나마 아동문화 상품에 대한 이해가 있고 실제적인 구매력이 있는 중상류층을 대상으로 자신의 활로를 조심스럽게 타진해 나갔으리라고 보는 것이 타당할 것이다.

김복진의 구연동화는 각종 동서양의 옛이야기를 재구성한

44) 배연형, 「콜럼비아(Columbia) 레코드의 한국음반 연구(2)」, 『한국음반학』 6호, 1995.

45) 한국정신문화연구원 편, 『한국유성기음반총목록』, 민속원, 1998, 545면.

46) 잡지마다 시기마다 차이는 있지만, 1920년~30년대의 대표적인 아동잡지 『어린이』, 『신소년』, 『아이생활』, 『별나라』, 『소년』 등의 가격은 대개 5전에서 10전 안팎이었다.

것들인데, 전체 10편 중 그림형제의 메르헨이 5편이나 되는 등 주로 서구의 옛이야기가 많이 사용되었으며 조선의 옛이야기라고 할 수 있는 것은 1편에 불과하다. 김복진의 유성기 구연동화는 바탕이 된 원래의 이야기들을 다양한 방식으로 재구성했다. 물론 근대 초 외국 문학 작품의 수용은 대부분 번역이라기보다는 번안이라고 해야 할 정도로 텍스트의 변화가 많았고, 이는 아동을 위한 옛이야기의 번역 과정에서도 마찬가지로 나타난 현상이었지만 김복진 유성기 구연동화에 나타난 변화의 폭은 일찍이 『붉은 져고리』(1913), 『아이들보이』(1913~1914), 『동명』(1922~1923), 『어린이』(1923~1934) 등의 아동잡지에서 선보였던 것보다도 훨씬 컸다.[47] 김복진 구연동화에 나타난 변용의 정도에 따라 '다시 쓰기', '고쳐 쓰기', '새로 쓰기'로 분류하여 정리해 보면 다음과 같다.[48]

---

47) 식민지시기 아동문학의 번역에 대한 최근의 논의는 다음의 글을 참조할 것.

박혜숙, 「서양동화의 유입과 1920년대 한국 동화의 성립」, 『어문교육』, 2005.

이정현, 「方定煥の兒童文學における翻譯童話をめぐって: 『オリニ』誌と『サランエ ソンムル(愛の贈り物)を中心に」, 일본: 오사카대 박사논문, 2005.

박현수, 「산드룡, 재투성이王妃, 그리고 신데렐라: 한국 근대 번역동화의 정전 형성과 그 의미」, 『상허학보』 16집, 2006.

김화선・안미영, 「1920년대 서구 전래동화의 번역과 번역 주체의 욕망」, 『어문연구』 53집, 2007

염희경, 「'네이션'을 상상한 번역으로서의 동화: 방정환의 『사랑의 선물』에 대하여(1)」, 『동화와 번역』 13집, 2007.

염희경, 「민족주의의 내면화와 '전래동화'의 모델 찾기(2)」, 『한국학연구』 16집, 2007.

오세란, 「『어린이』지 번역동화 연구」, 충남대 석사논문, 2007.

<표 - 1> 김복진의 유성기 구연동화 목록

음 반 고유번호[49]	제목	바탕이 된 옛이야기	변용 양상	시 간 (분:초)	발매일
RegalC193-A·B	용감한 소년	미확인[50]	미확인	5:19	34.7.15
RegalC218-A·B	생명수	그림형제 메르헨 「생명의 물」 (KHM 97)[51]	다시 쓰기	6:57	34.9.30
RegalC228-A	겁만흔 톡기	인도(불교)의 설화	다시 쓰기	2:57	34.10.20
RegalC228-B	혹 뗀 이야기	조선의 설화(교과서)	다시 쓰기	3:11	34.10.20
RegalC237-A·B	야옹, 꼬꼬댁, 찍, 멍멍	그림형제 메르헨 「브레멘의 음악대」(KHM 27)	새로 쓰기	5:19	34.11.20
RegalC250-A·B	현철이와 옥주	그림형제 메르헨 「헨젤과 그레텔」 (KHM 15)	고쳐 쓰기	5:56	35.1.20
RegalC258-A·B	새끼도야지세마리	유럽의 설화 「아기돼지 삼형제」	다시 쓰기	6:55	35.2.20
RegalC282-A	수탉과 호도	그림형제 메르헨 「암탉의 죽음」 (KHM 50)	고쳐 쓰기	2:52	35.7.20
RegalC282-B	콩배터진이야기	그림형제 메르헨 「지푸라기와 숯과 완두콩」(KHM 18)	다시 쓰기	2:45	35.7.20
RegalC314-A·B	돌문이와 쌀분이	호머 「오딧세이」	새로 쓰기	5:42	36.1.20 [52]

48) '다시 쓰기', '고쳐 쓰기', '새로 쓰기'는 서정오의 용어를 빌린 것이다. 서정오는 옛이야기를 글로 적을 때 나타나는 양상을 다섯 가지로 정리했다. 서정오의 분류 방식에서 '받아쓰기', '떠올려 쓰기'는 이야기를 그대로 적는 것을 원칙으로 한 것이라면, '다시 쓰기'는 "큰 줄거리는 손대지 않고 틀린 말을 바로 잡는다든지 사투리를 표준말로 고친 정도", '고쳐 쓰기'는 "줄거리를 군데군데 고쳐서 쓴 것"으로 본래의 유

유성기 구연동화의 전체적인 각색 양상은 매체적 조건에 적응시키기 위한 것, 구연하기에 적합하게 하기 위한 것, 사회 문화적으로 수용되는 정서를 감안한 것, 특정한 이념이나 가치관이 반영되어 나타난 것 등 몇 가지 층위에서 논의될 수 있다.

첫째, 유성기라는 매체의 물리적 조건에 따라 이야기가 재조정되어야 했다. 당시 유성기 음반은 한 면에 3분 내지 3분 30초 정도를 녹음할 수 있었기 때문에, 앞면과 뒷면을 모두 사용

형으로 볼 수 없게 달라진 것, '새로 쓰기'는 "이야깃거리나 분위기만 빌어서 전혀 새로운 이야기를 만들어 낸 것"으로 창작이라고 볼 수 있는 것을 말한다. 물론 이러한 변용의 양상은 상대적인 문제여서 이를 정확하게 갈라서 분류하기에는 곤란한 점이 많다. 아래 표의 대각선이 의미하는 것은 이러한 문제이다.

<본래의 모습>	받아쓰기	떠올려쓰기	다시쓰기	고쳐쓰기	새로쓰기	<달라진 모습>

서정오, 『옛이야기 들려주기』, 보리, 1995, 52~53면.

49) 음반 고유 번호는 각 음반 회사들이 음반의 발매 순서에 따라 부여한 것이다. 여기에서 'C'는 일본 콜럼비아 축음기 주식회사, 'A', 'B'는 음반의 앞, 뒷면을 나타낸다. 유성기 음반 자료의 약호에 대한 보다 자세한 내용은 「한국 유성기음반 총목록 해제」(『한국유성기음반총목록』, 민속원, 1998)를 참조할 것.

45) <용감한 소년>은 수돌이라는 아이가 나라의 근심거리인 머리가 열둘인 구렁이를 물리치고 임금님의 사위가 되었다는 이야기이다. 모티프나 이야기의 구성으로 보아 이 또한 옛이야기를 차용한 것으로 보인다.

51) KHM 번호는 그림형제의 메르헨 모음집 『Kinder-und Hausmärchen』에 수록된 텍스트의 순서에 따라 부여된 고유 번호이다. 텍스트 제목의 번역은 김경연(『그림동화(1-10)』, 한길사, 1995)을 따랐다.

52) 다른 음반의 발매일은 대부분 음반 가사지에 표시되어 있으나, <돌문이와 쌀분이>의 가사지에는 발매 날짜가 생략되어 있어 확인이 불가능했다. 그러나 콜럼비아사(리갈)의 신보 광고(『二月新譜』, 1936.2)에 <돌문이와 쌀분이>의 발매일이 '昭和 十一年 正月二十日發賣'로 나와 있어 발매일을 알 수 있었다.

한국정신문화연구원 편, 『한국유성기음반총목록』, 민속원, 1998, 384면.

해도 7분 이상 녹음할 수는 없었다. 한 편의 이야기는 최대 7분 안에 구연 가능한 텍스트로 짧게 줄여져야 했다. 이를 위해 각 이야기들은 중심적인 서사만을 남겨놓고 부수적인 모티프들은 생략되어야 했으며, 세부적인 묘사는 최대한 경제적으로 해결되어야 했다.

둘째, 구연되는 텍스트로서의 특징이 고려되었다. 애초에 구술성을 강하게 반영하고 있는 동서양의 옛이야기들이 선택된 것도 이와 관련된다. 구연동화 텍스트들은 대부분 구체적인 시간과 장소가 아닌 초월적인 시공간을 배경으로 삼고 있었다. 동물을 의인화한 이야기들은 '어쩐날(<겁 만흔 톡기>)', '아주 놉흔 산 쏙ᄯᅢ기(<야옹, ᄭᅩᆺᄭᅩ댁, 씩, 멍멍>)' 등으로 시공간적 배경을 모호하게 처리하였으며, 사람이 주인물로 등장하는 경우에는 '옛날 어쩐 나라에'(<용감한 소년>), '옛날 어쩐 동리(<혹 쎈 이야기>)' 등의 관용적 표현을 사용하여 옛이야기의 보편적인 시공간을 채택하였다. 또, 의성어, 의태어, 첩어 등 구연할 때 소리의 고저, 강약, 반복의 재미를 줄 수 있는 문체적 요인들이 적극적으로 고려되였다. 예를 들어 <야옹, ᄭᅩᄭᅩ댁, 씩, 멍멍>에는 '수군수군', 'ᄯᅩᆨᄯᅡᆨ ᄯᅩᆨᄯᅡᆨ ᄯᅩᆨᄯᅡᆨ', '옳지 옳지', '엉금엉금', '들석들석' 등의 표현이 많이 사용되었는데 이는 구연할 때 소리 변화의 즐거움을 주는 요소가 된다. 그러나 이와 같은 유성기 음반 텍스트에 나타난 구술적 요소는 음반의 취입에 앞서 신문이나 잡지 등 인쇄 매체에 발표된 텍스트(「꼬꼬댁」, 『조선중앙일보』, 1934.10.15)에도 이미 반영되어 있었음에 유의해야 한다. 이는 당시에 동화가 읽는 텍스트인 동시에 듣는 텍스트로서 향유되었으며, 이러한 향유 방식이 글쓰기 방식이나 텍스트의 양식에도 크게 영향을 미쳤음을 확인시켜 주는 것이다. 또한 이는 일찍이 월터 옹이 간파한 것처럼, 근대의 매체 환경 속에서는 유성기나 라디오 등의 기기에 의해 구술성이 복원된다고 하더라도 이는 '쓰기'나 '인쇄 매체' 등에 의존하여 발생하는 소위 '2차적 구술성'을 지니는 것이라는 점을 시사해 주는 것이라고 할 수 있다.

셋째, 사회 문화적 정서와 이해의 수준을 고려한 변형도 있었다. 즉 주인공의 이름을 흔하게 접할 수 있는 조선 사람의 이름으로 바꾼 것이 많았으며, 주변에서 쉽게 접할 수 없는 이국적인 소재를 보다 친근한 사물로 대체하기도 하였다. <현철이와 옥주>에서 '헨젤'과 '그레텔'을 '현철'과 '옥주'이라는 이름으로 소개하거나, 숲 속의 마녀 노파를 여우가 변신한 꼬부랑할머니로 바꾸어 놓은 것, <새끼 도야지 세 마리>에 나오는 '버터 만드는 통'을 '오지항아리'로 대체한 것 등이 그 예이다. 그러나 이러한 변용은 다른 매체에서도 외국의 작품을 번안할 때면 흔히 나타났던 것으로 유성기 구연동화 텍스트만의 특성이라고 할 수는 없다.

넷째, 폭력적인 표현이나 극단적인 갈등이 조절되었으며, 플롯의 변화에 따라 중심 주제가 달라지는 변화도 있었다. 특히 가족 내부의 폭력과 갈등이 약화되어 나타나곤 했는데, <현철이와 옥주>처럼 부모에 의해 아이들이 버려지는 모티프를 생략한다거나, <돌문이와 쌀분이>처럼 악인으로서의 의붓어머니를 대개의 옛이야기나 저본이 된 잡지 텍스트(「돌문이와 쌀분이」, 『신가정』 1권 12호, 1933.12)와는 달리 순화시켜 묘사한 것 등을 예로 들 수 있다. 이러한 변용은 각색이 적극적으로 이루어진 '고쳐 쓰기'나 '새로 쓰기'의 텍스트의 경우에 보다 확실하게 나타났다. 이는 김복진 개인이 가졌던 아동교육과 아동문학적 관점이 반영된 것인 동시에 가정용 유성기 음반의 주 구매층인 중상류 계층이 지향했던 윤리와 정서 등이 고려된 결과로, 김복진의 유성기 구연동화 각색에서 두드러졌던 특징이라고 가정해 볼 수 있다. 이에 대해서는 구체적인 분석의 과정에서 좀더 살펴보게 될 것이다.

1) 다시 쓴 옛이야기 : 〈혹 뗀 이야기〉

김복진의 <혹 뗀 이야기>는 흔히 '혹부리 영감', '혹 뗀 영감', '혹 떼러 갔다가 혹 붙인 이야기' 등으로 불리는 우리의 옛이야기를 내용이나 형식은 크게 손대지 않고 길이 정도만 조정하여 다시 쓴 것이다. <혹 뗀 이야기>는 식민지시기 조선어독본 교과서에 조선 고유의 대표 설화로서 거듭 실렸던 이야기이다. 이 이야기는 최근에도 아동용 옛이야기책이나 그림책으로 만들어져 계속 소개되고 있다.

그런데 몇몇의 연구자들은, '혹 뗀 이야기'는, 우리에게 예로부터 구전되던 '도깨비 방망이 설화'[53]와는 다른 유형으로서 민간의 구술 채록에는 잘 나타나지 않던 것인데, 일본인 학자 타카하시 토오루(高橋亨)가 조선의 설화들을 수집하여『朝鮮の

---

53) '도깨비 방망이 설화'의 근대적 전승 양상에 대해서는 최근 강재철에 의해 자세히 논의된 바 있다.
강재철, 「설화문학에 나타난 권선징악의 지속과 변용의 의의와 전망: 민담 「도깨비 방망이 설화」를 중심으로」, 『개화기에서 일제강점기까지 한국 문화전통의 지속과 변용Ⅲ』(단국대 동양학연구소 중점연구소 연구과제 학술세미나 발표문집), 2008.7.22.

物語集 附俚諺』(1910)을 편찬하는 과정에서 이를 조선의 대표적인 옛이야기로 맨 앞에 내세웠고, 그 영향을 받아 이후 교과서에서도 이를 조선의 설화로 거듭 소개함으로써 지금까지도 우리의 대표적인 옛이야기로 오해하게 되었다고 주장하고 있어 계속적인 논쟁거리가 남겨져있는 텍스트이기도 하다. 다카하시 도루가 다른 조선의 설화를 뒤로 미루고 일본의 「瘤取り翁」 계열인 「혹부리 영감」 이야기를 맨 앞에 내세운 것은 이를 통해 '내선일체'나 '일선동조론'을 논리적으로 보강할 수 있는 근거를 마련하고자 했기 때문이라는 것이 이들 연구자의 주장이다[54]

이에 대한 진위 판단은 뒤로 미루더라도, '혹부리 영감'이 식민지시기에 거의 유일하게 조선어 독본에 계속 실림으로써 지금과 같이 널리 파급되었다는 사실은 분명해 보인다. '혹부리 영감'은 1915년 『보통학교조선어급한문독본』 권2에는 「혹 잇는 노인」이라는 제목으로, 1923년 『보통학교조선어독본』 권2에는 「혹 뗀 이약이」라는 제목으로, 1933년 『보통학교조선어독본』 권4에는 「혹뗀 이야기」로 실려 있다. 김복진이 구연동화의 재료가 되는 이야기로 '혹부리 영감'을 선택했던 것도 식민지시기 교과서가 만들어 낸 조선 고유의 설화로서의 대표성 때문이었을 것으로 판단된다. 구연동화의 제목 또한 <혹 뗀 이야기>이므로 교과서에 실린 이야기에서 영향을 받았을 가능성이 크다.

그런데 교과서에 실린 '혹부리 영감' 이야기의 텍스트들에는

54) 김종대, 「「혹부리영감譚」의 형성과정에 대한 시고」, 『우리어문연구』 20호, 2006.

약간의 차이가 있었다. 특히 도깨비들이 노래 소리가 어디에서 나오는 것이냐고 묻고, 이에 혹부리 노인이 대답하는 장면에서 나타난 차이는 자주 비교의 대상이 되어 왔다.

(가)

(…)

그 중 괴슈되는 독갑이가 노인을 대하여 뭇되, 「노인은, 어듸서 그런 조흔 음성이 나옵닛가.」 하얏소. 노인의 대답이, 「이 목에 달녀잇는 혹속에서 나온다.」하얏소

<「혹 잇는 노인」, 『보통학교조선어급한문독본』 권2, 1915>

(나)

(…)

괴슈 독갑이가 그 노인에게 그런 조흔 소리가 어듸서 나오느냐고 물엇소. 노인은 텬연스럽게 내 목에 달닌 혹에서 나온다고 듸답하얏소.

<「혹 쎈 이약이」, 『보통학교조선어독본』 권2, 1923>

(다)

(…)

「대체 그런 고은 소리가 어듸서 나옵닛가」하고 물엇습니다. 「목에서 나오는 것일세」하고 노인이 대답한 듯, 「령감, 거짓말슴 마시오. 보통 소리 갈으면, 목에서 나온다고 하겟지마는, 그런 조은 소리는, 결코 목에서 나오지 안을 것이오. 령감의 그 커다란 혹에서 나오는 것이 아닙닛가」

<「혹 쎈 이야기」, 『보통학교조선어독본』 권4, 1933>

(라)

(…)

「여보, 영감님- 당신은 어듸서 그런 조흔 노래소리가 나오십니까?」하고 무르니까 박첨지는 무심코

「네- 내 목에 달린 혹 속에서 나옵니다」 이러케 대답을 하니까 도 깨비들은 이상하게 생각을 하고는(...)

<김복진의 유성기 구연동화, <혹 뗀 이야기>, 1934>

(가), (나)에서는 노인이 스스로 혹에서 노래가 나온다고 대답하지만, (다)에서는 노인은 목에서 노래가 나온다고 사실대로 대답했음에도 불구하고 도깨비들이 목이 아니라 혹에서 나올 것이라고 멋대로 추측한다. 이는 당시의 교과서 편집자들이 노인이 거짓말하여 도깨비들을 속이는 장면이 비교육적이라고 판단하여 개작함으써 생겨난 결과이다.[55] 이들을 (라)의 김복진의 텍스트와 비교해 보면, (나)의 유형에 가장 흡사해 보인다. 만약 김복진이 교과서에 실린 '혹부리영감' 이야기를 사용했다면, <혹 뗀 이야기>는 1934년 10월에 취입되었으므로 1933년에 발행된 조선어 독본을 저본으로 채택할 수도 있었을 것이다. 그럼에도 1933년 판이 저본으로 사용되지 않았던 것은 각색자 자신이 교육과정에서 배웠던 텍스트의 내용이 깊숙하

55) "본과는 조선의 전래동화에서 뽑은 것이다. 단지 교육적 견지에서 고려하여, 재래의 이야기에 약간의 개정을 가하였다. 예를 들면 이야기의 후반을 생략한 점, 아름다운 목소리가 혹에서 나온다고 말하는 것을 노인에게 말하게 하지 않고, 도깨비에게 말하게 한 점, 노인이 읊은 노래로 시조 및 동요를 써 넣은 점 등이 그것이다."

<『보통학교조선어독본 권4 편찬취의서』, 조선총독부, 1933.(김용의, 「한국과 일본의 「혹부리 영감」譚」, 『일본어문학』 6호, 1999에서 재인용, 번역은 김용의)

게 각인되었기 때문이었을 것이라고 추측해 볼 수 있다. <혹쏀 이야기>는 근대의 문화적 조건 속에서 옛이야기는 입에서 입으로 자연스럽게 전파되는 경로를 거치기보다는 교육제도에 의해 영향 받고, 대중 매체에 의해 확산되는 제도적, 매체적 조건 속에서 확산된다는 점을 확인시켜 주는 사례라고 볼 수 있다.

2) 고쳐 쓴 옛이야기 : 〈현철이와 옥주〉

<현철이와 옥주>는 제목만으로는 그림형제의 유명한 메르헨 「헨젤과 그레텔」을 떠올리기 어렵다. 그러나 어린 남매가 숲 속에서 길을 잃고 과자집의 유혹에 빠져 생명의 위협에 처한다거나 백조의 등을 타고 물을 건너 집으로 돌아간다는 등의 주요 모티프와 기본 플롯이 들어 있어 상호텍스트적 관계를 파악할 수 있다. <현철이와 옥주>의 내용을 정리해 보면 다음과 같다.

(가) 어느 시골 오막살이에 아버지, 어머니, 현철이, 옥주 네 식구가 재미있게 살았다.

(나) 어느날 부모가 외출한 사이 남매는 몰래 산에 놀러 갔다가 길을 잃는다.

(다) 산 속에서 이상한 새의 안내로 조그만 집을 찾게 된다.

(라) 숲 속의 집은 빵, 비스켓, 사탕, 바나나로 만들어진 과자집이어서 배고픈 아이들은 집을 뜯어 먹는다.

(마) 과자집에서 꼬부랑 할머니가 나와서 아이들을 맞아 재워준다.

(바) 꼬부랑 할머니는 사실 여우가 둔갑한 것이었는데 그런 사정

도 모르고 아이들은 곤히 잠이 든다.
(사) 이튿날 잠을 깨어보니 과자집은 사라지고 남매는 벌판에 누워있었다.
(아) 흰옷에 지팡이를 짚고 머리가 허연 신선이 나타나 자신이 여우 할멈으로부터 아이들을 구했음을 밝힌다.
(자) 남매는 집으로 돌아가는 중에 큰 개천을 만나는데 하얀 백조가 남매를 태워서 건너게 해 준다.
(차) 남매는 집으로 돌아가 부모에게 그간의 얘기를 다 하고, 다시는 몰래 놀러 나가지 않겠다고 약속하고 부모의 말씀을 잘 듣는 더 좋은 아이들이 된다.

우선 주인공 남매의 이름이 조선식으로 바뀌고, 부모-자식 간의 관계가 재조정되었음을 알 수 있다. 현철과 옥주 남매의 가정은 「헨젤과 그레텔」과는 달리 친부모, 친자식의 혈연 관계로 설정되어 있으며 부모 자식 간의 애정 관계가 공고하다. 아이들이 사라지자 부모는 울면서 기도해서 신선을 감동시키고, 이것이 아이들을 구출하는 중요한 계기가 된다. 「헨젤과 그레텔」에서 남매의 구출 계기가 아이들 스스로의 용기와 지혜에서 나왔던 것과는 결정적으로 차이가 있는 대목이다. 이에 따라 <현철이와 옥주>는 아이들이 귀가하여 단란했던 가정이 다시 회복되고, 아이들도 가정의 울타리에서 안전하게 보호받으면서 부모의 말을 어기지 않는 착한 아이들이 된다는 것으로 결말을 맺게 된다. 이러한 서사적 변용은 근대적 핵가족의 이념을 아름답게 그리고자 하는 욕망이 아이들의 자립적 성장을 보여주는 서사에 대한 지향보다 강했기 때문에 나타난 결과로 보인다.

또한 이 텍스트는 「헨젤과 그레텔」에 나타난 숲 속의 과자집과 같은 매력적인 소재는 그대로 활용하되, 한국적 정서에 맞도록 숲속의 '식인 마귀할멈'을 '여우가 둔갑한 꼬부랑 할머니'로 그린다든가 아이들의 구원자로 '신선'을 등장시킨다든가 하는 고려를 보인다. 신선이 나타나 아이들을 구출함으로써 아이들이 직접 마귀할멈을 불타는 아궁이 속에 밀어 넣는 등의 잔인하고 자극적인 장면은 생략될 수 있었다. <현철이와 옥주>는 서구의 옛이야기를 나름의 문화적 토양을 바탕으로 전유하는 방식을 보여주는 하나의 사례이다. 또한 핵가족을 중심으로 한 중상류 계층의 윤리 감각과 정서적 취향을 엿보게 하는 텍스트라고 할 수 있을 것이다.

3) 새로 쓴 옛이야기 : 〈돌문이와 쌀분이〉

<돌문이와 쌀분이>는 외딴 섬에 버려진 남매가 부모를 찾아 바닷길을 헤매는 중에 이상한 섬에 도착하여 외눈박이 거인을 만나고 생명을 위협받기도 하지만 기지를 발휘하여 무사히 탈출하고 다시 부모를 만나 행복하게 살게 된다는 이야기이다. 이 동화에서 외눈박이 거인의 눈을 찔러 앞을 못 보게 한 뒤 거인을 속이기 위해 양가죽을 둘러쓰고 양의 목소리를 흉내 내어 외눈박이의 굴을 빠져나온다는 모티프는 『오딧세이』 중의 한 장면, 오디세우스 일행이 외눈박이 거인 폴뤼페모스로부터 탈출하는 모티프를 활용한 것으로 보인다. 그러나 이 모티프는 <돌문이와 쌀분이>에서는 영웅의 이야기가 아닌 버려진 어린 남매의 모험과 귀환이라는 서사에 귀속된다. 그리하여 <돌문이와 쌀분이>는 버려진 아이들이 집 밖의 세계에서 모

험과 고난을 겪고 이를 해결하는 과정을 통해 성장하여 다시 돌아온다는 전형적인 아동 서사의 플롯을 갖게 되었다. 인명이나 소재, 모티프의 변환이 아닌 전체적인 플롯이 아동 서사로 전환되었다는 점을 고려하여 새로 쓰기로 분류하였다. 이 텍스트는 김복진 개인의 창작물로 보아도 무방할 것이다.

<돌문이와 쌀분이>는 하나의 작품이 잡지, 음반, 신문 등 다양한 매체에 수용되는 양상을 보여준다는 점에서 흥미롭다. 앞서 언급한 것처럼 <돌문이와 쌀분이>는 유성기 음반으로 취입되기 전에 이미 잡지에 발표된 바 있다. 또 유성기 음반 취입 이후에도 다시 신문에 연재되기도 했다. 이를 정리해 보면 다음과 같다.

<표 - 2> 김복진의 동화 「돌문이와 쌀분이」의 매체 전환 경로

	잡 지	유성기 음반	신 문
매체	『신가정』 1권 12호	콜럼비아사 '리갈' 음반 RegalC314-A · B	『만선일보』
시기	1933.12	1936.1.20	1940.7.25~27, 1940.7.30
비고	'오딧세이'의 모티프 중 일부를 차용하여 '새로쓰기' 한 텍스트.	잡지본 텍스트를 전체적으로 축약하고 일부분은 삭제 및 수정	4회 연재. 잡지본 텍스트와 동일.[56]

특히 본 논문에서 관심을 갖는 것은 잡지본 텍스트가 유성

56) 신문본 텍스트는 잡지본 텍스트에서 표기법 정도만 부분적으로 바뀌었을 뿐이어서 동일한 것으로 보아도 무방하다. 다만 3회에서 일부분이 삭제되었는데 이는 지면의 분량 때문이거나 편집상의 실수로 보인다.

기 음반본으로 변용되는 양상이다. 유성기 구연동화 <돌문이와 쌀분이>는 잡지본 「돌문이와 쌀분이」가 발표된 후 약 2년 후에 취입되었다. 유성기 음반본은 잡지본 「돌문이와 쌀분이」를 저본으로 삼은 것으로 판단되는데 잡지본을 전체적으로 조금씩 축약한 형태를 띠고 있다. 이는 무엇보다 유성기 음반에 담을 수 있는 분량의 한계 때문인 것으로 생각된다.

그런데 이 과정에서 몇몇 특정한 부분은 축약되는 것이 아니라 아예 생략되어 버리기도 했다. 두 문장 이상 연속적으로 삭제된 부분은 첫째, 서두에서 배경과 인물의 성격을 제시하는 부분 둘째, 새로 들어온 어머니에게 돌문이와 쌀분이가 구박받고 서러워하는 장면 셋째, 외눈박이 괴물이 아이들을 굴에 가두고 매일 굴 속의 양을 하나씩 잡아먹는 장면 등이다. 물론 이 또한 일차적으로는 유성기 음반의 매체적 제약에서 원인을 찾을 수 있을 것이다. 그러나 새어머니가 아이들을 구박하는 장면이 생략된 것은, '마음이 고약한 계모' 등의 구절을 유성기 음반본에서는 일괄적으로 '새어머니'로 바꾸어 부정적 표현을 억제했던 것과 연관해서 생각해 볼 때, 가족 내의 갈등을 약화시키고자 하는 의도가 반영된 것으로 추측해 볼 수 있다.

새로 들어온 어머니는 말할수없이 마음이 고약하여서 돌문이와 쌀분이를 죄도 없는데 날마다 따리며 구박을합니다.

그럴때마다 돌문이와 쌀분이는 굴뚝모퉁이로 돌아가서 맞은자리를 만지며

「오빠 이렇게 아프게 매만 맞으니 어떻게 하나」하고 엉엉울면 돌문이는 「쌀분아 많이 아프지? 참고서 울음을 뚝 그쳐라」하고 달랩니다.

<김복진, 「돌문이와 쌀분이」, 『신가정』 1권 12호, 1933.2>

<돌문이와 쌀분이>는 <현철이와 옥주>와는 달리 부모-자식 간의 관계가 친부모, 친자식으로 설정되어 있지 않았다. <돌문이와 쌀분이>에서 새어머니는 옛이야기에 흔히 등장하는 악인으로서 경제적인 어려움을 이유로 아버지에게 자식들을 버릴 것을 종용했다. 대부분의 옛이야기에서는 이런 경우 아이들이 집으로 다시 귀환하게 되면 나쁜 새어머니(마녀)는 벌을 받거나 죽게 된다. 이는 옛이야기가 권선징악의 보편적 윤리 감각에 의존하여 플롯의 인과성을 획득하는 전형적인 방법이다. 그러나 <돌문이와 쌀분이>에서는 악인에 대해 아무런 조처가 설정되지 않았다. 아이들을 버린 부모는 단지 '후회'의 감정만을 표시하고 만다. 이에 따라 플롯의 인과성은 현저히 약화되고 말았다. 악인을 처벌하는 권선징악의 가치보다도 가족의 사랑을 다시 확인하고 이를 보존하는 것이 더 소중한 가치로 제시되고 있는 것이다.

그래서 돌문이허고 쌀문이는 엇더케도 조흔지 배를 내려가지고 손목을 붓잡고 뛰어서 그저 기뿐김에 아무 집이나 쑥 드러갓습니다 그랫드니 아 바루 그 집이 아버지와 새어머니가 이사와서 살고 잇는 집이엿습니다.

그래서 아버지와 새어머니도 애들이 고생한 애기를 죄다 드르시고는 잘못햇다고 후회를 하시고 그 집에서 더 재미잇게 잘 살드랍니다.

<김복진, <돌문이와 쌀분이(RegalC314-A · B)>, 콜럼비아 축음기 주식회사, 1936.1.20>[57)]

중심 모티프는 달라졌을지라도 <돌문이와 쌀분이>를 통해서도 앞에서 살핀 <현철이와 옥주>와 비슷한 패턴화, 혹은 표준화를 읽을 수 있다. 이는 옛이야기가 보여주는 보편적인 패턴과는 또 다른 차원의 것으로, 근대 가족의 이상과 아동 보육의 이데올로기가 텍스트 전반에 강하게 작동하여 나타난 결과로 보인다. 보육학교 출신이며, 아동의 심리와 아동문학에 대해 전문적인 이해를 가지고 있다고 자타가 공인한 한 지식인 여성의 동화적 글쓰기의 방식을 통해 옛이야기의 보편성을 '전유'하고자 했던 인식과 실천의 반복적인 패턴을 읽어 볼 수 있다.

Ⅳ. 맺음말

본 논문은 식민지시기 유성기 구연동화 음반에 대한 연구를 시작하기 위한 시론으로서 의미를 지닌다. 이를 위해 본 논문은 유성기 구연동화에서 가장 큰 비중을 차지하는 김복진의 구연동화 음반을 중심으로 논의를 시작하였다. 김복진의 구연동화 음반은 식민지시기의 일상생활 속에서 근대 매체와 문화

---

57) 인용문의 텍스트는 최동현·임명진 편 『유성기 음반 가사집 5』(민속원, 2003)의 가사지를 이용했다. 구연 녹음 자료의 텍스트와 가사지의 텍스트는 거의 일치한다. 다만 몇 어절에서 사소한 차이가 나타나는데 이에 대해서는 오새내가 정리한 바 있다.
오새내, 앞의 책, 134~136면.

상품이 대중적 취향의 형성과 분화에 어떠한 방식으로 연관되었는가를 살피는 데에 유용한 사례가 된다. 또한 아동문학 텍스트의 다양한 매체적 수용 양상을 확인할 수 있다는 점에도 주목을 요한다. 식민지시기에 동화는 근대 인쇄 매체를 기반으로 형성되었으면서도 낭독이나 구연 등의 청문예적 향유 방식을 강하게 유지하고 있었다. 본 논문에서 살펴본 유성기 구연동화는 그간 인쇄매체를 중심으로만 논의되었던 '동화적 글쓰기'에 대한 논의를 확장시켜준다는 점에서도 의미가 적지 않다. 그러나 음반 취입의 구체적인 동기나 과정에 대해서는 자료의 불충분으로 인해 구체적으로 해명하지 못했다. 김복진의 유성기 음반이 전체 구연동화 음반에서 어떤 위치를 차지하는가에 대해서도 충분히 해명하지 못했다. 이러한 문제들은 차후의 연구 과제로 남겨 둔다. 지금까지 본문에서 논의한 것을 정리해 보면 다음과 같다.

첫째, 1930년대에 접어들면서 유성기는 핵가족을 중심으로 한 신가정에 대한 이상과 천진하고 순수한 아동의 표상과 연동되면서 건전하고 명랑한 가족 오락의 매체로서 자리 잡아 나갔다. 특히 유성기의 대중적 사용이 퇴폐적 유행가나 저속한 만담류 등을 통해 저급한 '거리의 유행 문화'를 만들어 나간다는 사회 비판적 담론이 팽배해질수록, 깨끗하고 천진한 아동의 마음(동심)을 지켜주는 동요, 동화 등의 유성기 음반 취입은 도덕적 명분과 문화적 실천의 동력을 확보할 수 있었다. 그러나 당시의 경제 문화적 여건으로 미루어 볼 때, 아동용 음반의 실제 수요는 그리 크지 않았을 것으로 보이며, 유성기 음반 제작자들은 주로 중상류층을 대상으로 아동용 음반의 판로를 조심스럽게 타진해 나갔으리라고 판단된다.

둘째, 이와 같은 상황을 고려해 볼 때, 고등교육을 받은 신여성이며, 아동 보육 전문가이자 연극배우로서 동화회나 라디오 등에서 동화구연가로 활약했던 김복진은 유성기 구연동화를 취입하기에 여러모로 적임자였다고 할 수 있다. 김복진은 실제로 동화를 창작한 경력이 있으며, <야옹, 꼬꼬댁, 쩍, 멍멍>, <돌문이와 쌀분이>처럼 자신이 신문이나 잡지에 발표했던 작품을 각색하여 유성기 구연동화로 취입하기도 했다. 이러한 텍스트들의 비교·검토를 통해, 동화는 인쇄매체로 발표되는 경우에도 구술적 특성을 강하게 띠고 있었으며, 유성기 음반과 같은 음향매체를 통해 구술성이 복원되는 경우라고 하더라도 인쇄매체 텍스트에 의존하는 '2차적 구술성'을 갖는다는 점을 확인하였다. 이는 앞으로 근대적 매체 환경과 관련하여 '동화적 글쓰기'의 문제를 연구하는 데에 시사해 주는 바가 적지 않을 것이다.

셋째, 김복진의 10편의 유성기 구연동화는 대부분 구연하기에 좋은 동서양의 옛이야기를 재구성한 것으로, 조선, 인도, 유럽의 설화, 독일 그림 형제의 메르헨, 호머의 「오딧세이」 등이 바탕이 되었다. 특히 독일 그림 형제의 메르헨은 5편이나 된다. 이처럼 서구의 옛이야기가 월등히 많이 선택되었다는 것은 아동 교육과 아동 문학의 전문화, 취향의 고급화 등에 의한 문화적 구별 짓기가 서구적인 것의 이미지를 경유하여 가능했음을 시사해 주는 것이라고 볼 수 있다.

넷째, 김복진의 유성기 구연동화의 각색은 옛이야기가 갖는 보편적 패턴을 바탕에 두면서도 핵가족의 이상적인 이미지와 순진하고 천진한 아동의 표상을 반영시킴으로써 중상류 지식 계층의 윤리적 감각과 미적 취향을 교섭시키는 방향으로 이루어졌다. 유성기 구연동화는 근대 문명의 이기를 사적으로 소유하고자 하는 욕망, 과학적이고 합리적인 교육 방식을 추구한다는 믿음, 단란한 핵가족의 이상과 천진하고 순진한 아동의 표상, 아동의 심리와 아동문학에 대한 전문적인 지식 등이 서로 연동되면서 건전한 가정 및 아동 취미의 모델을 창출하여 대중문화의 분화를 시도했던 하나의 장면을 보여준다고 할 수 있다.

참고문헌

강재철, 「설화문학에 나타난 권선징악의 지속과 변용의 의의와 전망: 민담 「도깨비 방망이 설화」를 중심으로」, 『개화기에서 일제강점기까지 한국 문화전통의 지속과 변용Ⅲ』(단국대 동양학연구소 중점연구소 연구과제 학술세미나 발표문집), 2008. 7.22.

김복진, <콜럼비아 유성기 원반(11): 동화를 얘기해주는 여자, 김복진>, LG미디어, 1996.

김용의, 「한국과 일본의 「혹부리 영감」譚」, 『일본어문학』 6호, 1999.

김은희, 「대가족 속의 아이들: 일제시대 중상류층의 아동기」, 『가족과 문화』 19집 3호, 2007.

김재관, 「기술복제시대와 소리의 에크리튀르」, 『한국 문화전통의 자료와 해석』, 단국대출판부, 2007.

김종대, 「「혹부리영감譚」의 형성과정에 대한 시고」, 『우리어문연구』 20호, 2006.

김혜경, 『식민지하 근대가족의 형성과 젠더』, 창비, 2006.

김화선·안미영, 「1920년대 서구 전래동화의 번역과 번역 주체의 욕망」, 『어문연구』 53집, 2007.

김환희, 「뒤엉킨 용어의 실타래」, 『옛이야기의 발견』, 우리교육, 2007.

단국대 동양학연구소 편, 『일상생활과 근대 음성매체: 유성기·라디오』, 민속원, 2007.

박현수, 「산드룡, 재투성이王妃, 그리고 신데렐라: 한국 근대 번역동화의 정전 형성과 그 의미」, 『상허학보』 16집, 2006.

박혜숙, 「서양동화의 유입과 1920년대 한국 동화의 성립」, 『어문교육』,

2005.
배연형, 「콜럼비아(Columbia) 레코드의 한국음반 연구(2)」, 『한국음반학』 6호, 1995.
배연형, 「한국 유성기 음반 총목록 해제」, 『한국 유성기 음반 총목록』, 민속원, 1998.
서정오, 『옛이야기 들려주기』, 보리, 1995.
연성흠, 「동화구연방법 그 이론과 실제(1-18)」, 『중외일보』, 1929.7.15~1929.11.6.
염희경, 「'네이션'을 상상한 번역으로서의 동화: 방정환의 『사랑의 선물』에 대하여(1)」, 『동화와 번역』 13집, 2007.
염희경, 「민족주의의 내면화와 '전래동화'의 모델 찾기(2)」, 『한국학연구』 16집, 2007.
오새내, 「20세기 초 서울말 모음 음운현상에 반영된 계층적 지표: 1930년대 김복진의 동화 구연 유성기 자료의 분석」, 『국어문학』 40호, 2005.
오세란, 「『어린이』지 번역동화 연구」, 충남대 석사논문, 2007.
이상길, 「유성기의 활용과 사적 영역의 형성」, 『언론과 사회』 62호, 2001.
이정현, 「方定煥の兒童文學における翻譯童話をめぐって: 『オリニ』誌と『サランエ　ソンムル (愛の贈り物) 』を中心に」, 日本 大阪: 大阪大 博士論文, 2005.
이정호, 「中, 保, 同窓會 主催 童話大會 雜感: 동창회, 연사, 심판제씨에게(1-9)」, 『조선중앙일보』, 1934.3.9-1934.3.21.
이지호, 『옛이야기와 어린이문학』, 집문당, 2006.
장유정, 『오빠는 풍각쟁이야』, 민음in, 2006.
전미경, 「1920-30년대 가정탐방기를 통해 본 신가정」, 『가족과 문화』 19집 4호, 2007.
조은숙, 「한국 아동문학의 형성과정 연구」, 고려대 박사논문, 2005.

조은숙, 「식민지시기 '동화회(童話會)' 연구: 공동체적 독서에서 독서의 공동체로」, 『민족문화연구』 45호, 2006.12.

최동현・임명진, 『유성기 음반 가사집 5: 리갈(Regal)・콜럼비아(Columbia)』, 민속원, 2003.

한국정신문화연구원 편, 『한국 유성기 음반 총목록』, 민속원, 1998.

한명숙, 「옛이야기 교육을 위한 용어 사용의 문제와 과제」, 『문학교육학』 25호, 2008.

그림형제(Grimm Bruder), 김경연 역, 『그림동화 (1-10)』, 한길사, 1995.

삐에르 부르디외(Pierre Bourdieu), 최종철 역, 『구별짓기 (상, 하)』, 새물결, 2006.

요시미 슌야(吉見俊哉) 저, 송태욱 역, 『소리의 자본주의: 전화, 라디오, 축음기의 사회사』, 이매진, 2005.

월터 J. 옹(Walter J. Ong), 이기우・임명진 역, 『구술문화와 문자문화』, 문예출판사, 1995.

케이터(Cather, Katherine Dunlap), 彼得(Pieters, Alexander A) 역, 『童話硏究法』, 조선주일학교연합회, 1927.

탐손, 강병주 필기, 『신선동화법』, 한성도서주식회사, 1934.

개화기에서 일제강점기까지
한국 근대 일상생활과 매체

2009년 4월 25일 초판 인쇄
2009년 4월 30일 초판 발행

[값 18,000원]

엮 음 동양학연구소
발 행 단국대학교출판부
등 록 1968년 2월 27일 제03-00095호

경기도 용인시 수지구 죽전동 126
(전화 031-8005-2405 팩스 031-8005-2406)

편집 · 성두현 / 표지디자인 · 이어진

인 쇄 신양사

Published by Dankook University Press

Printed in Seoul, Korea

ISBN 978-89-7092-424-3 94810
ISBN 978-89-7092-374-1 (세트)

대학병원 건강교실 1

예쁜 이 튼튼한 이

신승철 · 김경옥 지음

변형 4·6배판 / 212면 / 9,000원

알기 쉬운 치아 건강! 구강병의 발생, 진행 과정, 치료 과정, 예방법
등을 알기쉽게 풀어서 설명한 가정 치과 의사

대학병원 건강교실 2

현대인의 건강

김삼현 · 박석건 엮음

변형 4·6배판 / 238면 / 11,000원

건강의 개념, 환경 오염과 건강, 비만, 남녀의 성과 성병, 인공 장기와 유전자
복제 등을 알기 쉽게 풀이한 평생 건강을 위한 올바른 의학 지식과 첨단 의학 정보

대학병원 건강교실 3

스트레스 제로작전

김현우 지음

신국판 / 250면 / 8,000원

당신의 스트레스 점수는 몇 점이며 그 스트레스를 이기는 방법은 무엇인가?
심리 치료의 명의가 들려주는 스트레스 알기, 스트레스 넘어서기 및 제로 작전

대학병원 건강교실 4

여성과 가족 건강

양영희 외 엮음

신국판 / 332면 / 10,000원

생의 주기에 따른 발달 특성과 건강 문제 및 건강 관리 방법을 다루고 있는
가족 건강 관리에 알차고 유용한 최신 가정 의학 정보

대학병원 건강교실 5

나는 의사들의 이야기를 다 들었어요

이관우 지음

신국판 / 296면 / 9,000원

치병을 위해 수술대에 눕기를 기다리는 수많은 환자들과 그 보호자들에게
실제적인 도움을 주는 마취과 의사의 눈을 통해서 본 수술실 전반에 관한 이야기

대학병원 건강교실 6

기생충의 변명

서 민 지음

신국판 / 222면 / 8,000원

"21세기는 기생충의 시대다." 멸시와 배척 속에서 묵묵히 자신만의 길을
걸어온 기생충의 삶을 의인화한 흥미로운 이야기

대학병원 건강교실 7

음주·흡연·마약·음식과 구강건강

신승철 지음

신국판 / 260면 / 8,000원

구강이 건강해야 일생이 건강하다. 시중에는 일반 건강에 대한 정보와 지식을 알리는
책자들이 국내외적으로 넘쳐나고 있으나, 구강 건강과 관련되어 다룬 책은 그리 많지
않은 실정이다. 건강한 치아와 구강에 분명 좋은 길잡이가 되어 줄 것이다.

순/백/의/희/랍/정/신/과/만/나/보/십/시/오

역자의 각고의 노력 끝에 이루어진 **희랍어 원전 번역 시리즈**

일리아스

호메로스 저 / 천병희 역 / 개정초판 2001 / 신국판 / 692면 / 절 판

자신의 분노 때문에 수많은 영웅들을 희생시킴으로써 자신의 가치를 입증하는 아킬레우스! 용기와 명예만을 추구하던 옛 가치관을 이상화한 호메로스의 서사시.

오뒷세이아

호메로스 저 / 천병희 역 / 개정초판 2002 / 신국판 / 584면 / 절 판

온갖 어려움 속에서도 지혜와 끈기로 운명을 개척해 나감으로써 자신의 가치를 입증하는 오뒷세우스!! 현실을 유연하게 대처해 나가는 새 시대의 가치관을 이상화한 호메로스의 최고의 작품.

소포클레스 비극

소포클레스 저 / 천병희 역 / 개정초판 2001/ 신국판 / 504면 / 15,000원

아버지의 살해, 어머니와의 혼인과 같은 비극적 아이러니를 통해 독자를 숨가쁘게 극적 긴장 속으로 끌어들이는 서양 문화의 대표적 분석극인 「오이디푸스 왕」을 비롯한 희랍 비극의 완성자 소포클레스의 비극 「안티고네」·「콜로노스의 오이디푸스」·「엘렉트라」·「필록테테스」 등.

아이스퀼로스 비극

아이스퀼로스 저 / 천병희 역 / 초판 1998 / 신국판 / 320면 / 12,000원

역사의 흐름 속에서 정의의 실현을 체험한 한 인간의 깊은 감동 - 비극의 창조자인 아이스퀼로스의 비극 「아가멤논」·「코에포로이」·「자비로운 여신들」·「결박된 프로메테우스」 등.

에우리피데스 비극

에우리피데스 저 / 천병희 역 / 초판 1999 / 신국판 / 628면 / 20,000원

에우리피데스는 모든 시대를 통틀어 가장 천재적인 비극 작가의 한 사람으로서 그의 드라마에 등장하는 '메데이아', '파이드라', '이피게네니아' 같은 인물들은 독자들에게 결코 잊혀지지 않을 것이다.

아리스토파네스 희극

아리스토파네스 저 / 천병희 역 / 초판 2000 / 신국판 / 388면 / 13,000원

뜨거운 가슴을 가진 평화주의자, 조국의 미래를 염려하는 진지하고 줏대있는 작가 아리스토파네스의 대표적 희극 - 「구름」에서는 교육방법의 문제, 「새」에서는 아테나이의 민주정치의 문제, 「뤼시스트라테」에서는 전쟁의 문제, 「개구리」에서는 문예비평의 문제를 다루고 있다.

아나바시스

크세노폰 저 / 천병희 역 / 초판 2001 / 신국판 / 263면 / 9,000원

지휘관이나 지도자가 부하들을 통솔하는 유익한 방법들과 특히, 난관에 봉착했을 때 지휘관이나 지도자가 갖추어야 할 덕목들을 체험을 통하여 실감나게 기술한 크세노폰 자신의 종군 체험 기록.

이솝 우화

이솝 저 / 천병희 역 / 초판 2003 / 신국판 / 204면 / 8,000원

이솝 우화는 한 편 한 편이 재미있으면서도 그 속에 번득이는 기지(機智)가 들어 있어 '재미와 교훈'을 갖춘 서양 교훈 문학의 진수이다. 이 역서에는 '이솝 우화' 358편과 '교훈'을 빠짐없이 그리스어 원전에서 옮기고 필요한 주석을 달았다.

메난드로스 희극

메난드로스 저/ 천병희 역 / 초판 2003 / 신국판 / 226면 / 8,000원

서양 희극의 아버지격인 메난드로스의 「심술쟁이」, 「사모스의 여인」, 「중재판정」, 「삭발 당한 여인」 등 4편을 국내에서 처음으로 번역 소개하고 있다.